l'énigme des Andes

J'AI LU

ROBERT CHARROUX | *ŒUVRES*

TRÉSORS DU MONDE	*J'ai Lu* A 190**
HISTOIRE INCONNUE DES HOMMES DEPUIS CENT MILLE ANS	*J'ai Lu* A 372****
LE LIVRE DES SECRETS TRAHIS	*J'ai Lu* A 378****
LE LIVRE DES MAÎTRES DU MONDE	*J'ai Lu* A 382****
LE LIVRE DU MYSTÉRIEUX INCONNU	*J'ai Lu* A 386****
LE LIVRE DES MONDES OUBLIÉS	*J'ai Lu* A 393****
LE LIVRE DU PASSÉ MYSTÉRIEUX	*J'ai Lu* A 398****
L'ÉNIGME DES ANDES	*J'ai Lu* A 399****
ARCHIVES DES AUTRES MONDES	

ROBERT CHARROUX

l'énigme des Andes

les pistes de Nazca
la bibliothèque des Atlantes

Éditions J'ai Lu

Tout ce qui est après est comme ce qui est avant.
Ce que nous pouvons comprendre est sans saveur et sacrilège.

Ce sont les archéologues sauvages, les thèses aventureuses dénigrées par les pontifes qui font connaître la préhistoire au grand public et qui ouvrent les portes du monde ancien inconnu.

PRÉFACE

« L'homme est de glace aux vérités, il est de feu pour les mensonges », a dit La Fontaine.

Certes, il faut se méfier de ce que l'on nomme, le plus souvent à la légère, vérité, évidence, surtout quand il s'agit de philosophie, de croyance ou de religion; certes, le mensonge n'est pas, par essence, haïssable et maléfique, sinon il faudrait brûler les poètes, les romanciers, chasser les rêves et affronter avec un cœur et des yeux consternés une existence que l'erreur et l'imagination savent nous rendre agréable ou possible.

En fait, l'homme a l'heureux privilège de ne pas savoir distinguer le mensonge de la vérité et de plus sages que nous n'ont jamais cru ni à l'un ni à l'autre mais plutôt à un reflet, seulement perceptible par l'esprit, que Bouddha appelait la mãyã, *l'illusion.*

Pourtant, sur le plan des activités et des rapports humains il a bien fallu inventer des significations à des mots destinés à fixer une appréciation et appeler vérité ce qu'il convenait de concevoir comme authentique selon nos sens et notre intellect.

C'est dans cette optique que nous avons toujours affirmé l'authenticité de Glozel et, de même, nous affirmons que notre découverte de la Bibliothèque primhistorique d'Ica *est réelle,* que les photos que nous publions ont été faites dans le sanctuaire du docteur Cabrera, Plaza de Armas, à Ica, que les pierres existent par milliers avec des gravures très anciennes que cent témoins ont déjà pu expertiser.

Ces pierres seront présentées au public dès qu'un

accord aura été signé entre le Dr Cabrera et le gouvernement péruvien.

Nous réputons malhonnêtes tous ceux qui auraient le mauvais esprit ou la mauvaise foi de douter de l'existence et de l'antiquité de ces pierres gravées.

Elles apportent une véritable révolution dans l'histoire des hommes en démontrant que la préhistoire et que la protohistoire enseignées de nos jours sont truffées d'erreurs et d'invraisemblances.

Pourtant, nous nous doutons que la Conjuration ne voudra pas admettre ses errements, qu'elle contestera la nouvelle vision du passé que nous proposons à partir, non pas de spéculations hasardeuses, mais de documents palpables et millénaires.

Si tel était le cas, il appartiendrait à nos lecteurs de juger en connaissance de cause.

R.C.

1

LE SECRET DU DOCTEUR CABRERA

Il y a un demi-siècle, le colonel anglais James Churchward assura qu'il avait découvert en Inde un monastère où se trouvaient des tablettes *naacales* révélant le mystère de la création et des civilisations humaines depuis 200000 années. Les documents étaient entreposés dans un temple dont, malheureusement, Churchward ne voulut pas localiser l'endroit, pas plus qu'il ne daigna montrer la moindre tablette à l'appui de ses dires, si bien que l'on fut obligé de le croire sur parole !

Logiquement, les archéologues nièrent l'authenticité de la découverte et l'on ne peut leur donner tort, même si le sympathique colonel était de bonne foi, ce qui n'est nullement exclu. Or, voilà que nous-même avons fait une trouvaille analogue; 11000 à 15000 pierres gravées, entreposées dans le musée secret d'un chirurgien d'Ica au Pérou, et qui content l'histoire du monde depuis cinquante millions d'années. Des pierres gravées qui, sans l'ombre d'une interprétation douteuse, ressuscitent, par des images bien dessinées, détaillées, précises, la vie des grands sauriens de l'époque secondaire et d'une humanité savante en chirurgie, en médecine, en géographie, en technique et dans la plupart des sciences que nous étudions de nos jours.

Mais, contrairement à Churchward, nous disons où se trouvent ces documents extraordinaires et tout le monde peut, d'ores et déjà, avec l'autorisation du légitime propriétaire, les voir, les toucher, les expertiser.

En bref, nous apportons les preuves de l'authenticité de la découverte, *TOUTES LES PREUVES !*

27 avril 1973
apocalypse sur la pampa

Imaginez Howard Carter, lord Carnarvon et Lacau dans la Vallée des Rois, pénétrant pour la première fois depuis 3300 ans dans la crypte de Tout Ankh Amon, et vous aurez quelque idée de l'aventure que nous avons vécue à la fin d'avril 1973, au Pérou, entre le Pacifique et la cordillère des Andes.

Nous aussi avons pénétré dans l'antre d'Ali Baba où s'accumulaient des merveilles, infiniment plus anciennes que les chars, les sarcophages, les amulettes et les momies du Second Empire thébain, et infiniment plus riches d'enseignements !

Quand ils découvrirent la *Bibliothèque préhistorique* de la grotte de la Marche, à Lussac-les-Châteaux (Vienne), Léon Péricard et Stéphane Lwoff durent ressentir cette ivresse sacrée, ineffable, qui porte à vouloir marcher sur les eaux, à voler dans les airs, à traverser les épaisses murailles.

C'est cet état second qui nous envahit quand nos regards embrassèrent l'immense dépôt de livres de pierre que le découvreur, le Dr Javier Cabrera Darquea, avait patiemment amassés dans son musée secret à Ica, au Pérou.

C'était le 29 avril 1973, à 17 heures, une date qui restera à jamais gravée dans l'histoire de nos expéditions à travers le monde.

Et pourtant, nous venions d'accomplir plus de 20000 kilomètres pour explorer des sites qui hantent l'imagination des chercheurs : l'île de Pâques aux six cents statues géantes, Tahiti, Huahiné dont les *maraes* sont les ancêtres des *ahus* pascuans... Mais ce qui nous attendait à Ica dépassait en splendeur les monolithes d'Hangaroa et les entablements de pierres grises où vont flirter les belles Tahitiennes.

Et nous étions les premiers êtres de l'Ancien Monde à découvrir les milliers de pierres gravées 10000, 50000 ou 100000 ans avant notre ère, et même 60 millions d'années auparavant selon le Dr Cabrera.

Un hasard providentiel ressemblant fort à un miracle nous avait mis sur la voie merveilleuse alors que, sur la pampa de Nazca, nous effectuions des reconnaissances et des relevés des *pistas* et des dessins. Yvette Charroux cherchait des *huacos* – poteries peintes anciennes – dont les débris parsèment certaines zones de la pampa, près des célèbres tracés. On était le 27 avril, et elle avait l'intention de nous les offrir deux jours plus tard, pour la Saint-Robert !

Nous devions, pour cette fête, avoir un meilleur cadeau que des tessons de pots, fussent-ils fleuris d'antiques figures peintes par les Incas !

En compagnie de notre guide Edmond Wertenschlag, de Lima, de notre chauffeur inca, le gentil Emilio, et de l'obligeant *ingeniero agronomo* Alain Elias, d'Ica, nous essayions d'identifier un grand dessin d'oiseau quand Alain Elias entrebâilla la porte de l'univers interdit !

Ce fut pour nous comme un coup de tonnerre de l'Apocalypse.

Les cavernes secrètes du docteur Cabrera

– Señor, dit-il, il y a à Ica un homme extraordinaire dont vous devriez faire la connaissance. Il possède un musée de pierres gravées qui, sans nul doute, est unique au monde.

– Des pierres gravées de signes ?

– Non, señor : les gravures représentent des animaux, des hommes et des scènes de la vie quotidienne ou scientifique depuis la plus haute antiquité... depuis l'ère secondaire ou tertiaire, si je ne me trompe !

– Les manuels de préhistoire enseignent que

l'homme n'existait pas à l'ère secondaire, Alain, mais il est bien possible qu'ils se trompent !

– Précisément, señor Charroux ! Vous êtes celui qui peut le mieux comprendre le Dr Javier Cabrera Darquea. D'ailleurs, il vous connaît, lit vos livres et vous recevra volontiers. Tenez, voici son adresse... Son musée secret est Plaza de Armas. Allez le voir, mais sachez au préalable que l'authenticité de sa collection est contestée par les préhistoriens...

– Cela va de soi ! Si le Dr Cabrera a trouvé des pierres gravées de grande valeur, on peut être sûr que, pour masquer la carence de leurs investigations, les archéologues officiels crieront à la fausse monnaie ! C'est le procédé classique, et tout ce que vous me dites m'incite vivement à aller voir le *museo de gliptolitos* d'Ica.

L'ingénieur Elias se baissa pour ramasser un tesson peint de poterie de Nazca et murmura comme pour lui-même :

– Si les *grabados*(1) sont authentiques – ce que je crois – toute l'histoire du monde s'en trouvera bouleversée. Mais, en effet, jamais les hommes de science n'accepteront de faire une telle révolution.

Cette réflexion d'Alain Elias nous frappa profondément, comme si elle avait eu un accent prophétique.

Sans doute avons-nous été influencé à cet instant par le spectacle qui s'offrait à notre vue : le désert aride étincelait à contre-jour comme s'il avait été recouvert par des millions de pierres précieuses et, vers le rio Grande, le soleil dardait des *pistas* dorées sur les nuages qui se confondaient avec la montagne de la pampa Colorada(2).

Nous avons continué nos prospections le lendemain samedi, et notre voyage à Ica fut considérablement retardé par la course panaméricaine d'automobiles qui se déroula le dimanche 29.

(1) *Grabados* : gravures, en espagnol; *gliptolitos* : gravures sur pierre.

(2) Au Pérou, une pampa n'est pas une vaste plaine herbeuse, mais un désert de sable et de pierraille où ne pousse aucune végétation.

La route fut interdite jusqu'à 14 heures, si bien que nous n'arrivâmes à Ica que tard dans la soirée, et pour une courte halte.

Un univers de pierres intelligentes

– Etes-vous véritablement l'écrivain Robert Charroux ? me demanda le Dr Cabrera.

– Eh bien, apparemment, oui ! Et voici Yvette Charroux qui m'accompagne dans toutes mes expéditions, et notre guide interprète, Edmond Wertenschlag, de Lima.

Le docteur nous ouvrit tout grand ses bras et après une fraternelle accolade nous fit entrer dans le musée.

Ce musée occupe le rez-de-chaussée d'un vaste immeuble de la Plaza de Armas, à Ica, et se compose de cinq salles principales où le Dr Cabrera a rassemblé une prodigieuse collection de galets arrondis, de pierres plates et de blocs rocheux d'andésite, presque tous de couleur noire ou grise, quelques-uns en roche éruptive plus claire et d'un grain plus fin.

Ces pierres, dont certaines pesaient deux cents kilos, étaient recouvertes de gravures finement tracées, sur toutes les faces, devant, derrière, dessus et dessous, de telle sorte qu'il eût fallu les retourner – et c'était parfois difficile – pour voir l'intégralité du sujet représenté.

Des milliers d'entre elles étaient posées sur de solides étagères; d'autres, les plus lourdes, reposaient à même le sol qu'elles jonchaient à se toucher, mais un passage en labyrinthe avait été aménagé pour que l'on puisse, souvent avec difficulté, les examiner séparément.

Jamais, des Indes à l'île de Pâques, de la France aux sources du Nil, nous n'avions rencontré un tel amoncellement de pièces gravées, ciselées, un tel enchevêtrement de dessins qui paraissaient commencer aux plafonds et se poursuivre sur les murs et sur le sol jusqu'à défier l'expertise visuelle et le sens de l'orientation.

Des milliers de pierres gravées sont entassées dans le sanctuaire secret du docteur Cabrera, à Ica
Photo Robert Charroux

Et pourtant, nous le constatâmes par la suite, ces pierres étaient classées, disposées dans un ordre cohérent, mais seuls les yeux et l'esprit exercés du Dr Cabrera savaient s'y retrouver et établir une sorte de continuité.

C'était affolant, merveilleux, incroyable; et le visiteur non prévenu que j'étais en demeurait ébahi, sans voix, perdu dans un univers minéral d'où irradiait pourtant une intelligence que ne percevait guère que le subconscient.

Le Dr Cabrera a dû jouir un instant de notre émerveillement avant de nous guider, pas à pas, en nous donnant les explications qui, tant bien que mal, s'inscrivaient dans notre esprit déconcerté.

Des archives écrites avant le Déluge

Le Dr Javier Cabrera Darquea, chirurgien, professeur à l'université d'Ica et membre de plusieurs commissions scientifiques (1), est âgé de 49 ans. Brun, de taille moyenne, élégant, glabre, il a le front haut, des yeux pétillant d'intelligence et ressemble à son aïeul, don Jeronimo Luis, qui fonda la ville d'Ica en 1563.

Comme lui, c'est un conquistador, mais du xxe siècle, et ses conquêtes se situent sur le plan de la science et, particulièrement, de la préhistoire.

Mais si don Jeronimo n'a fait que fonder une ville, Javier Cabrera risque fort pour sa part de fonder un empire qui perpétuera son nom jusqu'à la fin du monde des hommes : après Hérodote, Platon, Buffon et Boucher de Perthes, il apporte à la préhistoire et à l'étude des civilisations anciennes une lumière qui bouleverse les thèses inexactes et désormais périmées que l'on enseigne dans les universités.

— Mes pierres, nous dit-il, proviennent de la civilisa-

(1) Le Dr Cabrera est directeur universitaire de recherches, médecin à l'hôpital ouvrier d'Ica, membre du jury du Conseil régional d'Ica et membre correspondant du Collège international de chirurgie. Préhistorien, anthropologue, biologiste, il est une des personnalités marquantes de l'élite scientifique du Pérou.

tion des premiers hommes cultivés de notre Terre. Pour une raison inconnue, peut-être un cataclysme naturel, cette civilisation disparut, mais les hommes de l'Ica ancien voulurent en laisser un témoignage indestructible ou du moins susceptible de traverser les périls du temps. Ou bien, ces archives sont celles d'un peuple plus proche de nous, mais héritier direct des connaissances des grands ancêtres.

» On peut logiquement penser que ces Ancêtres Supérieurs étaient les Atlantes, dont des ethnies rescapées auraient, après l'engloutissement de leur continent, opéré leur *diaspora* (dispersion) dans la région d'Ica, en y laissant en dépôt les pierres parlantes de mon musée.

» C'est à tort que l'on date l'avènement de l'homo sapiens de deux ou trois millions d'années de nos temps. L'homme est beaucoup plus ancien qu'on ne le dit et il a certainement connu les grands monstres qui établissaient leur dictature sur le règne vivant de l'ère secondaire.

» Je puis certifier que ces monstres : plésiosaures, diplodocus, iguanodons, etc., qui vivaient à la fin du secondaire, ont survécu au tertiaire jusqu'à une époque où les hommes les ont connus et ont engagé avec eux la lutte pour la suprématie sur le globe(1).

» J'ai commencé à collectionner mes pierres en 1966, mais les premières furent trouvées dès 1961 par les *huaqueros* chercheurs de poteries.

(1) Le 9 février 1856, *The Illustred London News* rapportait l'étrange découverte qui venait d'être faite en France : « En creusant un tunnel de chemin de fer entre Saint-Dizier et Nancy, on trouva une chauve-souris géante de 3,22 m d'envergure. L'animal était noir, il poussa des cris et mourut. Un savant local l'identifia comme un ptérodactyle préhistorique. Les roches où l'animal fut découvert dateraient de plus d'un million d'années. Un creux dans la roche correspond exactement au corps de l'animal. »

L'information fut reprise par la revue anglaise *Fate* de mai 1964. Il s'agit peut-être d'un cas d'hibernation relative d'un animal préhistorique se nourrissant de l'eau-mère des roches.

La Bibliothèque primhistorique d'Ica

Les livres de pierre d'Ica révèlent, tantôt en clair – il suffit de lire les dessins – tantôt de façon plus obscure – il faut interpréter – ce que les Atlantes ou des Ancêtres inconnus savaient en biologie, en histoire naturelle, en chirurgie, en géographie, en sociologie, en paléontologie, et dans la plupart des autres disciplines scientifiques.

En fait, il se pourrait que toute l'histoire du monde et de l'univers soit contée en glyphes (ciselures) sur les pierres à dessins dont la symbolique échappe à l'œil non averti.

– Nous sommes peut-être à la fin de nos temps, dit le Dr Cabrera, c'est-à-dire à la veille d'un grand cataclysme que les hommes lucides commencent à percevoir puisque les Américains ont enterré chez eux, dans une fusée, les preuves essentielles de notre civilisation.

» Le même phénomène a dû se produire à une époque très ancienne. L'homme ne peut léguer sa science à son fils, mais une humanité peut léguer la sienne à une autre humanité.

» La connaissance s'est toujours transmise de cette façon, mais c'est à vous d'en juger par l'histoire des peuples et ce que vous allez voir ici.

Alors, nous guidant dans les salles, par les passages en labyrinthe, le docteur nous donna un aperçu du texte de la *Bibliothèque primhistorique d'Ica.*

Nous vîmes défiler, comme dans un film, des scènes qui se déroulaient il y a des millions d'années. Dans un décor de flore préhistorique disparue, des animaux que seuls connaissent bien les paléontologues : dinosaures, brachiosaurus, tylosaurus, ptéranodons, tyrannosaurus, brontosaures, protosératux, stagosaures styracosaures (1) sont dessinés avec précision.

On voit aussi des hommes chassant des dinosaures, et l'un d'eux, qui probablement revient de la pêche

(1) Notre manque de familiarité avec ces espèces disparues explique toute erreur qui se glisserait dans cette énumération.

puisqu'il porte sur le dos un faix de poissons, attaque un saurien avec des flèches.

Plus déconcertants, des dessins qui paraissent avoir la même ancienneté que les précédents, reproduisent des espèces animales dont l'apparition, d'après la science officielle, est beaucoup plus tardive : autruches, kangourous, pingouins, hérons, chauves-souris, chameaux, etc.

Les préhistoriens contestent

Le Dr Cabrera est d'accord pour juger étonnante cette contemporanéité d'animaux qui, en principe, vivaient à des milliers d'années de distance temporelle mais les graveurs des pierres ne se sont pas embarrassés de cette contingence, et sans doute n'avaient-ils pas tort.

Il appartiendra aux spécialistes de trancher la question, s'ils le peuvent.

Nous nous permettons, en toute humilité, de faire remarquer que le sauropode, qui vivait au crétacé, donc à l'époque du tyrannosaurus, ressemblait étrangement au kangourou, encore que miss Ruth Moore, dans son livre, *L'Evolution,* note qu'on pourrait l'appeler le « reptile-autruche » !

Et n'a-t-on pas trouvé des dessins précolombiens représentant un palæotherium magnum dont l'espèce était censée avoir disparu il y a 50 millions d'années (1) !

De même, le stycosaure, toujours au crétacé (80-60 millions d'années) était un frère jumeau du rhinocéros dont l'arsinoitherium était le cousin.

Le mœritherium semi-aquatique était aussi proche de l'hippopotame que le singe aegytopithecus l'était de l'homme, et rien ne serait moins étonnant que de confondre les uns avec les autres sur un pétroglyphe multimillénaire !

Cette incohérence apparente est un des principaux

(1) La représentation du toxodon figure sur des poteries de Tiahuanaco et sur des stèles du Mexique.

arguments avancés par les préhistoriens classiques pour nier la haute ancienneté des pierres d'Ica.

Vers 1968, le Pr américain N.A. John Rowe vit, à Lima, une pierre de la collection du Dr Cabrera.

Il la retourna plusieurs fois dans sa main, la sentit et le plus doctoralement du monde laissa tomber sa sentence :

– Il s'agit d'un faux!

Comme il fallait s'y attendre, les autres pontifes lui emboîtèrent le pas et considérèrent, sans autre expertise, que la bibliothèque d'Ica ne méritait pas leur attention.

– Les préhistoriens classiques, dit le Dr Cabrera, sont victimes de leurs préjugés, de leurs œillères et de leurs décrets-lois.

Il y a un quart de siècle que l'on trouve ces pierres gravées dans la région d'Ica et il en reste encore des milliers à découvrir.

Je ne prétends pas tout expliquer, mais ce qui est sûr, c'est que les pierres existent, et en si grand nombre – peut-être cent mille – que toute idée d'imposture est à écarter. Que certaines représentent l'attaque d'un estegosaure par un homme peut signifier qu'ici, au Pérou, les conditions écologiques qui ont permis la vie d'animaux dits préhistoriques se sont maintenues jusqu'à des temps beaucoup plus récents que dans d'autres régions du globe.

On croyait le cœlacanthe disparu depuis le dévonien(1), il y a 300 millions d'années; pourtant on en pêche de nos jours sur les côtes orientales de l'Afrique!

L'argument ne manque pas de poids!

Incontestablement, il y a des failles dans la « science » des préhistoriens classiques!

Le géologue Neil Opdyke a noté que la disparition de certaines espèces de micro-organismes marins – les radiolaires – correspondait à une période de déplacement magnétique des pôles.

Il résultait du phénomène une augmentation de 15 %

(1) Le dévonien est une période de l'ère primaire : – 300 – 280 millions d'années.

de la radio-activité à la surface de la Terre. De quoi perturber les grands sauriens préhistoriques, déjà rendus très vulnérables par l'effet de leur gigantisme.

Mais on sait aussi que les changements de polarité du globe sont partiels, c'est-à-dire qu'ils régissent certaines zones et en épargnent d'autres ! C'est ainsi qu'à Mammouth, en Californie, et sur le site d'Oldway, on a trouvé des roches dont les cristallisations étaient inversées par rapport à la normale ! Ces déplacements seraient liés à ceux du noyau terrestre jouant le rôle de dynamo auto-excitée.

Quoi qu'il en soit, si, pour cette raison, les dinosaures ont disparu du globe, si des déserts sont devenus terrains fertiles et vice versa, il est logique que les effets n'aient pas été partout de même intensité et que des sauriens aient pu subsister en certaines zones longtemps après la disparition générale de l'espèce.

Dans les temps primhistoriques : loupes, télescopes

Le *Musée primhistorique d'Ica*(1) contient bien d'autres merveilles incroyables, fascinantes et propres à jeter le désarroi dans la cervelle d'un irréductible de la Conjuration !

Des dessins, parfaitement gravés et ne pouvant prêter à aucune contestation, reproduisent des hommes examinant des objets avec une *loupe.*

Sur d'autres pierres, des astronomes regardent le ciel avec une longue-vue que l'on peut appeler, littéralement, un *télescope.*

L'œil rivé à l'oculaire, ils braquent leur appareil, les uns sur une étoile de première grandeur, les autres sur

(1) Préhistoire (étude des époques ayant précédé les temps historiques) est devenu un mot périmé, évocateur de cavernes, d'âges du fer, du bronze et d'autres erreurs des pontifes classiques.

En 1962, nous avons inventé le mot *primhistorique,* avec le même sens littéral mais en sous-entendant une vision nouvelle des temps anciens qui répudie l'ancêtre-singe, admet l'authenticité des Ancêtres Supérieurs et des hautes civilisations disparues.

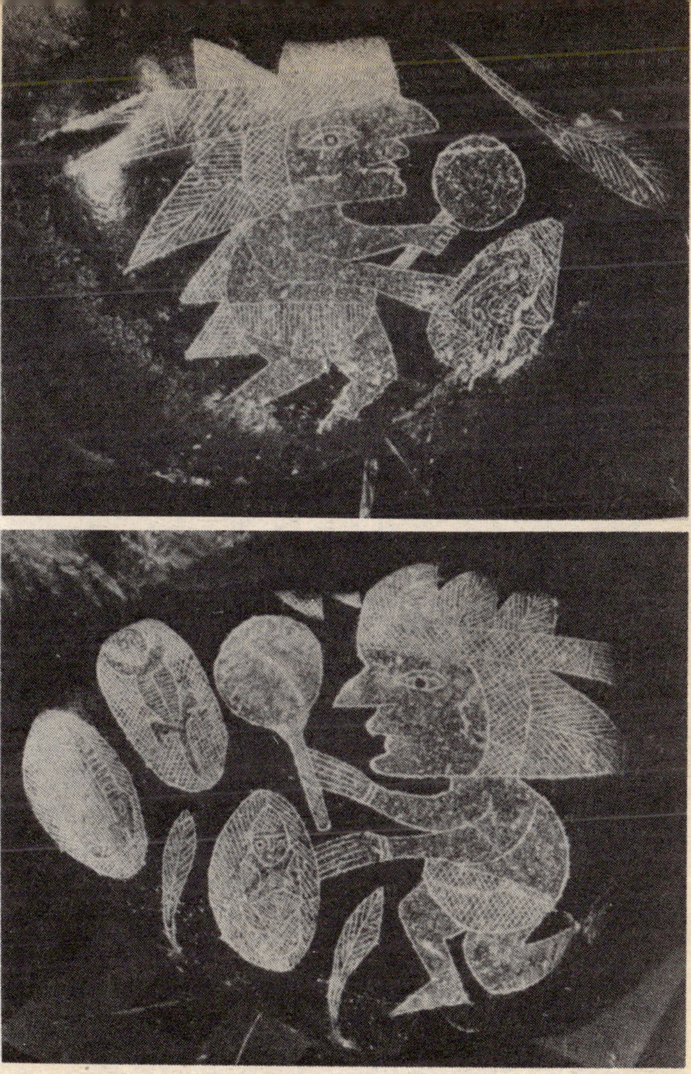

Personnages examinant avec des loupes des pétroglyphes ou peut-être des fossiles. Photo Kuroki

une comète qui file à la façon d'un bolide, avec une queue immense et irradiante, la tête étant représentée par une boule, selon – semble-t-il – l'optique des hommes de tous les temps.

Bien sûr, ce détail pourrait laisser supposer que les glyphes appartiennent à une époque relativement proche de la nôtre ! Mais quoi ! Ces étoiles qui sont des corps célestes n'ont-elles pas toujours été vues en forme de pentacle ? Et les comètes, depuis les temps les plus reculés, ne sont-elles pas des têtes cornues, brillantes, avec des queues de lumière(1) ? Que l'on se souvienne de Vénus « à la crinière de feu », du « serpent de feu à longue queue » de tous les peuples primitifs !

L'immense comète des pierres d'Ica était-elle Kohoutek qui aurait si vivement impressionné nos Ancêtres Supérieurs qu'ils éprouvèrent le besoin d'en perpétuer le souvenir ? Donner une réponse à cette question permettrait peut-être de dater la Bibliothèque d'Ica. Malheureusement, le problème est loin d'être résolu !

Toutefois, il est à noter que Kohoutek est particulièrement visible dans l'hémisphère Sud, donc au Pérou. Il est aussi permis de supposer que la comète d'Ica fut celle qui déclencha une « fin du monde », soit lors du grand déluge universel, il y a 12000 ans, soit lors de l'apparition de la « comète » Vénus, il y a 5000 ans environ.

Une observation curieuse pourrait appuyer cette hypothèse si l'on se réfère au ciel constellé qui surmonte le dessin des astronomes du pétroglyphe.

Ce ciel comporte plusieurs comètes, les unes emprisonnées dans le cercle où évoluent des étoiles et des sortes d'îles que l'on pourrait appeler des « univers singuliers », une autre s'échappant du firmament en direction de la Terre.

Entre deux astronomes, un dessin suggère une flèche ailée à la queue empennée et à la pointe en forme d'étoile fleurie dirigée vers le ciel.

(1) Les comètes, au nombre de plusieurs milliards, sont des astres de consistance gazeuse qui gravitent autour du soleil selon un rythme périodique ou non.

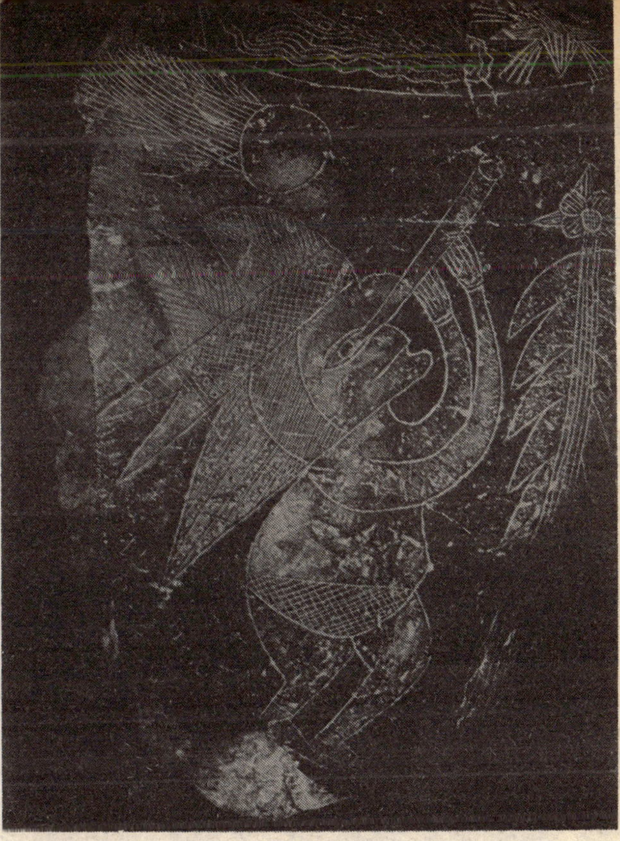

Astronomes regardant le ciel avec des télescopes.

Comme le message sur plaque d'aluminium envoyé en 1972 par le satellite américain Pioneer 10, *la cosmographie en haut de la gravure est, peut-être, destinée à localiser la patrie cosmique des Intelligences extra-terrestres qui l'ont fait rédiger.*

Pour le moment cette cosmographie est impénétrable. Peut-être a-t-elle une relation avec une comète des temps anciens datant l'arrivée sur la Terre d'Ancêtres Supérieurs, ou avec une comète des temps futurs qui marquerait leur retour ou des événements d'apocalypse. Photo R. Charroux

Flèche? Fusée? Observatoire spatial? L'interprétation est peut-être abusive mais le dessin donne bien l'impression de trois actions simultanées : le passage de la comète, l'observation astronomique et le départ vers le ciel d'un objet volant.

Le sommet de la pierre représente le firmament. Les comètes en sont les élements exceptionnels; les étoiles sont de différentes grosseurs; les univers singuliers ou *univers-îles* donnent prise à des interprétations différentes : ils pourraient être des nuages ou les îles d'une terre submergée.

La graphie de ces îles est d'ailleurs conforme à celle qui, sur d'autres pierres, reproduit la terre ferme.

Ce que dit la « pierre aux astronomes »

Etudiés dans le détail, les dessins de la pierre dite « aux astronomes » se présentent ainsi :

– Deux personnages étudient un important phénomène céleste à l'aide d'un télescope.

– Un objet volant part de la Terre en direction du ciel.

– Des comètes – trois au moins – dérivent dans un firmament bouleversé.

– Dans le ciel, les étoiles brillent d'un éclat inaccoutumé. Certaines sont énormes et irradiantes, d'autres, beaucoup plus lointaines sans doute, semblent étrangères au bouleversement cosmique.

– Un immense nuage, avec des stries horizontales qui symbolisent la pluie, suit la queue d'une énorme comète. Des pluies diluviennes tombent probablement sur la Terre.

– Les continents reconnaissables à leurs hachures et à leurs courbes(1) sont à demi submergés par ce déluge. Ils ressemblent à des îles.

– Tombée sur un vaste continent ou très grande île, une étoile n'irradie plus.

(1) De nos jours, en topographie, les courbes et les hachures, *de la même façon,* ont pour objet de figurer la forme et le relief des terrains.

– Evénement central et sans doute majeur, une barque vogue sur l'océan céleste ou terrestre, emportant ce qui paraît être trois personnages ou rescapés du cataclysme.

Cette dernière explication paraît arbitraire, subjective, mais elle est irrésistiblement suggérée par la barque, l'océan, les étoiles, les îles, les comètes.

En essayant, à la lumière des traditions et des mythologies, de mettre un peu d'ordre et de logique dans ce puzzle(1) de mots et d'images, on aboutit à une conclusion fascinante et assez claire pour emporter maintes convictions : *la scène évoque ou représente le Déluge.*

Tous les éléments traditionnels sont réunis pour appuyer cette thèse.

Pas d'arche de Noé sur le mont Ararat

Telle est notre interprétation de la pierre d'Ica où figurent les astronomes à télescopes.

Il en ressort que le déluge figuré serait, soit le déluge universel, soit celui, partiel, de l'an – 3000 avant notre ère (déluge d'Ogygès et déluge de Deucalion).

Lequel des deux ?

A priori, le déluge universel conté par la Bible s'inscrit plus naturellement dans le thème évoqué par les *grabados.*

Certes, ce fut un déluge d'eau, mais motivé par des troubles atmosphériques exceptionnels qui impliquent

(1) Puzzle d'autant plus impénétrable que, pour les peuples amérindiens, il n'existait jadis qu'un seul mode de temps : le présent ! Entendez par là que le passé et le futur s'interpénétraient sans possibilité de discrimination. Exemple : les Mayas représentaient l'enfant, *à la fois,* en train de naître, de vivre sa vie d'homme et de mourir.

Le *Popol-Vuh,* livre sacré des anciens Mexicains, est indéchiffrable par nos cheminements mentaux habituels de peuples de l'Occident, car les époques se chevauchent en surimpression, avec parfois des retours ou résurrections de personnages déjà morts. Les Mayas avaient des structures mentales différentes des nôtres et il en était probablement de même pour les Incas de San Agustin, de Tiahuanaco et pour les hommes de l'Ica ancien.

l'intervention de comètes, d'étoiles filantes, de météorites, de tempêtes, etc., que ne relate pas la Bible défaillante.

Enfin, il y a cette barque, cette *arche* qui rappelle étrangement celle de Noé, de Xisuthrus, de Manou, de Bochica, de Coxcox, etc. Il s'agirait donc du déluge universel qui noya les continents il y a 12000 ans et engloutit l'Atlantide !

Dans ce cas, il serait évident que l'arche de Noé, avec sa cargaison de *toutes* les espèces animales : fourmis, oiseaux, moutons, bœufs, chevaux, lézards, brontosaures et autres dinosaures, n'aurait pu atterrir sur les pentes arides du mont Ararat mais, au contraire, en un lieu proche de grandes savanes herbeuses, de marais et de bois touffus, car les grands sauriens préhistoriques étaient d'effrayants consommateurs de végétaux, et les carnivores avaient un besoin non moins vital de chair vivante.

On se perd alors en conjectures si l'on ajoute foi aux relations mythologiques sur le lieu où la faune antédiluvienne aurait eu des chances de subsister.

La comète mystérieuse

Cette explication hypothétique des pierres d'Ica est séduisante et offre l'avantage de dater, approximativement au moins, une scène des glyphes, mais la confrontation avec le déluge partiel d'il y a 5000 ans nous réserve des surprises.

A cette époque, disent les traditions, il se produisit de grands événements dans le ciel. On y vit des batailles entre longs serpents de feu. Un autre « serpent de feu », Vénus « à la crinière brillante », « à la crinière de feu », « à la tête cornue comme celle d'un taureau », fit son apparition au firmament et terrifia les peuples de la terre. Cette comète ou astre en feu, que les Phéniciens appelèrent Astart, les Assyro-Babyloniens Ishtar, et les Grecs Astarté, provoqua par son intensité calorique d'immenses incendies de forêts.

« Même les maisons brûlaient, et les récoltes et les arbres. »

Et puis ce fut l'inondation qui mit le comble au ravage; les terres incendiées furent envahies par les eaux des rivières débordantes et de la mer tumultueuse.

Ces relations sont communes à la quasi-totalité des peuples terriens, ainsi que le rapportent Velikovsky et Louis-Claude Vincent :

« Prophétie de la Vala : le pôle Nord est à l'ouest; le Soleil se couvre de ténèbres, la Terre s'abîme dans la mer; du ciel disparaissent des étoiles étincelantes...

» Les Prêtres d'Egypte : il y eut de grands affaissements de continents entiers.

» Le Codex Chimalpopoca : tout ce qui existait brûla et il tomba une pluie de pierres de grès... il y eut des phénomènes célestes effrayants...

» Traditions mexicaines : six étoiles tombèrent du ciel au temps du déluge...(1) »

L'étoile tombée sur la terre

Il y a plus étonnant encore. Nous trouvons dans les glyphes de la pierre d'Ica, notamment avec l'étoile tombée sur le continent, une relation que Paul Schliemann, petit-fils du célèbre archéologue allemand, rapportait à la Terre de Mu dans sa nouvelle mythologie :

« Lorsque l'étoile de Baal tomba à l'endroit où il n'y avait plus présentement que l'eau et le ciel, les sept villes tremblèrent et chancelèrent avec leurs tours d'or et leurs temples transparents, comme feraient des feuilles d'arbres dans une tempête. Un torrent de feu et de fumée s'éleva des palais. Les sanglots des mourants et les gémissements de la foule emplirent l'air.

» Le peuple chercha un refuge dans les temples et

(1) Velikovsky, *Mondes en collision,* Ed. Stock.
Louis-Claude Vincent, *Le Paradis perdu de Mu,* Ed. de la Source.

les citadelles. Alors, le sage Mu, grand prêtre de Ra-Mu se leva et dit :

» – Ne vous avais-je pas prédit ce qui arrive ?

» Les hommes et les femmes, habillés de leurs plus précieux vêtements, recouverts de pierreries, suppliaient :

» – Mu, sauve-nous !

» Mu répondit :

» – Vous mourrez tous, avec vos esclaves et vos trésors. De vos cendres naîtront des peuples nouveaux. Si ces peuples oublient qu'ils doivent dominer les choses matérielles non seulement pour en être grandis, mais aussi pour ne pas en être diminués, le même sort les frappera.

» Les flammes et la fumée étouffèrent ensuite les paroles de Mu.

» Le pays et ses habitants furent déchiquetés et aussitôt engloutis dans les abysses(1). »

Il faut bien reconnaître, malheureusement, que ce texte, tout comme ceux du colonel Churchward relatifs aux tablettes des frères Naacals, n'a jamais été vu par personne d'autre que le Dr Schliemann !

Nous ne voulons pas insinuer que Churchward et le Dr Schliemann furent des imposteurs, car les mythologies qu'ils rapportent sont vraisemblables, « collent » avec les traditions et, fait plus incroyable, avec les plus récentes découvertes archéologiques, telles celles du Dr Cabrera.

Pourtant nous devons souligner que les « tablettes » du Dr Cabrera, qui existent, que l'on peut voir et tou-

(1) A rapprocher de l'*Apocalypse* de saint Jean où, au chapitre VIII, pour l'ouverture du 7e sceau « il se fit des tonnerres, des voix et un grand tremblement de terre... une grêle et un feu mêlé de sang tombèrent sur la terre et la troisième partie des arbres fut brûlée, et le feu brûla toute herbe verte... et il parut comme une grande montagne toute en feu, qui fut jetée dans la mer... »

Vers 10 : « Une grande étoile, ardente comme un flambeau, tomba du ciel sur la troisième partie des fleuves. Cette étoile s'appelait Absinthe... » Cette étoile *verte* comme l'absinthe n'appartient pas en principe aux temps à venir, mais au temps passé durant lequel l'étoile verte de Baal, ou Vénus, engendra des cataclysmes terrifiants. La vision du prophète n'interfère pas avec le futur mais avec le passé.

cher, sont infiniment plus convaincantes que celles de Churchward.

De plus, l'introduction du Continent de Mu dans cette relation, inspirée d'une traduction hasardeuse du Manuscrit Troano par Brasseur de Bourbourg, n'est pas acceptée par tous les historiens traditionalistes.

A vrai dire, l'étoile de Bal ou Baal rappelle que le Baal des Phéniciens (Bèl des Assyriens, Belin, Belisama des Celtes) était le dieu et le représentant sur Terre de la planète Vénus. L'étoile en question, que l'on peut encore rapprocher de celle des Hébreux, suggère plus logiquement le cataclysme qui détruisit l'Atlantide.

En résumé, nous sommes parfaitement en droit de voir dans les dessins de la « pierre aux astronomes », soit la description du grand déluge mythologique, soit la chute de l'étoile rapportée par le manuscrit vu ou inventé par Paul Schliemann.

Toutefois, nous inclinons pour le déluge universel en raison de la barque ou arche transportant les rescapés, ce qui donnerait une ancienneté de 12000 ans à la *Bibliothèque primhistorique d'Ica.*

Mais il est probable que les « destructions de mondes » obéissent à des lois cycliques et dans ce sens, l'opération arche de Noé-étoile de Baal se répéterait à dates fixes (on a avancé le chiffre de 21000 ans), à peu près de la même façon et en engendrant les mêmes traditions.

La « pierre aux astronomes » pourrait donc avoir 21000 que multiplient x années.

L'Atlantide il y a 200000000 d'années

Deux autres pierres noires arrondies, en andésite, pesant quelque cent kilos, ont une certaine corrélation avec la « pierre aux astronomes ». Elles paraissent représenter un immense océan ceinturé par de hautes montagnes ou par un fleuve qui occupe la moitié du dessin sur le pourtour.

Quatre continents dérivent sur les océans et compor-

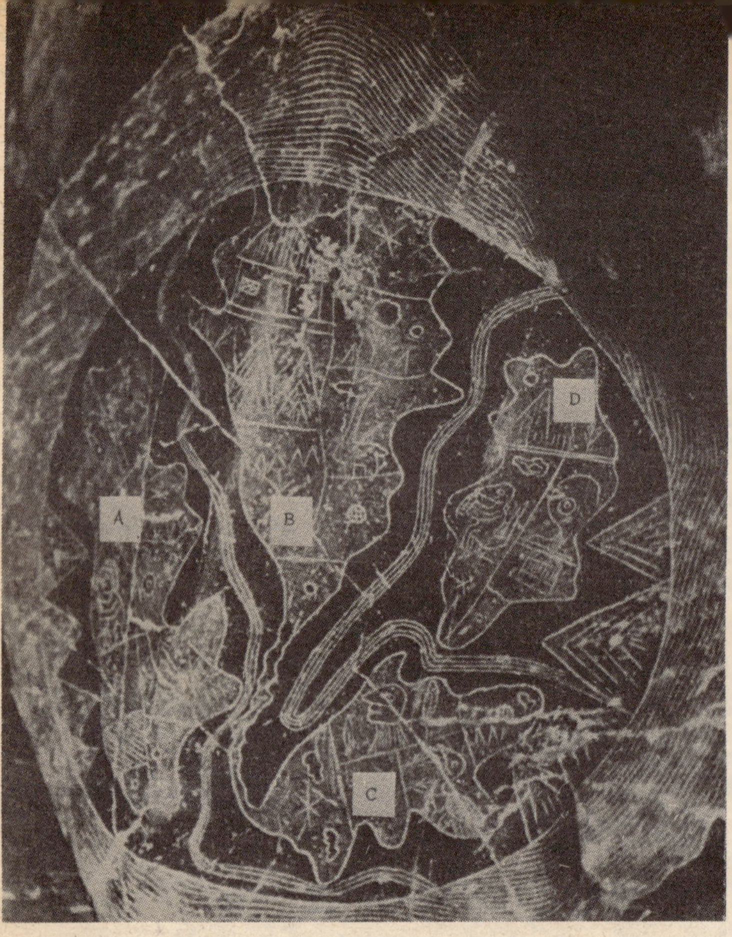

Carte géographique de l'ère secondaire?
Voici l'interprétation du docteur Cabrera :
A : Terre de Mu; B : Amérique du Nord; C : Amérique du Sud; D : Atlantide.
Autre représentation géographique à droite :
E : Europe; F : Afrique; G : Asie-Lémurie; H : Australie.
Les fleuves sillonnant les océans seraient des routes de navigation intercontinentale ou des courants marins.

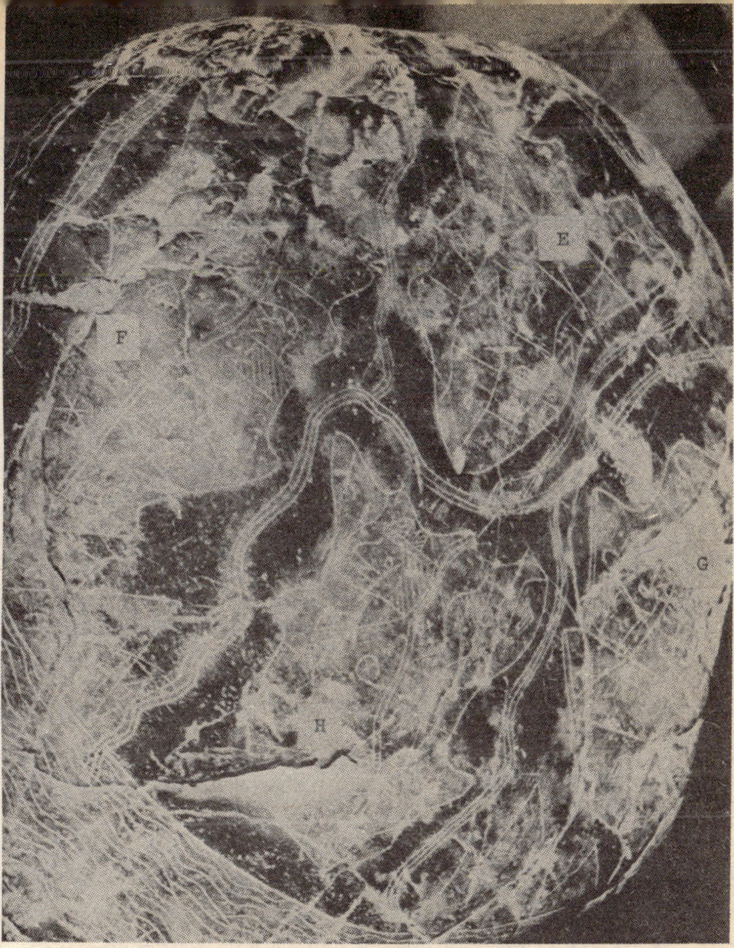

En retournant la carte, on peut remarquer que chaque continent épouse une forme de tête de personnage.

Autre hypothèse : ces gravures représentent les hémisphères de la planète d'où sont originaires les Intelligents extra-terrestres d'Ica.

Dans ce sens, le ciel observé par les astronomes des piedras localiserait l'endroit du cosmos où se situe la planète.

Photo R. Charroux

tent des représentations d'hommes, d'animaux, de maisons et de montagnes qui devraient aider à les identifier.

Là encore, l'imagination sollicite les mythologies pour tenter de trouver une solution à l'énigme, et l'on pense à la Terre il y a des centaines de millions d'années, alors que, selon la théorie de Wegener, les continents dérivaient sur le magma central.

Sur le continent C donné pour l'Amérique du Sud par le Dr Cabrera, on peut reconnaître une tête ayant le type des personnages des pierres d'Ica, mais le dessin E nous paraît convenir tout autant, avec ses hautes montagnes – la cordillère des Andes – et son lama.

A noter la représentation d'une maison avec toit, porte et fenêtre tout à fait semblable aux maisons de notre époque. Des lacs, des cercles, des croix et des étoiles disséminés sur les continents ont une signification précise qui nous échappe. Pour nous, l'Atlantide – ce n'est qu'une timide hypothèse – serait en G où l'on voit nettement deux hauts pics montagneux, une sorte d'être marin à queue portant un poisson et une maison d'un caractère particulier.

Serait-ce là, en G, ou bien en C, ou bien ailleurs, le fabuleux continent englouti dans l'Atlantique aux dires de Platon ?

Les figures E et F sont si sibyllines que l'on ne peut avancer que des conjectures sans grande consistance.

Combat des hommes contre les dinosaures

Il existe une multitude de pierres sur lesquelles ont été gravés les grands monstres préhistoriques aujourd'hui disparus. Nous avons pu voir l'image de ce que nous croyons être un *brachiosaure,* le plus grand des dinosaures. Il mesurait vingt-cinq mètres, pesait jusqu'à cinquante tonnes et vivait il y a – au plus – cent quarante millions d'années.

Toutefois, de grandes épines dorsales, ou plaques blindées triangulaires, plantées depuis la tête jusqu'à la queue inciteraient à croire que ce dinosaure était un *sauropelta* (longueur 5,50 m – poids 3,5 tonnes) ou peut-être un *spinosaurus* deux à trois fois plus long et deux fois plus lourd.

La scène environnante est riche d'enseignements. Deux hommes, parfaitement visibles sur la photo, vêtus d'une sorte de pagne, attaquent le monstre en grimpant sur son dos. L'un d'eux le frappe sur la tête avec une grande hache; l'autre plonge un grand coutelas entre deux épines dorsales.

Un troisième personnage, sorte d'humanoïde à queue, paraît tomber après une attaque manquée.

Cette espèce d'animal ou de primate est totalement inconnue des anthropologues et des zoologistes. Peut-être appartenait-elle à un chaînon disparu ou à un type non viable de l'évolution classique(1).

Il est à remarquer que les Ancêtres du temps des dinosaures connaissaient fort bien la fusion des métaux car, à n'en pas douter, la hache et le couteau ont des lames en métal.

Sur la pierre de gauche, on voit un animal qui pourrait être un amphibien : le *dendrerpeton* (longueur 25 cm). Sur la pierre de droite, on reconnaît le premier oiseau qui apparut au cours des millénaires écoulés : *l'archéoptéryx.* Il avait la taille d'un corbeau et vivait il y a 180 millions d'années.

(1) Notre ami et correspondant de Tahiti, M. Yves Morel, assure que dans les hautes montagnes du Sud-Viêt-nam vit une population d'hommes poilus qui ont une tête énorme, des mains et des jambes très grosses. Ils sont encore cannibales et redoutés des Moïs. Tous ces hommes sauvages ont leur colonne vertébrale terminée par une petite queue longue de 3 à 5 cm.

Une amie vietnamienne de M. Morel, habitant Papeete, a vu plusieurs de ces êtres qui, après leur capture par des Moïs, ont travaillé dans la plantation de sa mère.

Des primates serviteurs des hommes

L'humanoïde que l'on voit tomber entre le monstre et l'homme qui attaque pose un problème de nature à bouleverser à lui seul l'histoire de notre genèse : la contemporanéité de l'homo sapiens et de chaînons paraissant le relier soit à un hominien, soit à une sorte d'homme-poisson dont on retrouve la trace dans la mythologie avec Oannès (1).

En effet, il est troublant de noter combien sont ressemblants les représentations anciennes de l'initiateur chaldéen, les primates des pierres d'Ica et — serait-on tenté d'ajouter — le fœtus dans le ventre de sa mère !

L'humanoïde de l'attaque du dinosaure a trois particularités essentielles : sa queue, son mufle allongé et ses mains à quatre doigts. On ne s'est pas assez penché sur ce mystère des quatre doigts qu'on ne trouve guère qu'au pays des Incas.

Orejona, la déesse-mère qui atterrit au bord du lac Titicaca avait quatre doigts à ses mains et à ses pieds; le dieu central et les personnages de la Puerta del Sol, à Tiahuanaco, n'ont, eux aussi, que quatre doigts, ce qui laisse imaginer une humanité étrangère à la Terre ou non complètement détachée de son type originel (2).

Sur le document (p. 33), les primates ont cinq doigts à chaque main — qui paraît palmée et n'a pas de pouce. Les queues sont semblables à celles des sauriens

(1) Oannès. A la fois dieu et civilisateur des peuples de Babylonie. C'est le Janus des Romains et le Prométhée des Grecs. On le représentait mi-homme, mi-poisson (on a dit aussi moitié grenouille) avec une sorte de queue. Chaque matin, il sortait de la mer pour venir parmi les humains et leur enseignait les sciences. Etymologie : Oannès, Oan, Ogen, Okean, Okeanos, Océanos.

(2) Une étude réalisée par ordinateur à partir de statistiques conclut que dans 250 ans l'homme mesurera en moyenne 12 cm de plus, n'aura plus de dents de sagesse, sera presque deux fois plus intelligent et ne possédera plus que quatre doigts aux pieds, le petit orteil s'étant complètement atrophié.

et les têtes évoquent un requin pour le personnage de droite et un mammifère pour celui de gauche.

On regrette de ne pas trouver dans leur morphologie des rapports avec l'énigmatique dauphin.

Ces primates étaient-ils amphibies ? Il y a lieu de le croire.

Primates d'Ica, mi-hommes, mi-sauriens. Photo Kuroki

Nombreuses sont les pierres d'Ica qui les représentent en auxiliaires et collaborateurs attentionnés des hommes supérieurs.

Leurs bons génies en quelque sorte !

Leurs ancêtres, peut-être, dans un système évolutif

où les chaînons se développent et se compliquent à des rythmes inégaux. Toutefois, ces auxiliaires d'hommes nous ramènent au singe, en nette régression depuis quatre mille ans mais qui jadis, chez les Egyptiens, remplissait les tâches de matelot, de fonctionnaire et de serviteur zélé. On parle des babouins et des guenons qui travaillaient comme mousses dans la mâture des vaisseaux de la reine Hatshepsout, quand elle quitta le pays de Pount. Ils grimpaient, pense-t-on, dans les arbres cueillir les fruits hors de la portée des jardiniers et surveillaient les enfants.

Le singe, au temps du Second Empire thébain, « savait entendre ce qu'on disait dès qu'on l'amenait d'Ethiopie, étant plus malléable, prétendaient les cuistres, qu'un écolier égyptien (1) ».

L'antiquité, nous apprend le *Dictionnaire du XIXᵉ siècle,* connaissait sous le nom de *cébus* une espèce de singe qu'elle avait rangé parmi les satyres, et dont Pline le naturaliste parle en ces termes :

« On vit aussi aux jeux du grand Pompée l'animal d'Ethiopie nommé *cébus,* dont les pieds de derrière ressemblent aux pieds et aux jambes de l'homme et les pieds de devant à des mains. Depuis ce temps, ces animaux n'ont plus reparu à Rome. » Pythagore cite un singe supérieur qui vivait au bord de la mer Rouge et dont le nom était *kêpos.*

Il y a là de quoi faire rebondir l'irritant problème de l'homogenèse !

L'« Homunculus patagonicus » d'Ameghino

Au siècle dernier, le paléontologiste argentin Florentino Ameghino soutint, avec des fortunes diverses, que l'Amérique du Sud était le berceau de l'humanité.

A cette époque, les préhistoriens ne juraient que par l'Asie. Ils sont aujourd'hui tentés par l'Afrique : le premier homme *terrestre,* disent-ils, était de race noire !

C'est bien possible néanmoins les hominiens et les

(1) *Dictionnaire de la civilisation égyptienne,* Éd. Fernand Hazan.

hommes de l'Ica ancien semblent apporter un beau courant d'eau au moulin d'Ameghino qui n'admettait qu'une seule origine pour l'homme, au milieu de l'ère tertiaire.

Selon l'Argentin, notre ancêtre avait une forme animale, était moins grand que nous et il le dénomma *Homunculus patagonicus.*

Il descendait d'hominidés plus primitifs encore et constituait l'évolution d'un type qui devait dans les âges se partager entre homme et singe anthropomorphe(1). Entre l'*Homunculus patagonicus* et l'homme se trouvait une série de chaînons : les *prothomos* (préhommes).

Ameghino appuyait ses thèses sur quelques ossements – dont un fémur et une vertèbre cervicale trouvés à Monte Hermoso (province de Buenos Aires), et il expliquait le problème du peuplement du globe en affirmant que l'*Homo* américain du sud avait passé dans le nord après la formation de l'isthme de Panama, et en Asie par le détroit de Behring.

La race mongole ou jaune est un rameau de l'*Homo* américain. Le peuplement de l'Europe se serait effectué par le pont continental unissant le Canada à l'Europe au début du pléistocène (quaternaire ancien).

(1) Pour y voir clair dans le jargon de la préhistoire, il convient de préciser les sens donnés arbitrairement à quelques substantifs :

– Primates : ordre de mammifères comprenant les lémuriens, les singes et les premiers types humains avec, pour la main, le pouce opposé aux autres doigts.

– Homuncule : petit homme. Type humain non encore parvenu à son accomplissement.

– Hominidés : primates supérieurs représentés par les hommes fossiles et actuels.

– Homo et hominien : homme fossile et actuel. Peut s'employer au singulier et au pluriel.

Le docteur Cabrera dans son musée. A sa droite, on voit le portrait de son aïeul Jeronimo, fondateur de la ville d'Ica. En bas, à gauche : la pierre à la césarienne.

Photo R. Charroux

Césarienne sous anesthésie

En tant que chirurgien, le Dr Cabrera tire une légitime fierté de quelques-unes de ses pierres qui prouvent les connaissances en biologie de nos Ancêtres Supérieurs.

En vérité, ces pierres sont les plus étonnantes et les plus précieuses de la collection, car si les autres reproduisent des images du temps passé, celles-ci révèlent les secrets de la chirurgie de demain.

Il est bien évident que, durant la fin d'après-midi que nous passâmes dans le musée fantastique du Dr Cabrera, nous n'eûmes pas le temps d'examiner les 11000 pierres gravées qui s'y trouvaient.

Notre regard ne pouvait qu'embrasser le foisonnement sans avoir la possibilité d'enregistrer, de noter, de détailler.

Supériorité physique de la matière dite inerte par les physiciens : alors que notre ambition se limitait à photographier notre hôte auprès du portrait de son aïeul Jeronimo Luis, notre appareil, à notre insu, enregistra une image que nous ne découvrîmes que plus tard.

Et quelle image! Celle d'un accouchement par césarienne, fixée sur l'andésite « il y a 60 millions d'années », assure le Dr Cabrera!

Sur la photo (p. 36), on aperçoit une centaine de pierres entassées sur des étagères ou posées sur le parquet. L'une d'elles, la plus grosse – en bas à gauche – donne les détails de l'opération.

La technique des ancêtres

Là où le Pr Barnard a échoué, là où les meilleurs spécialistes de France, d'Amérique, d'Angleterre et d'Allemagne sont la proie d'aléas et d'incertitudes déprimantes, il semble que les chirurgiens préhistoriques aient obtenu des résultats positifs.

1re phase : Le chirurgien palpe la patiente qui est couchée sur un lit. L'enfant, dans le ventre de sa mère, ne porte pas de culotte. On voit le couteau qui va servir à l'opération : il est en métal avec lame incorporée dans le manche et fixée par trois rivets.

Photo R. Charroux

2e phase : La femme, au nez fortement aquilin, est couchée, nue. Devant elle, un chirurgien opère selon la technique classique mais dans le continuum-espace-temps particulier aux Mayas et aux Incas : passé et futur confondus dans le présent.

Ainsi, le praticien s'apprête à ouvrir le ventre de la patiente avec un bistouri tenu dans la main gauche, tandis que de la main droite il paraît retirer déjà le bébé... qui est vêtu d'une culotte !

Ce détail est retenu par les contestataires pour prétendre que le graveur de la scène vivait au XVIe siècle et avait déjà été sensibilisé à la notion du péché de la nudité instauré par l'Eglise chrétienne. A noter le souffle d'air sortant de la bouche de la femme, signifiant qu'elle est bien en vie.

Photo R. Charroux

3e phase : Une sorte de démon ou d'être étrange, mi-homme, mi-stégosaurus participe à la délivrance.

Cette fois, il ne s'agit pas d'un primate semblable à celui de l'attaque du dinosaure ! L'aide du chirurgien est bien vêtu d'un pagne lui conférant un certain caractère humain, mais il porte des épines dorsales comme en ont les stégosaurus.

On voit que la malade a dans la bouche un tuyau terminé par une poire à pression.

Insufflation d'air, d'oxygène, instillation d'un liquide ?

En tout cas, il s'agit bien d'un système destiné à favoriser le bon déroulement de l'opération.

On pense avec quelques raisons que l'opérée est placée sous anesthésie. Photo R. Charroux

Des gravures au trait parfait nous assurent avec une grande force et des arguments tantôt péremptoires, tantôt déconcertants que les greffes du rein, du cœur... et du cerveau étaient pratiquées et réussies il y a des milliers, sinon des millions d'années.

Nous ne sommes pas habilité pour émettre une opinion savante à ce sujet, aussi nous bornerons-nous à décrire et à interpréter de notre mieux les images que nous avons ramenées d'Ica.

Le Dr Cabrera, chirurgien éminent et savant préhistorien, a su les expertiser dans le livre qu'il écrit actuellement et qui, très probablement, marquera une date dans l'histoire de l'humanité.

Notre maître et ami souligne les techniques différentes employées par les Ancêtres Supérieurs et les chirurgiens classiques de nos temps, type Chris Barnard.

Le Pr Barnard ne change pas le cœur, mais remplace les deux ventricules et la face antérieure des oreillettes malades par des organismes sains correspondants.

Nous allons, en quatorze images étonnantes, représenter la technique préhistorique, qui comporte le remplacement total du cœur et de ses grands vaisseaux artério-veineux.

LA GREFFE DU CŒUR EN 14 IMAGES

Dans un ouvrage édité en 1971 (1), nous avions relaté, d'après le « Rapport de l'expédition scientifique Marmadjaidjan en Asie Centrale soviétique » que des traces d'intervention chirurgicale sur huit squelettes avaient été relevées sur les os, en bordure du thorax.

L'opération, remontant à 100000 ans, avait été réussie, comme en témoignait l'épaisseur du périoste.

Les conclusions du Pr Léonidof Marmadjaidjan permettaient d'établir qu'après résection des côtes, on avait dû transplanter un cœur.

Dans la collection d'Ica, le processus d'une telle opération est gravé sur une vingtaine de pierres.

Le professeur Bohn d'accord avec le docteur Cabrera

Ces gravures sont assez éloquentes pour nous persuader que les Ancêtres Supérieurs d'Ica avaient des connaissances étendues en biologie et qu'ils étaient véritablement capables de faire une greffe du cœur.

Les phases préopératoires et les particularités de l'opération elle-même ont fait comprendre au Dr Cabrera que le rejet était très probablement annihilé par les propriétés très spéciales que possède le sang des femmes enceintes.

Ce sang, à n'en pas douter, contient un principe actif ou une hormone antirejet dont l'absence ou l'insuffi-

(1) Cf. *Le Livre des Mondes Oubliés*, chap. 6, Éd. J'ai Lu A 393****.

I – PRISE DE SANG.

Le chirurgien, à droite, tient une poire ou pompe avec laquelle il aspire le sang d'une femme, enceinte à en juger par ses seins volumineux et ses tétins turgescents. C'est grâce à ce sang particulier que le phénomène du rejet sera évité.

Le poignet de la femme est bandé, l'aiguille fixée à la pompe plonge dans la veine radiale et le sang est refoulé par un tube flexible jusqu'à un récipient incliné où il est collecté.

Le liquide est dessiné de façon savante, pensons-nous, si les éléments sinueux, dans le vase, représentent le plasma sanguin et si les petits composants ronds sont les globules rouges.

La femme est couchée sur une sorte de lit à pieds.

Il convient de lire la photo en plaçant le lit horizontalement, ce qui montre clairement que le chirurgien lève le bras de la patiente pour que le tube flexible conduise le sang à l'horizontale jusqu'à l'intérieur du vase collecteur.

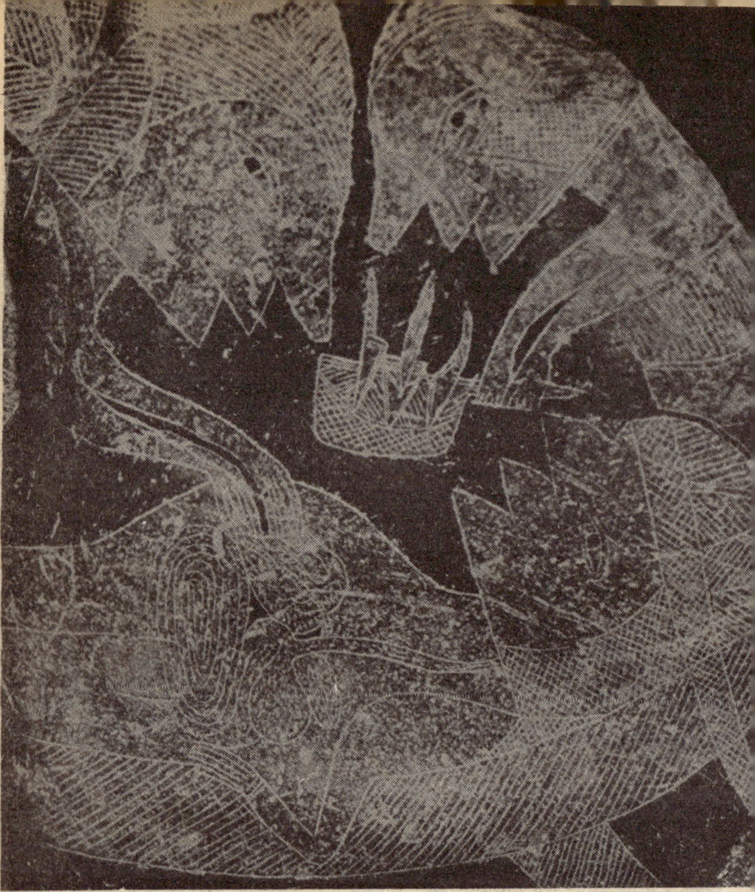

On s'aperçoit alors que le vase est placé sur un support qui est lui-même posé sur le rebord du lit.

Ainsi, la scène prend sa signification logique. Seul le chirurgien est placé dans une situation anormale nécessitée par la faible largeur du galet d'andésite.

Comme s'il était doté de double vue – et peut-être l'était-il – le graveur a représenté les viscères abdominaux de la femme.

Photo Kuroki

II – OPÉRATION SUR LE DONNEUR.

Le donneur est sur une table d'opération. Le chirurgien touche ou tâte avec ses mains le cœur qu'il va extraire, son aide tient un récipient contenant les instruments chirurgicaux.

Photo R. Charroux

III – EXTRACTION DU CŒUR.
Le chirurgien a sorti de la cage thoracique le cœur encore relié à l'organisme par l'aorte.
En haut du dessin, on aperçoit les mains de l'assistant tenant des bistouris. Photo R. Charroux

IV – PRÉPARATION DE L'ORGANE.
Le cœur est complètement sorti. On voit ses vaisseaux sanguins auxquels on a adapté un dispositif, qui est soit un bouchon, soit un appareil d'irrigation (entre la base de l'organe et le récipient).
Le chirurgien procède au nettoyage. Il dispose de tout un arsenal de bistouris. Photo R. Charroux

V – TRANSFUSION SANGUINE.

Le receveur, allongé sur la table d'opération, est atteint de myocardite avec lésion signalée sur le cœur, en haut, par un ovale rayé. Pour le préparer à l'intervention, et toujours dans le but d'éviter le rejet, on lui perfuse le sang prélevé sur la femme enceinte.

Le chirurgien introduit une aiguille dans une veine du poignet droit qui a été préalablement bandé.

De même que sur les photos précédentes, le graveur a représenté le cœur, l'œsophage, l'estomac et les intestins du patient. Le receveur respire (un souffle d'air sort de sa bouche) ce qui pourrait signifier qu'il n'a pas été anesthésié.

Photo R. Charroux

VI – IRRIGATION DU CŒUR.

Le cœur du donneur est irrigué avec le sang provenant du système aorte-cave de la femme enceinte. On voit un appareil extracteur de sang (près du genou du chirurgien) branché dans le système aortique de la patiente; ce sang servira au cours des phases suivantes pour irriguer et maintenir en vie le cœur du donneur. Aucun souffle n'a été dessiné à la bouche de la femme. Sans doute est-elle sous l'empire d'un anesthésique.

Photo R. Charroux

VII – PREMIÈRE PHASE DE LA GREFFE.

Le chirurgien incise l'abdomen, première phase de l'opération. Il semble que sur toutes les gravures le dessinateur, peut-être pour les besoins de sa mise en pages, ait fait coïncider le thorax et l'abdomen! Cette naïveté prouve que le graveur n'était pas un chirurgien mais un simple reporter.

Nous pensons que les chirurgiens du cœur avaient des connaissances scientifiques assez étendues pour leur permettre de pratiquer l'anesthésie. Peut-être avec des plantes.

Photo Kuroki

VIII – EXTRACTION DU CŒUR MALADE DU RECEVEUR AVEC SES VAISSEAUX ARTÉRIO-VEINEUX AU COMPLET.

Remarquer sous la table d'opération le dessin d'une feuille avec le pétiole (queue) dirigé vers la tête du malade. Ce glyphe ainsi orienté signifie que le malade est en vie.

Photo R. Charroux

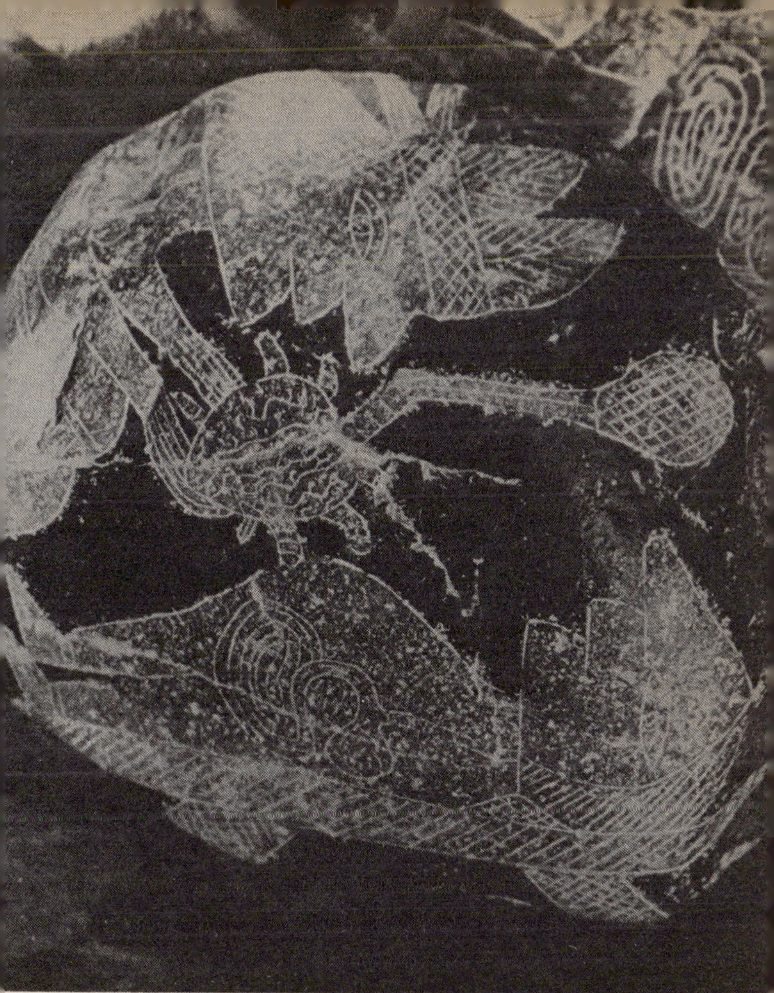

IX — Le chirurgien tient le cœur du donneur qui est relié à un système de perfusion faisant fonction de cœur-poumons en maintenant l'organe irrigué.

Le receveur, semble-t-il, reste un certain temps sans avoir de cœur.

Il est probable que des pierres, pas encore trouvées, expliquent comment le patient peut demeurer en vie.

Peut-être par des anticoagulants ou par ralentissement artificiel des fonctions organiques. Photo R. Charroux

X – INTRODUCTION DU CŒUR SAIN DANS LA CAGE THORACIQUE.

L'organe est relié à un ballon qui le nourrit avec le sang prélevé sur la femme enceinte. Photo Kuroki

XI – LE CŒUR EST MIS EN PLACE.
Il est toujours irrigué par perfusion.
En dessous, sur la même pierre, on aperçoit la première phase de la greffe : l'incision de l'abdomen.

Photo R. Charroux

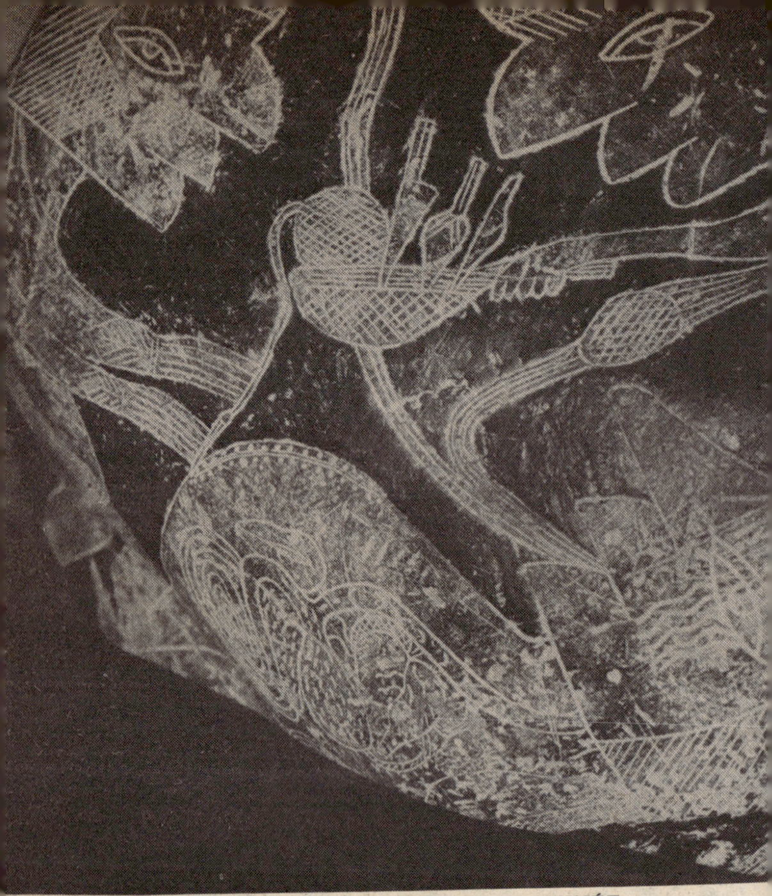

XII – LA TRANSPLANTATION EST TERMINÉE.

Le praticien coud la paroi abdominale et le thorax avec une aiguille et du fil (ou avec un bistouri électrique). Son assistant tient d'une main un récipient où sont disposés les instruments d'incision.

Avec l'autre main, il actionne une poire qui insuffle un gaz, probablement de l'air ou de l'oxygène; de plus le malade est relié par la bouche à un instillateur qui lui distribue un liquide.

Quel que soit le sens exact de l'opération, il est évident qu'elle fut dessinée par un homme qui avait assisté de nombreuses fois à des interventions chirurgicales très savantes, même s'il était incapable de les pratiquer, même s'il a commis des erreurs de description. Photo R. Charroux

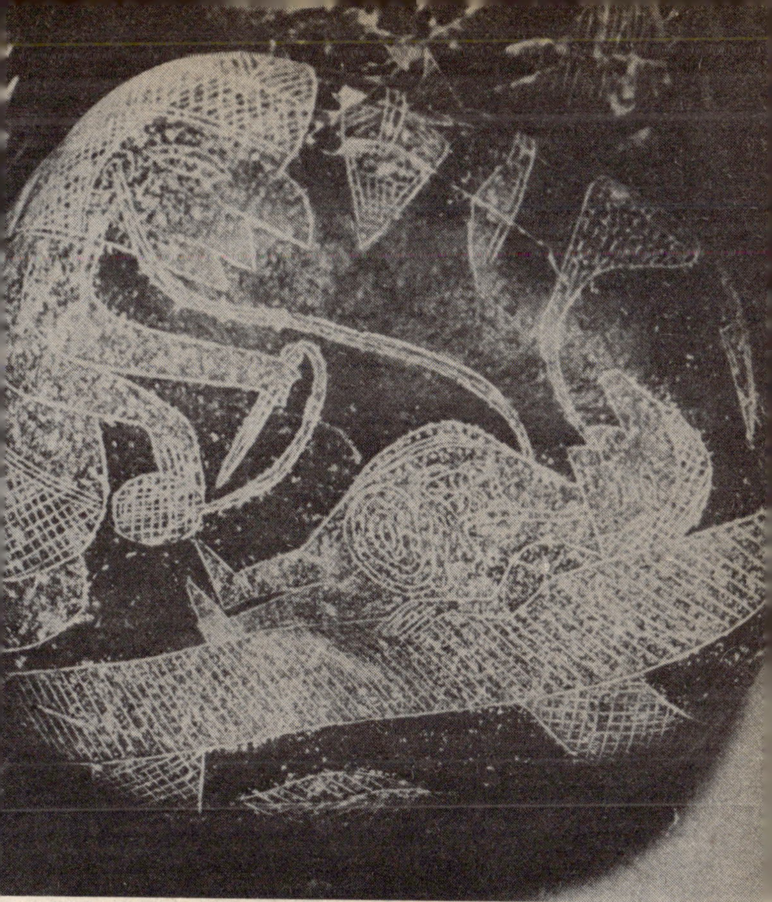

XIII – SOINS POSTOPÉRATOIRES.

L'opération a réussi, si l'on en croit la feuille symbolique disposée sous la table (son pétiole est dirigé en sens inverse quand il y a mort. Ce symbolisme figure sur de nombreuses pierres d'Ica).

Le chirurgien, qui a fixé un stéthoscope à ses oreilles, vérifie le bon fonctionnement cardiaque. Il tient dans ses mains l'aiguille enfilée ou le bistouri électrique.

Le stéthoscope (et encore était-il en bois) passe pour avoir été inventé par le médecin français Laënnec vers l'an 1800. L'instrument dessiné sur les pierres est plus ancien de quelques millénaires et semble comporter des tubes en caoutchouc.

Photo R. Charroux

XIV – DERNIÈRE PHASE DE L'INTERVENTION.
Le chirurgien va probablement débrancher le système d'instillation.
Tout nous laisse à croire que l'opération a eu un heureux dénouement. Photo R. Charroux

sance serait la cause de l'incompatibilité génétique (avortement).

Sa diminution brutale, en fin de gestation, provoquerait le début du phénomène de l'accouchement.

L'hormone antirejet, dit le Dr Cabrera, doit être recherchée dans le sang des femmes enceintes, entre le troisième et le cinquième mois, qui est la période d'activité la meilleure.

En 1934, le Pr Bohn, éminent biologiste chargé de cours à la Sorbonne, présentait une thèse qui accrédite celle du Dr Cabrera au sujet du phénomène de rejet.

Il est admis que l'organisme humain est conditionné pour s'opposer à toute intégration forcée d'un corps étranger : une épine, une balle de revolver, une aiguille cassée dans la chair suscitent des réactions dans le but d'éliminer – sauf cas exceptionnel – ces objets qui n'appartiennent pas naturellement au système physiologique.

Le Pr Bohn assurait qu'au début de la gestation, alors que le spermatozoïde attaque l'ovule, lorsque ce dernier est fécondé et même lorsque l'embryon commence à se développer, l'organisme de la femme a tendance à rejeter le corps étranger mâle dont la moitié des gènes proviennent du père.

Cette intolérance est toujours obligatoire lorsque les tissus reçus présentent des différences génétiques, même légères, avec les tissus du receveur(1). Il y a alors des possibilités d'avortement, mais la gestation étant une fonction naturelle, l'organisme féminin finit par se soumettre(2).

Le fait de prélever le sang d'une femme enceinte

(1) C'est pour cette raison que la transplantation d'un rein ne réussit spontanément que si le donneur est un jumeau réel et possède des gènes identiques à ceux du receveur. Lire *La Croissance*, de James M. Tanner et Gordon Rattray Taylor, Ed. Robert Laffont.

(2) On avance deux thèses pour expliquer le phénomène :

a) Le trophoblaste, qui est à l'origine du chorion et du placenta, serait doté d'un pouvoir particulier permettant à la mère d'accepter un corps étranger comme s'il s'agissait d'une structure de son propre tissu.

b) Selon les Américains James H. Nelson Jr. et J. Edward Hall, le fonctionnement du système réticulo-endothélial responsable du rejet est moins actif durant la période de grossesse.

pour opérer une transplantation laisse donc supposer que les Ancêtres Supérieurs avaient en chirurgie des connaissances assez grandes pour vaincre le phénomène du rejet.

Ils auraient réussi la greffe du cerveau

Notre première visite au *Musée primhistorique d'Ica* fut de courte durée car, d'une part, nous ne nous attendions guère à faire une découverte de cette importance, et d'autre part, nous étions attendus à Paracas et à Lima où nos places d'avion étaient retenues pour un vol Pérou-Colombie à destination finale du prestigieux site archéologique de San Agustin.

Il nous aurait fallu demeurer plusieurs jours à Ica pour reconnaître de façon efficace la prodigieuse collection du Dr Cabrera, mais le sort nous était défavorable et nous devions remonter vers le nord, en attendant une plus longue visite qui eut lieu l'année suivante, en mars 1974.

Autre malchance, un seul flash électronique était encore disponible pour prendre les photos et il ne fournit que dix-neuf éclairs! Parmi nos dix-neuf clichés, nous eûmes pourtant la bonne surprise de trouver deux représentations de greffe du cerveau, du moins à ce que nous révéla notre hôte. Un complément d'illustrations nous fut envoyé en France par le Dr Cabrera ou effectué quand nous revînmes à Ica en 1974. Le processus de la greffe était gravé sur plusieurs pierres. Le livre du Dr Cabrera donnera in extenso tout le déroulement de l'opération.

Les chirurgiens les plus optimistes croient que tous les organes du corps humain pourront être remplacés, à l'exception du cerveau. En 1974, l'intervention la plus délicate, pratiquée par réfrigération localisée à – 28° C, fut l'opération des hémorragies dues à des ruptures d'anévrisme.

Dédicace pour un grand initié

Des milliers et des milliers de *grabados* appellent encore notre curiosité mais nous avons fait le plein de merveilleux, en cette journée mémorable.

Il est temps de rejoindre notre quartier général et la perspective d'aventures colombiennes.

Nous ne quitterons pas la cordillère des Andes, mais il nous faut nous arracher aux magies de notre hôte qui insiste pour nous faire les honneurs de son livre d'or. Je crois devoir reproduire ici ce que j'écrivis et qui donne la mesure de mon émerveillement :

« *Aujourd'hui, le 29 avril 1973, le docteur Cabrera Darquea a ouvert pour moi le livre du passé fantastique des hommes. C'est une révélation, une découverte qui va influencer mon cheminement mental habituel et sans doute aussi celui de mes lecteurs.*

Le docteur Cabrera Darquea est non seulement le plus grand découvreur du siècle, mais aussi de tous les temps. Son musée de pierres et ses thèses ouvriront dans quelques années l'ère de la Connaissance véritable qui nous fut cachée jusqu'à présent par les Conjurations de contrevérité. Je serais fier d'être son disciple, s'il le voulait bien, et je lui dis ici toute mon admiration et mon affection.

R. Charroux. »

Voilà, remis dans un certain ordre, ce que nous avons vu à Ica dans l'affolement de la trouvaille et dans le chaos des idées suggérées, des croyances anéanties, des logiques violées...

Durant le chemin de retour, sur la mauvaise route conduisant à Pisco, dans la nuit noire où se diluaient la pampa, les rios et les contreforts andins, nous nous demandions, perplexes, si nous n'avions pas été victimes d'un enchantement incaïque !

Des témoins pour accréditer l'incroyable

Cette découverte du musée secret du Dr Cabrera et, surtout, cette histoire fabuleuse du monde que proposent les pierres nous ont paru si fantastiques que nous avons réalisé combien il serait difficile de les faire admettre par les préhistoriens et même par le grand public, si bien disposé qu'il soit.

Même avec le crédit apporté par les photos, l'aventure était singulière et pouvait donner prise à des contestations, à des restrictions, voire à la suspicion.

C'est pourquoi, le 11 mars 1974, à l'occasion d'un voyage au Mexique, nous avons insisté pour emmener au Pérou MM. Robert Laffont et Francis Mazière.

Le 12 et le 13, MM. Robert Laffont et Francis Mazière étaient dans le musée du Dr Cabrera et pouvaient, à loisir, voir et expertiser les pierres. Le 14, ils marchaient sur les *pistas* de la pampa de Nazca; le 15, ils voyaient le *Candelabro de los Andes.*

A Ica, l'inspection des pierres se fit en présence de plusieurs témoins, dont le colonel F.A.B. Omar Chioino Carranza, directeur du Musée de l'aéronautique du Pérou, de M. Edmond Borit, d'Ica, qui nous accompagnèrent sur tous les sites.

Outre ces témoignages, nous pouvons citer les noms du Pr Alejandro Pezzia, conservateur du musée d'Ica qui possède une cinquantaine de pierres, de l'ingénieur agronome Alain Elias et de M. J.J.P. Van Hemelrijck, directeur de l'hôtel Turista.

Nous pensons que le colonel Omar Chioino Carranza a résumé l'impression de ces témoins en déclarant :

– Ces pierres gravées sont au nombre de 20000, et sans doute beaucoup plus. Elles sont très anciennes et il nous est impossible de douter de leur parfaite authenticité.

2

LA CONJURATION DES BIEN-PENSANTS

Huit années d'études et de réflexion ont permis au Dr Cabrera d'élaborer une thèse, différente de celle des préhistoriens, mais qui, tôt ou tard, lui sera substituée dans l'enseignement officiel. Car il faudra bien qu'un jour la vérité « remonte à la surface comme l'huile remonte sur l'eau ».

Pour le Dr Cabrera, l'homme *princeps* découle d'une mutation sélective du tronc primate qui est à l'origine du groupe biologique des animaux les plus intelligents. Il ne descend pas du singe, et son avènement fut une aventure absolument exceptionnelle dans l'évolution terrestre.

Une race d'hommes à queue de têtard

L'homme primitif avait des mains à pouce long et fin, le mufle allongé et une extrémité caudale atteignant le sol. C'est ce qu'enseignent les pierres d'Ica.

– Supposer que ces êtres primitifs aient pu être enseignés par des initiés ou des êtres intelligents et supérieurs venus d'autres planètes est une possibilité très vague que je rejette, dit le Dr Cabrera.

Nous ne suivons pas notre maître et ami dans cette assertion, car il nous faudrait réfuter du même coup les bases mêmes des mythologies et les calculs de probabilité des astronomes les plus évolués de nos temps.

Le physicien américain Murray Gell-Mann dit que les progrès enregistrés en astronomie et en physique permettent de croire en la probabilité d'existence de civilisations extraterrestres.

Selon le Pr Guérin, on pourrait tabler pour notre galaxie sur 500000 sociétés intelligentes, dont la quasi-totalité aurait sur nous, en sciences et en techniques, une avance de plusieurs millions ou milliards d'années. Près de mille civilisations extraterrestres seraient soit au niveau de la nôtre, soit à un niveau moindre.

En ce qui concerne le problème des mystérieux engins célestes lumineux sur lesquels on a recueilli des dizaines de milliers de témoignages, les opinions et les sentiments évoluent de plus en plus vers une thèse favorable à des contacts ou à des messages venus de peuples extraterrestres.

« Je ne pense certainement pas que tous les UFO viennent de notre Terre », a dit le docteur américain Emerson W. Schildeler.

La revue *Bufoi* donne la liste suivante des personnalités scientifiques réunies en conférence en novembre 1971 à l'université d'Arizona qui acceptent l'existence des UFO (Objets Volants Non Identifiés) : Dr Allen Hynek, directeur de l'observatoire du Dearborn (Illinois), Dr Robert Creegan, Dr Leo Sprinkel, Dr Emerson Schildeler, Dr John Munday, Dr Franck Salisbury, etc., tous professeurs dans des universités américaines.

Ces personnalités croient que certains UFO sont « contrôlés par des êtres venus de l'espace ».

Cette divergence exceptée, nous pensons avec le Dr Cabrera que l'homme *primitif* était effectivement semblable à l'homme autochtone terrestre, sans pour autant exclure la thèse d'immixtions d'Instructeurs venus d'un autre monde.

En fait, ce problème n'est pas fondamentalement celui des Ancêtres Supérieurs et réside plutôt dans l'ancienneté qu'il convient d'accorder aux premiers hommes savants de notre planète.

L'homme est né il y a 30 millions d'années

L'homme n'est pas né il y a un million d'années comme on voulait le faire croire ces derniers temps : il y a 2800000 ans, il existait au Kenya, à l'est du lac Rudolphe, et il est certain que l'on trouvera des restes d'un *Homo habilis* ou *sapiens* (industrieux ou savant) beaucoup plus ancien encore, en quelque autre partie du monde.

En bref, les préhistoriens « classiques » présentent ainsi l'homme dans ses avatars :

Ramapithèque : primate s'engageant dans l'hominisation – 14 millions d'années.

Australopithèque : déjà homme; outils grossiers – 5 millions d'années.

Homme du Kenya : outils encore grossiers – 2800000 ans.

Homo habilis : outils bien fabriqués – 2000000 d'années.

Homo erectus : homme très droit, physiquement semblable à nous – 1000000 d'années(1).

Homo sapiens : homme savant (celui de Néanderthal) – 80000 à 100000 ans. Certains pensent à 200000.

D'autres préhistoriens et des anthropologues, davantage en contact avec les réalités, vont beaucoup plus loin dans leurs thèses.

Ainsi, le Pr A. Delmas, de l'Académie de médecine de Paris, affirme que le premier homme a une ancienneté de 30 millions d'années pour le moins.

Les raisons ? Notre position verticale qui n'a pu devenir naturelle qu'après des dizaines de millions d'années; nos membres antérieurs qui ne sont pas courts comme ceux des singes et nos bras qui ne sont pas démesurément longs; la forme, l'orientation et la capa-

(1) Ces données sont déjà périmées. Le Pr Bryan Patterson, de l'université Harvard, a trouvé en 1971, à Lothagam, au Kenya, des ossements d'un homme qui marchait debout.

cité de notre crâne qui sont fondamentalement différentes de celles des singes.

Et le Pr Delmas conclut en ces termes : « La quadrupédie, la brachiation (faculté de se déplacer de branche en branche) et la bipédie ne paraissent pas devoir être envisagées comme des étapes successives dans l'évolution, mais comme des *spécialisations* très anciennes et assez exclusives (1). »

Des Extraterrestres implantés

L'exposé du Pr Delmas suggère et implique même une aventure humaine non pas dans le sens imprudemment décrété par les préhistoriens, mais conforme aux thèses que nous avons toujours prônées :

– Les hommes, s'ils sont sur la Terre depuis trente millions d'années, ont dû faire éclore des civilisations avancées malheureusement perdues ou voilées par le temps et les cataclysmes géologiques.

– Nous avons eu des Ancêtres Supérieurs. C'est l'hypothèse la plus probable. Néanmoins, et bien que nous n'y croyions pas, nous ne devons pas rejeter celle de l'existence d'une Terre antédiluvienne d'où l'homme autochtone savant aurait été absent.

Pour expliquer l'éclosion des civilisations, on doit alors envisager soit une implantation, soit une immixtion d'hommes venus d'une autre planète.

Quoi qu'il en soit, l'homme *princeps,* le premier de tous, serait vieux de millions de millions d'années. Sa patrie d'origine serait une planète lointaine dans l'espace et dans le temps, sans doute même extérieure à notre univers connu.

Ce balayage des théories des préhistoriens périmés nous engage dans une vision différente du passé et dans une expertise enfin à la mesure du privilège que

(1) Le Dr Carl Johanson, paléontologue américain de l'université Case Wester, de Cleveland, a découvert, près du village de Dessye (province d'Ouallo, Ethiopie), à 300 km au N.-E. d'Addis-Abeba, les os fossilisés d'un homme qui vivait et marchait *debout* il y a plus de trois millions d'années.

l'homme, de toute évidence, a sur les autres animaux (1).

Et la « primhistoire » fantastique que nous voulons substituer à la préhistoire fossile devient, de ce fait, la plus probable et la plus authentique.

Des documents, des vestiges qui veulent parler

Voilà plus de trois mille ans que les livres sacrés de l'Inde, des pays du Nord et de notre Occident celtique, appuyés par les traditions et des écrits qui vont de Platon à Eugène Beauvois (2), affirment que nous avons eu pour ancêtres des êtres cultivés qui firent éclore des civilisations aussi ou plus avancées que la nôtre en certains domaines.

Malheureusement, les traces laissées par ces hommes des temps anciens étaient rares, ambiguës, fragiles et les préhistoriens dits classiques ne daignaient pas leur accorder leur « savante » attention.

On savait, par les traditions et des représentations graphiques, que des dieux venus de la planète Vénus avaient régné au Mexique, en Phénicie, en Assyro-Babylonie...

De très anciens écrits de l'Inde *(Mahavira, Drona Parva)* contaient que les dieux s'étaient affrontés dans une véritable guerre atomique, qu'ils utilisaient des engins volants pour aller dans l'atmosphère et jusqu'aux étoiles, qu'ils avaient connu les observatoires astronomiques, pratiqué les opérations chirurgicales les plus délicates... Imaginations, délires, assuraient les docteurs de la « vraie » science !

Trouvait-on au Mexique, sur la dalle de Palenque,

(1) La différence fondamentale entre l'homme et l'animal semble résider dans le phénomène de projection qui est nettement plus perceptible chez l'homme, lequel selon nos critères habituels paraît savoir mieux imaginer et prévoir. En fait, il sait mieux que l'animal intégrer son esprit au continuum espace-temps.

(2) Eugène Beauvois, éminent écrivain traditionaliste. Lire de lui, notamment, *Le Paradis de l'Atlantique*, 1907.

une fusée spatiale pilotée par un cosmonaute, des Codex décrivant des engins à réaction, des disques gravés dans les cavernes de Baian-Kara-Ula, au Tibet, déposés par d'anciens astronautes, selon les traductions du Pr Tsum-Um-Nui, de l'Académie de Pékin... : imaginations toujours !

Et avec la même vertueuse indignation, les archéologues-pontifes discréditaient Tiahuanaco, l'arche-condensateur électrique de Moïse, la lampe électrique qui éclairait le rabbin Jechielé au temps du roi Saint Louis(1) :

– Tout cela n'est que spéculation insensée ! se plaisaient-ils à dire. Une civilisation ne peut être reconnue et acceptée que si l'on trouve des documents, des constructions, des pierres gravées, bref, ce qui est substantiel et peut être expertisé scientifiquement.

– Et l'Atlantide ?

– Du rêve, toujours ! Le besoin qu'ont les hommes de s'inventer des ancêtres de qualité supérieure ! Absolument rien ne vous autorise à penser que les Atlantes – s'ils ont existé – avaient maîtrisé une science du niveau de la nôtre.

Ces rationalistes sévères n'avaient pas tort sur tous les points !

Il nous faut bien reconnaître, même avec l'apport des pierres d'Ica, qu'aucune civilisation antique – Egypte, Empire des Incas, Mexique, Lepenski Vir, Medzamor – n'a prouvé qu'elle avait atteint le stade de l'avion commercial, de l'automobile, du chemin de fer, de la cybernétique, etc., du moins si l'on s'en rapporte aux documents actuellement connus.

Pourtant, les découvertes de vestiges sous-marins à Bimini, au large de la Floride(2), prouvent que le grand océan occidental a englouti des cités inconnues et, pourquoi pas, une civilisation tout entière ?

(1) Nous avons recensé ces relations dans *Le Livre des Secrets Trahis,* chap. 2 et 3 (Ed. J'ai Lu A 378****); *Histoire Inconnue des Hommes depuis 100000 ans,* chap. 8 (Ed. J'ai Lu A 372****); *Le Livre des Maîtres du Monde,* chap. 16 (Ed. J'ai Lu A 382****).

(2) Cf. *L'histoire commence à Bimini,* de Pierre Carnac. Ed. Robert Laffont.

Un choix douloureux : chrétien ou archéologue

Irréductibles, engoncés dans le goitre de leur hargne sournoise, archéologues, géologues et préhistoriens réfutaient tout ce qui pouvait gêner ou contrarier leurs sacro-saints ukases.

Ils acceptaient, en tant que chrétiens bien pensants, l'authenticité du Déluge et de Jésus-Christ mais, si on les mettait au pied du mur, si on les poussait dans leurs retranchements de scientifiques ils niaient le sérieux de ces légendes (1), sous le sceau du secret, bien entendu ! Car il importait que de tels propos hérétiques n'arrivent pas à l'oreille de Mgr l'Evêque et de la bourgeoisie nantie qui assurent le bon ordre de la politique et l'avancement dans leur administration !

Certes, il n'est pas toujours facile pour un préhistorien bon teint de croire à la fois que l'homme a été créé par Jéhovah et qu'il descend d'un anthropoïde, que les étoiles ont été mises dans le ciel pour éclairer la Terre et que notre globe est un minuscule et négligeable grain de nébuleuse, que l'univers a été créé par Dieu il y a 16000 ans et par un grand « bang » des milliards d'années auparavant, que notre premier ancêtre, un dénommé Adam, habitait le paradis terrestre et qu'il était en même temps un pauvre type besogneux et exposé à tous les dangers d'un environnement hostile par nature !

N'importe ! Bravement, les bons apôtres peignaient leur noble barbe blanche, ajustaient leur col, leur cravate et le ruban de leur boutonnière et, de leur ton le

(1) Il faut distinguer. L'authenticité du Déluge est attestée par tous les peuples des temps anciens et par toutes les traditions du monde. Lire à ce sujet *Mondes en collision* d'Immanuel Velikovsky (Ed. Stock). Par contre, la non-existence de Jésus-Christ est non moins fortement prouvée par des papyrus égyptiens antérieurs de 1500 ans au Messie, papyrus qui relatent les mêmes détails que ceux produits par les Evangiles. Cf. *Le Livre du Passé Mystérieux* de Robert Charroux, chap. 19 (Ed. J'ai Lu A 398****).

plus doctoral, professaient que les hommes préhistoriques habitaient des cavernes, qu'ils étaient vêtus de peaux de bêtes, qu'ils inventèrent le bronze il y a 3500 ans. Puis, l'âme légère et sans en démordre pour autant, ils allaient découvrir, à Lepenski Vir (Yougoslavie), des villages savamment construits il y a 10000 ans, et mettaient au jour à Medzamor (Arménie soviétique) des usines de la même époque où les « brutes » armées de massues et de haches de pierre... fabriquaient dix-huit variétés de bronze « 6500 ans avant qu'ils l'aient inventé » !

En fait, « ils » ne savent pas grand-chose !

Pêchait-on un cœlacanthe dans les eaux de Madagascar ?

– Impossible ! décrétait la Conjuration. Son espèce a disparu depuis 200 millions d'années !

– Et les dinosaures ?

– Plus de dinosaures depuis 60 millions d'années !

– Mais on a trouvé...

– Ah ! Monsieur fait l'esprit fort ! Monsieur conteste !

– Glozel ! Glozel est bien authentique pourtant !

– Glozel ? Connaissons pas, répondaient les érudits et courageux préhistoriens pour qui la route Paris-Vichy-La Ferrière-sur-Sichon (400 kilomètres) est hérissée de barrières magnétiques analogues à celles qui défendirent le Potala du dalaï lama à Lhassa contre l'invasion des troupes chinoises !

– Et le Chandelier des Andes, les *pistas* de Nazca, qu'en pensez-vous ?

Du coup, les bons apôtres, flairant un piège, battaient prudemment en retraite !

Car le Chandelier des Andes, les *pistas* de Nazca sont absolument inconnus en préhistoire et en archéologie !

Aucun manuel n'en faisait encore état en 1973.

Pensez-donc : des dessins s'égaillant sur quelque trois à quatre mille kilomètres – excusez du peu ! – ça ne se remarque pas, quand on dispose de millions de francs pour effectuer des recherches !

Mais où les hommes de la Conjuration voient rouge, c'est quand un quidam dépourvu de peau d'âne attestant sa parfaite docilité a l'outrecuidance de trouver un site archéologique, une cité inconnue, un temple englouti sous les eaux, des tablettes et des poteries d'une civilisation inconnue !

Alors, dans les musées poussiéreux et dans les sociétés préhistoriques, c'est le grand branle-bas de combat.

– Il s'agit de faux, bien entendu !

– Bien entendu ! répondent les officiels bien pensants.

Quelques pontifes, parmi les plus énervés, brandissent même leurs pantoufles, comme pour foudroyer le téméraire qui a *osé* escalader la cordillère des Andes ou plonger dans l'Atlantique pour découvrir, *à leur place,* un site archéologique *dont la découverte leur revenait de droit !*

Heureusement, il y a le saint, le merveilleux palladium : à l'instar des chœurs antiques, les pontifes entonnent le chant sacré et magique qui conjure tous les maléfices de Satan.

– C'est un faux !

Pauvre Boucher de Perthes, pauvre Champollion, pauvre Schliemann, pauvre Marcelino de Sautuola, pauvre Emile Fradin, pauvre Dr Morlet, en avez-vous subi des affronts, des humiliations, avant que la Conjuration finisse par mettre les pouces !

La conspiration contre Glozel

Voilà quel était encore, en 1974, le bilan déprimant de l'archéologie en France. Du moins, pour les « anciens », les pontifes, ceux qui ont fait, inventé, fabriqué la préhistoire de grand-papa gâteux. Rares ont été ceux dont la bonne foi et la sagacité ont été à la hauteur de la réalité des faits.

Saluons-les au passage : Amédée Brouillet, Salomon

Reinach, A. van Gennep, E. Esperandieu, J. Loth, Constantinescu-Iasi, V. Madsen, Birger Nerman, etc., qui, tous, étaient d'éminents professeurs, conservateurs ou membres de l'Institut, ethnographes ou archéologues réputés en France, au Portugal, en Norvège, en Belgique, en Roumanie, au Danemark, en Suède ou en Suisse.

Cela sans oublier les archéologues dits « sauvages » qui, de leurs propres deniers, avec toute leur foi, leur sincérité, leur abnégation, et souvent au péril de leur vie, ont effectué les plus précieuses découvertes de l'histoire inconnue des hommes. Avec, généralement, pour seule récompense les risées, les insultes et les rebuffades des pontifes de la Conjuration de contre-vérité.

Heureusement, depuis quelques années, des préhistoriens de la nouvelle génération ont rompu avec les errements de leurs prédécesseurs. Ils savent que les cavernes n'étaient que des habitations occasionnelles, que les vêtements : chapeaux, vestes, pantalons, chaussures existaient il y a 20000 ans, que les hommes du Magdalénien (1) avaient les mêmes structures mentales que nous, qu'ils étaient capables de réfléchir, de combiner, d'écrire, de compter, qu'ils savaient modeler, sculpter, dessiner, peindre, étudier le ciel, fondre les métaux, construire des bateaux, usiner le minerai, réussir des opérations chirurgicales.

Quant aux préhistoriens étrangers, ils vont beaucoup plus loin encore et considèrent les hommes des temps anciens – même en remontant à plus de trente mille ans – comme des ancêtres très évolués qui construisaient des cités, voyageaient de continent à continent (2) et dont le cerveau, plus développé que le nôtre, était plus apte à appréhender les mystères de l'in-

(1) Magdalénien : époque dite du paléolithique ou âge du renne allant de 15000 ans à 30000 ans avant notre ère.

(2) Le Pr Thomas Jacobsen, de l'université de l'Indiana, a trouvé la preuve, dans une caverne de Franchti, en Grèce, que des liaisons maritimes se faisaient en Méditerranée il y a quatre-vingt-dix à quatre-vingt-quinze siècles (*Science et Vie,* n° 674 – p. 96).

connu, les arcanes des hautes mathématiques et de la philosophie.

Le fossé est si grand entre les deux écoles, la mauvaise et la bonne, que, dès 1930, à propos du musée de Glozel, M.A. Bjorn, conservateur du musée de l'université d'Oslo, s'écriait avec indignation : « Il faut être aveugle et malhonnête pour nier l'authenticité de Glozel. » Et M. A. Mendès-Correa, professeur d'anthropologie, doyen de la faculté des sciences de l'université de Porto, écrivait à l'intention de la Conjuration française : « On s'étonnera demain de la légèreté incroyable avec laquelle le misonéisme et l'orgueil s'efforcèrent d'imaginer des arguments contre l'évidence des faits. »

Enfin un honnête homme, M. A. Desforges, membre fondateur et délégué de la Société préhistorique française, correspondant de la Commission des monuments historiques, résumait en ces termes l'opinion des préhistoriens authentiques : « On divise les savants en deux catégories : *ceux qui travaillent et ceux qui vivent des travaux des autres.* »

Les premiers, ceux qui ont l'habitude de faire des fouilles, ont toujours soutenu l'authenticité de Glozel. Les autres ont essayé de faire couler une affaire *qu'on n'a pas voulu leur laisser exploiter.*

Les archéologues maudits

Avec quelle morgue, quelle rage malfaisante, la Conjuration jugeait-elle les grands découvreurs « sauvages » qui se ruinaient à faire triompher la vérité !

Voici quelques-uns des héros qui consacrèrent leur génie et leurs forces à la cause de l'archéologie et à qui l'on ne ménagea pas les épithètes de faussaires, d'escrocs ou de charlatans :

– Platon qui, le premier, révéla l'existence de l'Atlantide.

– Heinrich Schliemann, découvreur de Troie, traité

de dilettante et de farceur par les préhistoriens officiels qui publièrent contre ses trouvailles, en quelques années, quatre-vingt-dix livrets diffamatoires.

– Champollion, qui, en chaussures éculées (il gagnait dix-huit francs par mois) faillit dix fois mourir de froid et de faim dans sa mansarde. Après mille humiliations, après avoir été congédié de son poste de professeur, exilé pour « haute trahison », il déchiffra pourtant la « pierre de Rosette » et donna la traduction des hiéroglyphes égyptiens. Il mourut ignoré, dédaigné et c'est seulement soixante-quatre ans après sa mort qu'on lui rendit justice.

– Emile Beauvois, érudit du début du siècle (1907), une des plus grandes figures de la protohistoire. Il écrivit sur Thulé, l'Amérique précolombienne, les Celtes, les îles de l'Atlantique, etc. Ses ouvrages forment la somme la plus précieuse, avec ceux d'Hérodote et de Velikovsky, sur les civilisations anciennes. Il fut contesté et ses prodigieuses études ne sont connues que de quelques lettrés.

– Marcelino de Sautuola qui découvrit les admirables fresques d'Altamira en Espagne (le pendant de Lascaux), et qui dut lutter toute sa vie contre la Conjuration pour faire admettre l'authenticité de sa trouvaille.

– Immanuel Velikovsky, docteur et professeur américain, initiateur de la préhistoire d'avant-garde, opéra une véritable révolution dans les théories absurdes de ses contemporains et remit dans leur ordre logique et rationnel les grands événements cosmiques qui éclairent le passé des hommes et les civilisations anciennes. Il fut violemment combattu par les milieux de la science officielle. Son livre majeur, *Mondes en Collision*, est la véritable bible des chercheurs.

– Emile Fradin et le Dr Antonin Morlet, de Vichy, découvreurs de la civilisation de Glozel, aujourd'hui accréditée dans le monde entier, eurent à lutter durant cinquante années contre les conjurations de haine et de diffamation qui voulaient, soit leur voler leur trouvaille, soit la discréditer.

Et que ne dit-on pas, aujourd'hui de Louis-Claude Vincent, professeur à l'Ecole d'anthropologie de Paris, apôtre du continent antédiluvien de Mu(1), de nos propres découvertes et de nos thèses.

Quand les astéroïdes ont éclaté !

Les préhistoriens ont presque toujours tort dans leur enseignement et leurs livres sont aussi périmés que les cottes de mailles et les arquebuses du Moyen Age !

De nos jours, il convient d'admettre que les hommes du monde ancien, Muens, Atlantes ou Préatlantes, ont disparu dans un immense cataclysme sans doute provoqué par une science scélérate qui leur fut apportée « du ciel » par des Instructeurs appelés encore Anges ou Dieux.

Avaient-ils sollicité ces « Anges » ou bien ont-ils été leurs victimes ? C'est ce qu'aimeraient savoir les hommes du xxe siècle qui, de 1930 à nos jours, ont plus appris que durant trois millénaires de civilisation.

La progression arithmétique de leurs connaissances implique que dans un siècle le niveau actuel sera dépassé dans des proportions telles qu'ils *ne peuvent pas encore l'imaginer !*

Rien ne prouve, en effet – mais rien n'est moins certain – que nous ne bénéficierons pas à notre tour de la science présumée fantastique des Peuples de l'Espace ou que par notre ascèse personnelle nous ne devenions les Instructeurs interplanétaires de quelque peuple moins avancé que nous.

Cette dernière hypothèse n'est guère mise en avant par les ufologistes alors que toute notre industrie spatiale tend pourtant à contacter par l'extérieur des planètes et, éventuellement, des êtres intelligents de notre système galactique.

Car le fait est là : il n'est pas prouvé que des soucoupes volantes atterrissent sur la Terre, mais il est cer-

(1) *Le Paradis perdu de Mu,* op. cit.

tain que des objets volants terrestres bien identifiés – sondes, lems ou fusées – ont survolé ou atterri sur des astres lointains !

Il est symptomatique de remarquer – ce qui annoncerait les Temps d'apocalypse – que les hommes du XXe siècle portent plus d'intérêt à l'histoire possible du passé qu'à celle, future et redoutable, qui semble les guetter. Ou bien, pour mieux se persuader que leur salut viendra du ciel avec des visiteurs de l'espace, se forcent-ils à croire qu'une telle aventure a déjà été vécue par leurs aïeux !

Mais ce qui sera sans doute possible au XXIe siècle présentait des difficultés infinies il y a des millions ou des milliers d'années si, comme nous le pensons, des êtres d'une civilisation extérieure sont venus sur la Terre, il y a 12000 et 5000 ans (1).

Ces Extraterrestres, confrontés avec des sociétés et à des hommes peu évolués n'ont guère eu la tentation de prolonger leur séjour sur notre globe.

Néanmoins, tout indique qu'ils sont venus, qu'ils ont enseigné nos ancêtres jusqu'à faire éclore les premières civilisations, puis qu'ils sont repartis sur leur planète originelle ou bien qu'ils ont disparu, noyés dans la masse.

Ces voyageurs étrangers, ces *Anges* de la Bible, ces *Pères*, ces *Veilleurs* venaient soit d'une lointaine étoile, soit plus vraisemblablement de la planète qui se situait à la place des Astéroïdes à 200 millions de kilomètres de la Terre (2).

Un morceau de cette planète était peut-être la *comète en feu* des traditions qui, captée, stabilisée par notre système solaire, devint, il y a 5000 ans, la planète Vénus.

(1) Nous avons exposé cette thèse dans plusieurs de nos livres, notamment dans *Le Livre des Secrets Trahis*, op. cit.

(2) Une parcelle des Astéroïdes serait devenue, après l'explosion de la planète originelle, la « Vénus à la crinière de feu » que mentionnent tous les peuples anciens. Les Astéroïdes (plusieurs milliers de fragments) décrivent leur orbite entre Mars et Jupiter sous la forme d'une ceinture de 200 millions de kilomètres de largeur environ.

La vérité sort de son puits

Tels étaient les éléments dont nous disposions jusqu'à nos jours pour imaginer notre histoire passée inconnue. Tel était le problème des Ancêtres Supérieurs.

« Tout ce qui est caché sera, un jour, révélé », disent les Ecritures !

Et voilà que, soudain, les documents ont jailli de leurs cachettes secrètes, éblouissants, étonnants, irréfutables.

La Providence justicière, par une attention miraculeuse, n'a pas voulu que ni la découverte, ni les preuves soient le fait des préhistoriens.

Il appartenait à un élu, à un Initié d'apporter l'Evangile, la révélation de notre histoire inconnue : le Dr Javier Cabrera Darquea, chirurgien à Ica, au Pérou, précisément à la lisière de cette pampa magique où les *pistas* et les dessins géants, seulement visibles du ciel, présentaient aux archéologues les plus avertis une énigme indéchiffrable.

Nous commençons maintenant à imaginer le lointain passé, les origines, et à savoir qui étaient ces Ancêtres Supérieurs dont nous parlions jadis par intuition et à la lueur incertaine des mythologies.

1) Il ne semble pas que l'homme descende du singe puisqu'il a vécu sinon avant les anthropoïdes, du moins en même temps que des humanoïdes à queue qui se rapprochent plus du saurien ou du poisson que du gibbon ou de l'orang-outan.

2) Des Initiateurs sont très probablement venus du ciel.

3) Ils ont instruit les hommes anciens et en ont fait ces Ancêtres Supérieurs – Atlantes ou Préatlantes – auxquels nous nous référons.

Si l'on se rapporte aux pierres d'Ica, aux *pistas* de Nazca, aux legs de l'Egypte, de l'Empire des Incas, du Mexique, de Lepenski Vir et de Medzamor, etc., ces Grands Ancêtres ont développé de hautes civilisations mais n'ont jamais utilisé la roue, qui constituait un tabou, et n'ont, par conséquent, inventé ni l'aviation, ni la cybernétique, ni l'automobile, ni le chemin de fer, etc.

Le tabou de la roue demeure encore une énigme, mais il est certain que les civilisations antédiluviennes avaient pris une voie différente de la nôtre.

Cette mise au point, toute conjecturale qu'elle soit, était nécessaire pour aborder les mystères de la *Bibliothèque primhistorique d'Ica* et des *pistas* de la pampa de Nazca.

3

LE LEGS DES ATLANTES

« Nous voilà à la veille d'une grande bataille », aurait dit Schliemann, quand il eut découvert Troie!

Il est probable que « l'affaire d'Ica » va susciter bien des controverses, bouleverser maintes théories, scandaliser les préhistoriens et les archéologues de l'ancienne école!

Eh quoi! Le monde ne serait pas né à Sumer? Pas même en Inde, en Egypte ou en Phénicie? Et pas davantage chez les Australo- ou Africopithèques?

Comment les pontifes de la Conjuration vont-ils déjeuner tranquillement autour de l'assiette au beurre sacramentelle, si n'importe quel trublion vient jeter des pétards sous leur chaise-longue!

Il va être long, très long dans le temps et dans l'espace, le chemin menant de Paris à Ica, de Rome, de Londres, de New York à Ica!

Il a fallu dix ans à tel éminent préhistorien de Poitiers pour se rendre (à bicyclette) jusqu'au merveilleux champ de silex du Grand Pressigny!

La quasi-totalité des spécialistes français n'a jamais daigné aller voir le musée de Glozel. Elle se contentait d'en nier l'authenticité!

Les *pistas* de Nazca? Les archéologues ne connaissent pas! Hors de portée de leurs pantoufles!

Alors, avant qu'ils se décident à visiter le Musée primhistorique du Dr Cabrera, il passera encore de l'eau sous les ponts!

Ah! la puissance de la force d'inertie, lourde, infiniment lourde, du mauvais vouloir, de la mauvaise foi, de l'ignorance!

Les cachettes sont du côté d'Ocucaje

Le découvreur des pierres d'Ica est parfaitement d'accord sur ce point : il ne demande pas une confiance aveugle et féale. Au contraire, il réclame, exige une expertise, mille expertises, et faites avec le maximum de précautions et d'honnêteté.

Un point reste à définir, celui de l'endroit où les pierres ont été découvertes. C'est vrai, et le Dr Cabrera s'en explique avec franchise :

– Il est bien évident que les experts, les premiers, doivent aller sur le site. Mais je demande un délai pour les raisons suivantes. J'ai pu réunir 11000 pierres, mais il en existe beaucoup plus et je tiens à compléter la collection au maximum. Si la situation des cachettes est révélée, les curieux, les amateurs, les touristes iront faire un véritable carnage et ruiner l'unité de la bibliothèque. Il faut donc, d'abord, réunir une commission d'experts dont, bien entendu, je ferai partie(1). Enfin, il faut que le gouvernement péruvien garantisse la préservation des lieux en établissant une garde permanente.

En fait, on sait, à quelques kilomètres près, d'où proviennent les pierres à gravures!

Elles sont en andésite, roche éruptive vieille de 80 millions d'années, résultant de la désintégration du massif andin durant l'ère du mésazoïque. Ces pierres sont enrobées d'une forte patine d'oxydation qui couvre les gravures et en assure l'authenticité.

Il appartient au Dr Cabrera de révéler la situation exacte du lieu, mais disons, pour fixer un peu le lec-

(1) Le Dr Cabrera se méfie à juste raison. Qu'il révèle l'emplacement des cachettes, et des préhistoriens sans vergogne ne manqueront pas de s'approprier les marrons qu'il aura tirés du feu. Et la gloire de la fabuleuse trouvaille rejaillira sur eux! A qui a profité la découverte de la grotte de Lascaux? A qui a profité la bibliothèque préhistorique de Lussac-les-Châteaux? En tout cas, pas aux découvreurs!

teur, que la mine se situe à une trentaine de kilomètres au sud-sud-ouest d'Ica, vers Ocucaje et près du rio Ica, dans des cavernes-sanctuaires et dans des tombes.

La région est semi-désertique, plus riche de pampas pierreuses que de terres à fourrage. C'est là, pourtant, que les hommes des Temps Anciens avaient choisi d'établir la centrale mnémonique de l'Histoire terrestre.

Les prodigieuses *pistas* de Nazca étaient connues depuis plus de vingt années, mais nul au Pérou ne se souciait d'elles. A quoi bon ! les pierres d'Ica, de même, n'ont pas attiré d'un seul coup l'intérêt des hommes.

Certes, l'archéologie, les sciences, les lettres sont moins prisées au Pérou qu'un match de football ou qu'un *folk-song* de la cordillère, mais tout de même, à Lima, à Trujillo, à Arequipa, etc., il existe une élite chez qui s'épanouissent la subtilité et le génie ancestral espagnols.

« Huaqueros » et pilleurs de sites

Les premiers collectionneurs furent, vers 1955, les frères Carlos et Pablo Soldi qui habitaient l'hacienda d'Ocucaje, tout près du lieu où des paysans disent avoir fait leurs premières trouvailles de pierres gravées.

Carlos mourut en 1967, Pablo en 1968 et les 114 pierres qu'ils possédaient furent données au musée régional d'Ica.

A peu près à la même époque que les frères Soldi, le commandant Elias, directeur du musée naval de Callao jusqu'en 1973, avait acheté aux paysans d'Ocucaje près de 300 pierres qui étaient entreposées dans son musée.

L'architecte Santiago Agurto Calvo, ex-recteur de l'université nationale du Génie civil, passionné d'archéologie, fit des fouilles en compagnie du Pr Alejandro Pezzia, directeur du musée d'Ica.

Tous deux trouvèrent trois pierres gravées dans des tombes précolombiennes, non loin de l'hacienda des frères Soldi.

Leur découverte figure dans la revue du musée régional et a été mentionnée dans la revue *Dominical* du journal *Le Commerce*, du 11 décembre 1966.

Ces archéologues furent des collectionneurs qui ne s'aventurèrent guère dans l'étude des pierres, mais ils eurent le grand mérite de travailler à démontrer leur authenticité, laquelle fut expertisée et reconnue par Santiago Agurto.

Il est certain que depuis 1965 de nombreux amateurs, éclairés ou non, profitèrent de la négligence des autorités culturelles du Pérou pour emporter à l'étranger des centaines de pierres gravées qui, désormais, sont irrécupérables et détruisent l'unité de la collection que centralise actuellement le Dr Cabrera.

Sa première pièce, donnée par son ami Felix Lhona, fut sans doute trouvée par un paysan, un *huaquero* (chercheur de poteries anciennes) ou par un berger fouilleur des abris rocheux de la falaise encaissant le rio Ica.

D'où, exactement, venaient ces pierres ? On ne le précisait pas, sans doute pour garder le secret d'une cachette découverte par hasard et que les paysans ou les *huaqueros* entendaient bien exploiter auprès des archéologues amateurs. Le bruit a couru que le premier découvreur avait été, en 1960, un fossoyeur d'Ocucaje.

Le village dans le désert

Sur la route d'Ica à Palpa, au kilomètre 325, une immense pancarte indique la proximité, sur la droite, de la localité d'Ocucaje. Un petit chemin carrossable part de la Panam et s'enfonce vers la montagne à travers les champs de coton et de maïs. Ce n'est qu'une façade : à moins d'un kilomètre de la grand-route le chemin, vite transmué en piste, s'évanouit dans un désert absolu.

Il faut contourner la montagne pour apercevoir dans les sables infinis – on se croirait au fin fond du

Sahara – Ocucaje, petit village d'une vingtaine de pauvres maisons égaillées dans la morne pampa, sans l'ombre d'un arbre ou d'un brin d'herbe. Des maisons posées çà et là, à une centaine de mètres les unes des autres, sans ordre ou plan perceptible.

L'arrivée de notre voiture fait sensation et une nuée de gosses curieux, effrontés parfois, nous entoure et nous envahit.

Ils ont compris le but de notre visite et sans doute ne sommes-nous pas les premiers « touristes » à venir leur rendre visite.

Des petites filles nous tirent par la manche en direction de leurs cases :

– *Señor, por alli... Desea Usted piedras ?*

En vérité, nous voulions voir Ocucaje, par curiosité, parce que le village se trouvait précisément sur notre route au retour de Nazca, mais nous n'espérions pas – nous ne voulions pas – découvrir le secret si jalousement caché par le Dr Cabrera.

Nous en demandons pardon à notre maître et ami : c'est Ocucaje qui s'est dévoilé à nous, ce n'est pas nous qui l'avons dévoilé !

Maintenant la nécessité du secret ne s'impose plus, puisque *tout le monde à Ica connaît la provenance des « piedras ».*

– On les trouve dans la campagne d'Ocucaje, nous avait dit le Pr Alejandro Pezzia, directeur du musée d'Ica. Tous les paysans en possèdent et ils en font même le trafic.

C'était vrai !

C'était un secret de Polichinelle, mais comment le dire au Dr Cabrera sans épouvanter sa foi de collectionneur et d'archéologue ! Il suffisait, en effet, que n'importe qui aille à Ocucaje, propose une bonne somme et enlève à sa collection et au Pérou de précieux tomes de sa bibliothèque primhistorique.

Qu'il se rassure, à aucun prix nous n'aurions voulu jouer les vandales, mais nous devons à la vérité de dire que, sitôt au milieu du village, nous avons été harcelé par les marchands de pierres et de poteries.

Des « piedras » jusque dans les poulaillers

Il n'est pas une habitation où ne foisonnent les merveilleuses andésites noires (1), gravées de dessins millénaires d'oiseaux, de poissons, de personnages.

D'énormes roches sculptées jonchent les jardinets attenants que protègent du vent et du sable d'illusoires cannisses de roseau. Sur quelques-unes, des poules sont perchées et des canetons cherchent leur pâture à leur ombre incertaine.

De toute évidence, tous les villageois savent où les antiques messages sont enterrés et, pour la plupart, le métier de *huaquero* est le plus clair de leurs occupations.

Nous n'avons pas cherché à savoir où se trouvait le site, proche à n'en pas douter, mystérieux encore, ce qui, pour un certain temps, est une sauvegarde pour les *piedras*.

Tout l'alentour est d'une richesse archéologique prodigieuse et recèle un cimetière à céramiques peintes dont on nous offre – mais nous les refusons – des spécimens de grande valeur. Ces poteries qui n'ont guère que deux à trois mille ans sont-elles contemporaines des *piedras*, sont-elles enterrées dans les mêmes cachettes ? Il appartient au Dr Cabrera et aux autorités péruviennes d'enquêter à ce sujet.

Notre ami Francis Mazière qui, le premier, avait rendu visite aux *huaqueros*, en mars 1974, est le témoin de l'authenticité des objets.

Incontestablement, les villageois d'Ocucaje ne les sculptent pas, ils savent seulement où se trouvent les cachettes et vont faire des prélèvements au fur et à mesure de leurs besoins.

Nous croyons, mais sans certitude, qu'ils réservent pour le docteur les spécimens les plus intéressants, ceux qui reproduisent les scènes de la vie quotidienne

(1) En réalité, les pierres sont grises ou ocrées avec une patine sombre mais, croyant les rendre plus tentantes et plus belles, les paysans accentuent cette patine avec... du cirage noir !

des Ancêtres Supérieurs, leurs inventions et leurs connaissances dans tous les domaines scientifiques.

Les « huaqueros » vendent des « piedras »

Il n'y a pas de touristes à Ica et c'est une chance, car les *huaqueros*, sachant maintenant que les pierres ont une grande valeur, viennent parfois le matin, en grand secret, les proposer aux résidents de l'hôtel Turista. Comment résister à des offres si alléchantes quand on est archéologue ?

Nous en avons acheté, chacun, une demi-douzaine représentant des oiseaux, des animaux et des personnages, certains détails étant rehaussés d'ocre rouge, mais aucune de ces pièces ne présentait d'intérêt pour la *Bibliothèque primhistorique d'Ica.*

Elles étaient à peu près semblables à la cinquantaine de *piedras* que nous avons vues au musée du Pr Pezzia.

Nous n'avons pas osé conter notre escapade au Dr Cabrera, tant son résultat nous avait surpris nous-même et aussi parce que nous n'avons pas eu l'occasion de bavarder avec notre ami, la visite à Ocucaje s'étant effectuée la veille même de notre départ pour Paracas.

Voici un point nettement éclairci : les pierres sont authentiques, elles ne sont pas sculptées de nos jours et proviennent de cachettes millénaires connues des seuls *huaqueros.*

Une vingtaine de milliers, à ce jour, ont été exhumées, mais le Dr Cabrera estime que plus de 100000 demeurent encore à découvrir. Ce chiffre ne nous paraît pas exagéré.

En fait, ces *grabados* sont connus depuis de nombreuses années et, sans doute, depuis le XVIIe siècle (1) mais n'ayant le plus souvent aucun caractère révolu-

(1) Vers 1958, Gregory B, rénovateur de la religion du Soleil inca nous a montré un palaéothérium que des Mexicains ou des Pré-Incas avaient dessiné d'après nature, car l'animal, sorte de tapir-rhinocéros de l'ère tertiaire, était harnaché et se trouvait auprès d'êtres humains.

tionnaire apparent, ils n'attiraient pas davantage l'attention que de simples silex taillés ou des poteries de Paracas.

En effet, la quasi-totalité des pierres d'Ica représentent des scènes relativement banales si on ne peut pas les situer dans le temps. C'est seulement en 1960 que le Dr Cabrera eut entre les mains des dessins véritablement révélateurs : dinosaures, brontosaures, termites géants et les premières représentations humaines, conjointement avec les monstres de la préhistoire.

Ce qui n'était pas évident avec deux ou trois pierres le devint quand les scènes de l'époque secondaire ou tertiaire se répétaient en dix ou vingt gravures. En somme, de nombreux archéologues ont possédé et manipulé des pierres d'Ica, mais le Dr Cabrera fut le seul à être illuminé et à donner un sens et une explication à la fantastique découverte.

Le monde est né à Ica

Au Pérou, « l'Affaire d'Ica » a quasiment été passée sous silence.

On a même l'impression que des consignes de « black-out » ont été données à tous les échelons mais il est tout aussi possible que les Péruviens, par une étrange perversion, refusent à leur propre pays l'honneur d'être la Terre Première, le berceau originel de l'humanité.

– Le monde est né à Ica ! proclame le Dr Cabrera.

On s'en fiche bien à Lima, depuis le palais du président jusqu'à la hutte du plus humble *huaquero !*

Il est vrai qu'en France, du président de la République au dernier des bergers du Massif central, on opte pour la même indifférence à l'égard du merveilleux site de Glozel !

A Vichy, à Clermont-Ferrand, à Paris, il existe encore des incroyants, des irréductibles de l'authenticité du site. Confrontés avec l'évidence, ils la nient farouchement !

A Ica, il existe aussi des néophobes, des adversaires de tout ce qui risque de modifier le train-train sempiternel et rassurant des gens qui redoutent de voir le mardi succéder au lundi, et le mercredi au mardi.

Pour ceux-là, les pierres du Dr Cabrera ont été gravées par des paysans d'Ocucaje adroits et astucieux.

– Plus ils lui en fabriquent, plus le docteur en achète et croit à leur ancienneté, disent-ils avec un clin d'œil malin.

Et c'est avec des ragots de cet ordre qu'une nation risque de perdre le privilège d'être la première du monde ancien et de posséder le Lascaux de la pierre gravée.

Le « coup de Glozel »

Il est bien évident que les révélations apportées par les 11000 pierres ne révolutionneront l'histoire et la préhistoire que dans la mesure où leur ancienneté aura été prouvée. Et c'est sur ce point que vont se déchaîner les passions, les partis pris et la mauvaise foi.

Comme il fallait s'y attendre, la Conjuration a ressorti son « coup de Glozel » ou coup de Jarnac, qui consiste à diffamer la collection avant même de l'avoir vue et expertisée.

Les merveilleuses pierres noires proviennent des environs d'Ica où on les trouve à l'état naturel, dans la vallée du rio. Elles ressemblent à des galets longtemps roulés par des courants tumultueux.

Si elles ont été trafiquées – et l'on doit, bien entendu, se poser la question – les faussaires seraient des gens de la région qui auraient utilisé le matériau trouvé sur place. Il s'agirait soit de paysans madrés ou bien d'ouvriers spécialisés travaillant dans une usine à fabriquer des copies ou des faux; soit du Dr Cabrera lui-même ou d'une secte de préhistoriens sauvages ou d'illuminés, usant de ce procédé pour faire éclater ce qu'ils jugent être la vérité.

Dans les deux derniers cas, il n'existerait pas de but

lucratif, ce qui nous semble inadmissible étant donné les moyens mis en œuvre et la somme considérable de travail à fournir si longtemps et si durement pour un résultat si aléatoire.

De même que nous écartons toute suspicion à propos du Dr Cabrera, de même nous éliminons tout soupçon pesant sur les paysans : ils ont certainement la virtuosité manuelle mais pas les connaissances nécessaires. Leur niveau de culture ne leur permet certainement pas d'imaginer des monstres préhistoriques, des dérives de continents, des larves d'estégosaure, des implantations de cœur, de rein ou des greffes de cerveau.

La fraude est impossible

Si, en reproduisant des photos, des planches anatomiques ou des dessins fournis par quelqu'un de plus instruit (organisateur opérant dans l'ombre), un paysan d'Ocucaje avait exécuté les *grabados*, il eût fallu qu'il y travaillât durant plus de trente années et dans le secret le plus total!

Dans aucune partie du monde, il n'est possible à un faussaire de « fabriquer » 11000 à 20000 pierres et rochers gravés sans éveiller l'attention de ses proches, voire d'une municipalité ou de services administratifs.

Ni un paysan, ni des fraudeurs spécialisés, ni le Dr Cabrera, ni des archéologues ou des préhistoriens illuminés n'eussent pu échapper à l'attention vigilante de voisins rendus d'autant plus curieux que, dans cette région écartée du Pérou, il ne se passe généralement rien qui vaille la peine d'être mentionné(1).

Car les 11000 gravures représentent trente ans de travail à raison de dix heures par jour! Sans compter la recherche du matériau, son transport jusqu'à l'atelier, l'imagination des scènes à dessiner, leur ébauche, leur

(1) La preuve indiscutable, irréfutable de l'authenticité des pierres d'Ica réside dans le fait que les paysans en exhument toujours chaque semaine des grottes et des tombes de la région d'Ocucaje. Et ils en exhumeront encore durant des années!

tracé et leur confrontation avec les possibilités offertes par la forme et la taille des pierres utilisables... sans compter le déchet, les loupés et le travail de patine.

Et quel mécène, quel oisif eût été assez fortuné pour consacrer toute sa vie à un travail ne rapportant strictement rien ?

Incontestablement, un tel homme eût été fou ! Un fou génial et admirable, digne de foi et de vénération !

On a cru qu'Emile Fradin était pour Glozel ce génie d'un autre temps !

Glozel expertisé à 2900 ans : erreur !

– Hélas ! avoue tristement notre ami, je suis peut-être fou, mais je ne suis pas un génie !

Les tablettes à inscriptions de Glozel, comme l'ont prouvé les datations par la méthode de la thermoluminescence effectuées au Danemark, en Suède et en Norvège, sont authentiques.

Les travaux par la méthode de la thermoluminescence ont été faits par les professeurs Arne Bjor et Vagn Mesdal, chefs du service des recherches scientifiques au musée national du Danemark, Lerje, chef de laboratoire aux recherches atomiques de Risör (Norvège), Silow, attaché au musée de Limhan (Suède).

L'ancienneté des tablettes serait de 2700 à 2900 ans. Certes, il est précieux pour la préhistoire que l'authenticité de Glozel soit établie, mais les datations annoncées par les savants scandinaves ne sont guère satisfaisantes. Il est vrai que la thermoluminescence, si elle peut attester une ancienneté, se montre très évasive sur les dates.

A notre point de vue, le site de Glozel remonte à 7000 ans environ. A cette époque préhistorique, les rennes, dont on retrouve les os et les dessins dans le musée d'Emile Fradin, devaient encore vivre en France, mais leur existence il y a 2900 ans est assez douteuse.

Salut au docteur Morlet

Le plus important dans cette affaire n'était pas de faire remonter Glozel au magdalénien ou au néolithique, mais d'avoir enfin les preuves incontestables que la Société préhistorique de France de 1926, qu'un groupe important de pseudo-préhistoriens et que les ennemis de la famille Fradin étaient soit des farceurs malfaisants, soit de fieffés ignorants. Les deux probablement.

En résumé, les « grands » préhistoriens Capitan, abbé Breuil, Peyroni, etc., n'étaient que des naufrageurs du patrimoine archéologique français, indignes des hautes fonctions qui leur avaient été imprudemment confiées par les politiciens.

Et nous profitons de cette mise au point pour saluer avec affection et reconnaissance les grands disparus de la lutte qui n'ont pas eu la joie, la récompense de voir triompher la justice : Claude et Antoine Fradin, grand-père et père d'Emile, le vaillant Dr Antonin Morlet, de Vichy, champion intransigeant de la cause, et le bon chanoine Léon Cote, spirituel et audacieux défenseur de sa foi glozélienne(1).

En dépit de la mafia des préhistoriens et des journalistes des médias, les urnes, les os gravés et les tablettes de Glozel ont réussi à affirmer leur authenticité.

Nous sommes persuadés qu'il en sera de même pour les pierres d'Ica... s'il est possible de les soumettre à un système de datation.

Mais, d'ores et déjà, nous pouvons émettre un jugement formel : elles ont été gravées par des Ancêtres géniaux et elles sont authentiques, parce que, comme

(1) Le chanoine Cote a écrit *Glozel trente ans après.*
Œuvres du Dr A. Morlet : *Corpus des Inscriptions; Petit historique de l'affaire de Glozel.* On peut se procurer ces livres au Musée de Glozel.

Le sourire d'Emile Fradin !
Il a triomphé ! Glozel a été reconnu authentique par les experts danois, norvégiens et suédois. Le petit paysan de France a fait mordre la poussière aux pontifes de la préhistoire : les Capitan, les Peyroni et l'abbé Breuil...

Photo R. Charroux

pour Glozel, une fraude serait techniquement et matériellement impossible(1).

Par ailleurs, le minéralogiste Mauricio Hochschild, de Pisco, après analyse, a déclaré que l'oxydation naturelle par le vieillissement recouvre de la même façon les incisions et la surface des pierres.

Sans pouvoir fixer de date, M. Mauricio Hochschild estime que l'ancienneté des pierres est, au moins, de plusieurs siècles.

C'est aussi l'opinion du colonel F.A.P. Omar Chioino Carranza, directeur du Musée de l'aéronautique du Pérou pour qui l'authenticité des pierres ne fait aucun doute.

« A n'en pas douter, nous a déclaré le colonel, il s'agit d'un message légué par un très ancien peuple dont l'histoire a perdu le souvenir. Ces pierres ont été gravées il y a plusieurs millénaires. Elles sont connues au Pérou depuis longtemps, et mon musée en possède plus de quatre cents. »

Le problème de la conservation des gravures

Si les thèses des préhistoriens et des paléontologues étaient exactes, ces pierres auraient au moins 60 millions d'années, ce qui correspondrait à la fin terrestre des dinosaures. Seulement voilà : les préhistoriens et les paléontologues se trompent !

Ils le savent d'ailleurs et admettent qu'en certaines

(1) A Glozel, le Dr Morlet avait surpris miss Garrod, la secrétaire de l'abbé Breuil, « en flagrant délit de truquage sur le terrain, alors qu'opérait la Commission des fouilles ». Il n'est pas impossible que la même indélicatesse ait été commise avec les gravures d'Ica, sur une ou même sur plusieurs pierres mais la quasi-totalité de la collection ne prête à aucun soupçon.

Au musée du Louvre, à Paris, de nombreuses toiles sont « attribuées » à Titien, à Pérugin, à Léonard de Vinci ou à Raphaël. Il serait injuste d'en conclure que le Louvre est un musée du faux !

parties du globe, et *en Amérique en particulier*, le règne des grands sauriens s'est poursuivi beaucoup plus près de nos temps qu'on le suppose généralement(1).

A trente kilomètres de Bakou, en URSS, se dresse un rocher taillé en forme de dinosaure. Les géologues, après avoir écarté l'hypothèse d'une érosion naturelle, pensent qu'il s'agit d'une œuvre humaine remontant à 10000 ans environ, soit 50 millions d'années après la disparition de l'espèce animale représentée!

Bref, on a fini par situer l'existence des derniers dinosaures au début du quaternaire.

Des galets gravés pourraient-ils se conserver si longtemps?

Les tablettes d'argile cuite de la « Bibliothèque d'Assurbanipal » (Ninive, Assyro-Babylonie) sont en parfait état de conservation... mais elles ne sont vieilles que de 2640 ans.

Les galets calcaires à dessins de Lussac-les-Châteaux ont quelque 20000 années et sont légèrement calcifiés. Ce sont les plus anciens documents lithographiques connus.

L'andésite d'Ica est plus dure que l'argile de Ninive, mais moins que le calcaire de Lussac. Il est difficile d'avancer une opinion autorisée, mais il ne semble pas qu'une gravure sur calcaire puisse subsister 100000 ans. Et sans doute serait-elle effacée bien avant cette date limite.

Il y a donc un mystère de la conservation des dessins et un autre concernant leur présence dans une zone du globe où, même du temps des Incas, la civilisation n'était que le rayonnement des grands centres voisins : Cuzco, Arequipa, Pachacamac, Chavin, etc. Certes, il y a eu une culture nazca, et des plus brillantes, mais elle ne remonte guère qu'à deux milliers d'années ce qui, de toute évidence, est bien loin de la fin des grands sauriens.

Or, les graveurs, du moins les premiers graveurs, car

(1) Des dessins rupestres de dinosaures ont été trouvés sur des roches de la vallée de l'Amazone.

il est probable qu'une chaîne d'artistes a œuvré dans le temps, ont très certainement vu des dinosaures et d'autres, moins anciens, ont été les contemporains d'ethnies ou d'Initiateurs qui possédaient de grandes connaissances scientifiques. Cette incompatibilité apparente s'éclaire à la lumière de découvertes récentes que l'archéologie d'avant-garde vient de faire, non seulement en Amérique, mais sur tous les continents.

Pyramides inconnues, cylindres volants en Chine

Dans le Swaziland (Afrique australe), les Australiens Adrian Boshier, anthropologue, et Peter Beaumont, géologue, ont déblayé une ancienne mine d'hématite qui était exploitée, d'après les tests de datation, il y a 43241 ans.

L'écrivain scientifique Jacques Bergier rapporte que le savant soviétique Alexandre Kazantzev a exhumé des neiges de Sibérie le squelette d'un bison dont le crâne avait été traversé par une *balle...* il y a 40000 ans environ !

« Qui pouvait bien se servir d'armes à feu à cette époque ? » se demande Jacques Bergier.

Des archéologues chinois, dont le Pr Tschi Pen-lao, de l'université de Pékin, ont reconnu plusieurs pyramides, hautes de trois cents mètres, qu'un tremblement de terre a fait disparaître dans le lac Tungfling, au Yunan. Elles y avaient été englouties il y a plus de 3000 ans, mais leur ancienneté n'a pas encore été déterminée.

Dans une île du même lac et dans la montagne granitique qui l'environne, des dessins extraordinaires ont été gravés il y a 45000 ans. Ils représentent des personnages porteurs de grandes trompes que l'on présume être des armes.

Au-dessus de ces dessins, on voit d'énigmatiques corps cylindriques qui naviguent dans le ciel, avec, pour passagers, des êtres humains armés de trompes plus petites que les précédentes (1).

Des télescopes il y a 30 000 ans

Le télescope était connu depuis une haute antiquité. Il avait été décrit au XIIIe siècle par Roger Bacon, le « docteur Admirable » et, vers 1650, par le père jésuite Athanase Kircher (2).

Plus anciennement encore, il y est fait allusion dans le *Chou King*, l'ouvrage historique le plus célèbre et le plus authentique de la Chine :

« Le successeur de l'empereur Yao (mort en 2258 av. J.-C.) entrant dans la salle des Ancêtres où sont figurés les astres, y vit le tube avec lequel on les observait. »

Or, il semble que le télescope était perdu d'usage et de souvenir sous le règne de Yao, ce qui impliquerait qu'il avait été utilisé par les Ancêtres plusieurs millénaires auparavant, soit à 7 000 ou 8 000 années de notre siècle. Mais ce n'est là qu'un timide pas franchi en direction des Ancêtres Supérieurs dont nous affirmons l'authenticité d'existence.

Les astronomes n'ont pas les mêmes œillères et s'aventurent hardiment dans la reconnaissance des hautes civilisations antédiluviennes.

L'un d'eux, le Pr Michanowsky, affirme catégoriquement que les ancêtres des Incas possédaient des obser-

(1) De la revue allemande *Der Bund*, rapporté par la revue française *Ouranos*, n° 8 d'octobre 1973, p. 5.

(2) Le British Museum de Londres conserve une lentille de verre vieille de quatre mille ans, trouvée dans les ruines de Ninive (Assyrie).

Une gigantesque plaque de verre a été mise au jour en Palestine et des miroirs concaves ayant peut-être été intégrés à des instruments d'optique ont été trouvés en Amérique du Sud, en Afrique du Nord et en Irak. Aristote rapporte que les Anciens regardaient les astres « avec de longs tuyaux ». Euclide (306-283) a formulé les règles de construction des lunettes et Strabon, au début de notre ère, connaissait la longue-vue.

D'après M. Jean de Kerdeland (*Télé-7 Jours*, N° 750), César observait de nos côtes celles de la Grande-Bretagne qu'il se proposait d'envahir.

vatoires et des lunettes astronomiques en tout point comparables aux nôtres.

Les astronomes de la NASA ne sont pas loin d'épouser ce point de vue et pensent que des hommes des temps anciens – d'il y a 30000 années pour être précis – observèrent des explosions de novæ absolument invisibles à l'œil nu.

Le Pr Michanowsky découvrit, en 1956, en Bolivie, une pierre recouverte de signes astronomiques et, fort de l'encouragement donné par la NASA, en entreprit l'étude approfondie. Il constata avec stupéfaction que les gravures représentaient une partie du ciel où s'était produite l'explosion d'une supernova qui avait déterminé la naissance de la nébuleuse de Gum, trente mille années avant notre ère(1).

En corrélation évidente avec cette découverte, l'astronome releva que les Indiens de Bolivie, à l'endroit précis où avait été trouvée la pierre, s'assemblaient rituellement, chaque année, pour commémorer un événement dont aucun n'avait plus la souvenance.

Une légende, en outre, contait que le point du ciel où se situait la nébuleuse était appelé « région de la chasse à l'autruche céleste ».

« Jadis, disent encore les vieux Indiens, l'autruche céleste fut pourchassée à travers le ciel par deux chiens qui la dévorèrent. »

Cette parabole, très clairement, évoque l'époque ancienne durant laquelle un grand cataclysme cosmique avait semé la terreur parmi les populations de l'Altiplano.

Michanowsky, poursuivant ses investigations, constata que du site de la pierre et du rite, il était impossible de voir à l'œil nu la nébuleuse de Gum.

C'est cette constatation qui l'amena à la déduction logique que l'observation de l'explosion n'avait pu être faite qu'à l'aide d'un télescope ou d'une lunette astronomique.

Michanowsky recherche présentement les endroits où avaient pu être édifiés les observatoires.

(1) Voir *Sciences et Avenir*, n° 322, p. 1115.

Sa thèse est renforcée par des peintures rupestres découvertes en Californie, racontant l'explosion de la supernova devenue depuis la nébuleuse du Crabe(1).

Ce n'est donc plus seulement dans l'ancien Empire des Incas, mais encore en Amérique du Nord, et sans doute ailleurs aussi, que des Ancêtres dont les Conjurations nient encore l'existence, avaient développé des civilisations hautement savantes.

De ce fait, il devient de moins en moins paradoxal que les hommes de l'Ica ancien aient utilisé des télescopes et, par voie de conséquence, qu'ils aient pu avoir en chirurgie des techniques et des connaissances qui ne nous sont familières que depuis un siècle.

Les Amérindiens préincaïques du Pr Michanowsky authentifieraient donc les pierres gravées du Dr Cabrera et donneraient une indication sur leur ancienneté : trente mille années.

Initiateurs venus du ciel il y a 11000 ans

Nous voici, maintenant, plus à l'aise pour affirmer l'authenticité des Ancêtres Supérieurs et celle des pierres d'Ica.

Dans la fourchette qui va de 11000 à 30000 ans – l'après-Déluge et l'observation de la nébuleuse de Gum – il y a coexistence possible de la conservation des gravures et de l'existence des dinosaures et d'êtres humains à grandes connaissances techniques.

Si les pierres ont été gravées à Ica, il reste néanmoins une grande lacune à combler : comment les grands sauriens, même s'ils étaient peu nombreux,

(1) La fresque de Californie fut découverte en juillet 1964 par Mme Muriel Kennedy et authentifiée en tant que représentation astronomique par M. Stéphane Maran, chercheur au Goddard Space Flight Center of N.A.S.A.

L'astronome Robert Harrington du Naval Observatory de Washington a calculé, à un degré près, la position de la Lune figurant sur la peinture, par rapport à la nébuleuse du Crabe et fixé au 5 juillet 1054 la date de l'observation.

ont-ils pu subsister dans une région où les déserts de pierres sont infiniment plus nombreux que les vallées herbeuses ?

Car la plupart des dinosaures étaient herbivores et chacun d'eux consommait journellement au moins une tonne d'herbe et de verdure.

Ils déplaçaient leurs masses énormes sur des terres de marais spongieux où l'eau abondante permettait à la végétation d'être luxuriante.

Ica ne répond guère à ces impératifs d'alimentation et d'écologie, ce qui nous incite à penser, soit que les pierres n'ont pas été gravées sur place, soit que le climat a changé au Pérou dans des proportions difficilement admissibles sur une échelle de 30000 ans seulement.

Or, la matière des pierres est typique de la géophysique d'Ica, et les éléments les moins douteux dont on peut faire état montrent que les graveurs n'étaient pas les praticiens des opérations chirurgicales et que la Bibliothèque a été constituée à partir de documents, de copies ou d'instructions donnés par des Initiateurs.

Ce n'est qu'une hypothèse, mais elle nous paraît être la plus apte à apporter une explication là où la logique conventionnelle ne saurait aboutir.

Dans cet ordre d'idée, les pierres d'Ica dateraient des temps post-diluviens au cours desquels des Initiateurs qui furent appelés *dieux*, et qui, obligatoirement, venaient « du ciel » puisque aucune civilisation connue n'existait alors, auraient donné leur essor aux populations de la Celtie, de l'Egypte, du Pérou et de Tiahuanaco, riverains de l'océan, de grands fleuves ou du lac Titicaca (1).

Certains de ces Initiateurs laissèrent des archives d'après lesquelles des artistes préincaïques gravèrent les premiers glyphes d'Ica, il y a 11000 ans environ.

Par la suite, et jusqu'au XVIe siècle approximative-

(1) Juste après les deux déluges historiques – il y a respectivement 12000 et 5000 ans – il y aurait eu sur Terre deux incursions d'initiateurs extra-terrestres.

ment, une chaîne d'initiés poursuivit la rédaction dessinée des livres de la Bibliothèque de pierre.

Cette thèse répond assez bien aux objections que l'on peut avancer et joue de façon satisfaisante avec les données que nous possédons.

Les Initiateurs, extraterrestres par principe, avaient les connaissances requises pour effectuer des greffes du cœur et pour reproduire les espèces animales préhistoriques, soit par leurs études, soit pour avoir visité la Terre au temps des dinosaures.

Avant de repartir sur leur planète originelle, ou de se diluer dans la masse ignorante, eux-mêmes ou leurs descendants amoindris laissèrent un témoignage de leur science.

Messages des Atlantes ?

Une autre hypothèse, tout aussi séduisante, a, de plus, l'avantage de s'accorder avec les données traditionnelles.

Avant le grand déluge qui se produisit il y a 12000 ans, nos Ancêtres Supérieurs, les Atlantes (ou peut-être les habitants de la Terre de Mu) avaient fait éclore sur la Terre une civilisation dont la nôtre n'est que le reflet et le legs transmis génétiquement.

Il est évident pour beaucoup de nos contemporains que notre civilisation est au bord du précipice où elle va s'anéantir dans quelques années. D'après les prospectivistes, nous n'avons plus qu'une génération de survie.

Mais nos conquêtes scientifiques ne seront pas perdues puisque la race jaune succédera à la race blanche.

Il y a 12000 ans donc, des Initiés surent que l'intelligentsia terrestre allait disparaître totalement dans un grand cataclysme(1).

(1) Toutes les mythologies sont d'accord pour dire que des Initiés furent avertis du Déluge : Noé on ne sait où, Manou en Inde, Bochica en Colombie, Xisuthrus en Chaldée, Coxcox au Mexique, etc.

Dans les milieux de l'ésotérisme, on assure que ces Initiés prirent la précaution de consigner l'essentiel de leurs connaissances afin que le secret n'en fût pas perdu avec eux.

Jamais ces archives des Ancêtres Supérieurs ne furent retrouvées...(1). Jamais, jusqu'à la découverte de la *Bibliothèque primhistorique* du Dr Cabrera.

Dans cette conjecture, les pierres d'Ica nous transmettraient les principales grandes connaissances *utiles* que les Atlantes ont bien voulu nous dévoiler.

En omettant, autant que possible, l'utilisation de certaines techniques, premières étapes de la voie menant à la bombe atomique et aux engins de destruction.

Ainsi s'expliquerait le tabou andin de la roue.

Ces archives ne pouvaient pas être de matière périssable : bois, papier, métal et l'on peut penser que les Initiés, dans le dessein d'être mieux compris de peuples encore attardés, utilisèrent les services d'humbles artisans graveurs.

Le choix du matériau, de la main-d'œuvre et le fait que plusieurs ateliers dans le monde furent chargés du même travail expliqueraient le caractère archaïque, schématique des scènes représentées.

A moins que – et l'éventualité mérite d'être retenue – les gravures aient été faites *après* le Déluge, de mémoire, à partir de documents incomplets, par des rescapés atlantes appartenant à une classe subalterne de la société.

Atlantide ou Terre de Mu

Les pierres furent donc entreposées dans des endroits secs, d'altitude moyenne où selon toute probabilité elles seraient découvertes un jour. Le dépôt d'Ica ne serait pas le seul qui existerait sur le globe et les

(1) Sanchoniathon aurait trouvé dans un temple égyptien une histoire du monde rédigée en écriture amonéenne (inconnue), mais on n'en a aucune trace.

traditions, à ce sujet, évoquent des lieux consacrés : le Tibet, l'Egypte, l'Inde(1).

Un deuxième dépôt a été mis au jour à Acambaro, au Mexique.

Sans autre raison qu'un argument à caractère scientifique, nous n'attribuons pas ces héritages aux initiés de la Terre de Mu, dont l'existence présumée – mais probable – se situait dans l'océan Pacifique, mais loin de la cordillère des Andes.

A notre avis, la Terre de Mu est très antérieure à l'Atlantide. Quand elle disparut, elle laissa une descendance directe ou hybride qui développa sa civilisation autour du Pacifique avant de disparaître à son tour.

Les traditions asiatiques et indiennes plongent cette civilisation dans les abysses de centaines de milliers d'années.

Dans les temps préhistoriques, même en les faisant remonter à l'antiquité égyptienne ou celtique, les peuples les plus évolués furent ceux de l'Occident européen et du pourtour de la Méditerranée. Et ils étaient les plus évolués parce que leur code génétique, leurs chromosomes-mémoires étaient riches de connaissances transmises héréditairement par nos Ancêtres Supérieurs directs : les Atlantes.

Le même phénomène ne s'est pas produit autour de l'antique Terre de Mu : Polynésie, Australie, Nouvelle-Guinée, où l'on a recensé des vestiges, certes très intéressants (Mariannes, Tonga, Marshall, etc.)(2) mais nullement comparables aux grottes de Lascaux, aux pyramides d'Egypte, à Carnac ou aux temples de Malte.

(1) Churchward aurait peut-être authentiquement découvert un de ces dépôts. Lire de cet auteur, *L'Univers secret de Mu*, Éd. J'ai Lu A 241 **.

(2) Nous ne citons pas l'île de Pâques dont les statues les plus récentes n'ont guère que trois cents ans !

Si la Polynésie a connu une ère de grande civilisation, c'était il y a si longtemps que tout vestige a disparu.

Des graveurs plus intelligents que nous

Nos thèses, nous en convenons volontiers, n'ont aucune rigueur scientifique et donnent prise à la contestation. Une objection, en particulier, nous intrigue profondément : certains dessins ont une précision, une acuité, une sûreté qui frisent l'insolence!

Incontestablement, l'homme qui a gravé l'opération du cœur était intellectuellement évolué, à la fois dessinateur, géomètre, mathématicien, et son cerveau était doté de structures mentales qui lui permettaient de calculer, de projeter sa pensée, de synthétiser.

Son intelligence devait être aussi vive que celle d'un Léonard de Vinci et sa dextérité manuelle aussi grande que celle d'un architecte, d'un chirurgien ou d'un dessinateur de bandes dessinées.

Notre conviction est fondée sur l'incroyable sûreté du trait qui, sur chaque dessin, partant du haut de la coiffure du chirurgien, va parfois d'un seul jet dessiner le front, le nez, la lèvre et le menton.

Il s'agit en fait d'une série d'ondulations exécutées avec une folle maîtrise. Le reste du dessin est d'ailleurs de la même veine : les courbes sont exécutées comme au compas et les lignes droites n'auraient pas été plus rectilignes si elles avaient été tracées avec une règle. Quel dessinateur! Et quelle science de la mise en place! La synthétisation des lignes représentant un petit cheval ou un onagre ne peut appartenir qu'à un cerveau infiniment plus développé que le cerveau d'un Français moyen du XXe siècle!

Comment ont été tracées ces lignes rigoureuses et pures, mécaniques à force de perfection, le même trait soulignant les sabots des pattes de devant? Avec de l'obsidienne ou avec un outil en métal?

Pour en avoir le cœur net, nous avons essayé sur des pierres de dureté identique de copier ces dessins à l'aide d'un appareil électrique à graver appelé *rotofield.*

C'cst une sorte de roulette de dentiste qui mord aisément le calcaire et que l'on tient comme un crayon.

Nous espérions un résultat positif, c'est-à-dire faire aussi bien que les graveurs préhistoriques. Hélas ! notre technique ne fut pas, et de fort loin, à la hauteur de nos prétentions et le résultat fut décevant ! Il eut pourtant l'intérêt d'effacer un doute : les pierres d'Ica n'avaient pas été gravées de nos jours avec un *rotofield* !

Mais cela, nous le savions déjà...

Hémione, onagre ou cheval sauvage ?
Le cheval vivait en Amérique il y a vingt mille ans, puis son espèce disparut. Les conquistadores l'introduisirent à nouveau au Pérou et au Mexique au XIVe *siècle. Ce dessin aurait donc 20000 ans au moins et 350 ans au plus récent.*
Photo R. Charroux

Cinq doigts d'égale longueur

Les figurations humaines sont nombreuses sur les pierres et représentent des personnages de types divers où, généralement, on reconnaît le profil des Incas avec leur coiffe emplumée.

Ces personnages ne sont vêtus que d'un pagne et ils ont une particularité physique des plus intéressantes : chaque main a cinq doigts de même longueur, c'est-à-dire sans pouce.

Selon certaines traditions andines, rapportées par Gregory B, alias Garcia Beltran, rénovateur de la religion du Soleil inca, la mère de l'humanité s'appelait Orejona. Il y a très longtemps, elle vint sur Terre, à bord d'un engin volant plus brillant que le soleil qui atterrit sur les bords du lac Titicaca.

Orejona, comme les personnages ciselés sur la Puerta del Sol, à Tiahuanaco, avait des mains à quatre doigts, dont le pouce. Les hommes des *piedras* ne seraient donc pas de la race de la mère légendaire de l'humanité.

La loi générale d'irréversibilité de l'évolution assure expressément, (mais est-elle exacte?) qu'il n'y a pas de phénomène de retour après une spécialisation. Il en découle que nous ne pouvons descendre que d'ancêtres à cinq ou à six doigts, mais non à quatre.

Plus une main a de doigts et plus elle est primitive; celles des hommes des pierres d'Ica ne seraient donc pas celles d'Ancêtres Supérieurs, mais, bien au contraire, d'autochtones terrestres qui auraient reproduit avec leurs propres caractères physiques des scènes, des événements et des opérations chirurgicales dont les héros étaient des êtres beaucoup plus évolués qu'eux, et que nous peut-être, et d'une origine planétaire différente.

Néanmoins, en dépit de l'assurance donnée par les biologistes, nous considérons que les habitants présumés des autres planètes peuvent fort bien avoir atteint un très haut degré de civilisation et se différencier de nous sur certains points mineurs.

Ica – Lussac-les-Châteaux – Lascaux

Nous avons étudié sur place ou sur documents originaux les différentes techniques en peinture et en dessins préhistoriques.

Dès 1947, nous avons pu aller voir et photographier les fresques de Montignac-Lascaux, nous connaissons fort bien Altamira, et habitons à quelques kilomètres de Lussac-les-Châteaux, où notre ami Léon Péricard découvrit en 1937 l'inestimable *Bibliothèque du Magdalénien* (15 à 20000 ans d'âge!)

De plus, nous avons la chance de posséder une pierre gravée de Lussac, treize galets d'Ica, des poteries à inscriptions de Glozel, don de notre ami Emile Fradin, sans compter quelques autres pièces provenant de l'île de Pâques, de San Agustin, du Pérou, d'Egypte, etc.

Or, il faut bien se faire à cette idée : à en juger par les gravures de ces objets, nos ancêtres des temps préhistoriques avaient la main beaucoup plus sûre que la nôtre, un sens et une intelligence du trait qui obligeraient un graphologue à conclure à une intellectualité très poussée.

Les personnages gravés de la grotte de la Marche (Lussac), le « cheval merveilleux » de Lascaux, pour ne prendre que ces exemples, ont une facture qui prouve une virtuosité égale à celle des graveurs d'Ica.

De plus, il faut savoir – ou ne pas oublier – que les autochtones du Mexique et du Pérou ont, en matière artistique, des qualités innées dont on ne trouve pas l'équivalent dans le monde.

Un jour, les peuples dits civilisés s'apercevront que les peintres mexicains sont très supérieurs à ceux d'Europe et que les Incas du Pérou ont un esprit mathématique mieux conditionné que celui d'Einstein!

C'est ce qu'a remarqué récemment le professeur américain Otto Klineberg, de l'université Columbia, à

New York, à propos des Indiens d'Amérique du Nord.

« Le Blanc moyen, écrit-il, se comporterait comme un pauvre crétin si un psychologue yakima, hopi ou dakota s'avisait de tester son intelligence avec une batterie de tests établis d'après les normes de ces peuples.

» Le cas des Hopis est très remarquable. Depuis la dernière guerre, ils envoient leurs enfants à l'université et l'on constate que ces gens jusque-là *réfractaires à l'intelligence* se sentent merveilleusement à l'aise dans les mathématiques et la physique théorique.

» Les ethnologues se sont penchés sur ce phénomène et ont découvert que la langue des Hopis semblait avoir été spécialement conçue pour exprimer les notions les plus abstraites de la physique relativiste. »

« *En somme, avant l'avènement de cette physique, la logique hopi paraissait aux Occidentaux absurde et incompréhensible comme un charabia. Les Hopis étaient en retard, parce qu'ils étaient en avance*(1) ! »

Les processus mentaux des peuples primitifs doivent être pris en considération si l'on veut essayer de comprendre leur art et les documents qu'ils nous ont laissés.

Adultère = tête coupée

Virtuosité mise à part, que l'on ne retrouve pas sur toutes les pierres à des degrés égaux, il n'y a guère d'unité dans les gravures d'Ica.

On y décèle plusieurs styles, plusieurs variétés de techniques et de patines prouvant la multiplicité des auteurs. Par exemple, la pierre du duel au couteau a une patine et une gravure moins anciennes que les représentations de dinosaures, lesquelles n'ont pas la fluidité du trait que l'on trouve dans les opérations chirurgicales. Il semble que des milliers d'années séparent les différentes fabrications.

D'innombrables dessins traitent de zoologie ou de

(1) Texte extrait de la revue *Atlas*, n° 48 de juin 1970. Commentaires de M. Jacques Bert, de Lyon.

scènes apparemment sans intérêt, mais il n'est jamais question d'agriculture et de fabrication artisanale ou industrielle.

Par contre, on découvre des lois de justice pénale dont l'interprétation n'est guère douteuse : interdiction des relations sexuelles entre frère et sœur sauf s'ils sont de sang royal (comme chez les pharaons et les Incas); fautive d'adultère la femme a la tête tranchée, alors que l'on se contente de couper le phallus du coupable; l'enfant né d'une telle union, est comme sa mère, décapité...

C'est fort intéressant, mais si les pierres d'Ica sont les pages du « Livre d'Histoire du monde » et si les Ancêtres Supérieurs ont connu la greffe du cœur, comment expliquer certains manques déconcertants ? A part des barques dans lesquelles ont pris place des Indiens ressemblant fort à des Incas, aucun moyen de locomotion n'est dessiné; on ne trouve pas davantage de plans de cités, de parcs, de livres, d'ustensiles de chauffage, rarement des dessins de maisons.

Et rien qui ait des roues, des rouages ou des organes circulaires d'entraînement, ce qui donnerait raison à ceux qui rattachent les pierres d'Ica à la civilisation andine.

Pas de boussoles, pas de récipients donnant l'impression, par leur transparence, d'être en verre, ce qui est bien étonnant quand on a inventé la loupe et le télescope !

— Je ne peux pas affirmer que la civilisation de l'Ica ancien n'a pas connu ces inventions, dit le Dr Cabrera, mais sur les 11000 pierres que je possède et sur les 20000 que l'on estime être dispersées parmi les collectionneurs, on n'a jamais trouvé de dessins d'autos, d'avions ou de fusées. Mais il est sûr qu'il manque un grand nombre de spécimens qui sont déposés en un lieu que connaissent mes amis les paysans.

Des dessins pour Gaulois, Incas et Esquimaux

Le principal argument des contestataires, tous inféodés à la science officielle – il est bon de le souligner –, réside dans les incompatibilités vestimentaires et technologiques.

– Comment admettre, disent-ils, que des hommes vêtus d'un pagne procèdent à des opérations aussi minutieuses et savantes que la greffe du cœur ?

Cette observation a du poids et nous oblige à croire – et nous l'avons déjà dit – qu'effectivement les graveurs n'étaient pas les praticiens.

L'important est de savoir *qui* a voulu léguer ces connaissances et *comment* on a jugé bon de les transmettre.

Les Ancêtres Supérieurs ont certainement voulu laisser un témoignage de leur existence et un enseignement pour hâter l'évolution des races futures.

Il faut les imaginer comme des savants égarés dans un temps où les autres hommes – autochtones terriens, supposons-nous – étaient à l'état demi-sauvage et peut-être encore dans un environnement naturel des ultimes monstres préhistoriques.

Les premiers connaissent le radiotélescope, le microscope, le bloc opératoire; les seconds en sont encore à la hache, au couteau et aux progrès élémentaires apportés par les Initiateurs. Ceux-ci vont-ils nous transmettre des films en couleurs, des photos, des livres écrits sur du papier ? Rien ne nous autorise à croire que leur civilisation ait emprunté à ces découvertes scientifiques. De plus, ils savent bien que ces matières, s'ils les ont connues, ne subsisteront que quelques siècles, et, avec logique, ils emploient les matériaux des primitifs, quasi indestructibles : le silex – mais il est rare et de faibles dimensions – la pierre ou la céramique.

Ils ne pouvaient guère utiliser autre chose et il

n'était pas question non plus de décrire minutieusement, exactement ce qu'ils étaient capables de faire.

Imaginons qu'ils laissent une gravure-photo d'une intervention dans un bloc opératoire. Que pourrait-elle bien évoquer pour des peuples non initiés ? Des personnages en habits blancs autour d'un autel recouvert de toile blanche !

Le champ opératoire est si minime qu'il est pratiquement indiscernable, et de toute façon, *visuellement*, pour l'œil comme pour une caméra, une greffe de cœur est *identique* à une ablation d'appendice ou à n'importe quelle autre intervention.

Seul l'œil exercé d'un chirurgien peut identifier l'opération, *à condition qu'on lui en donne un gros plan.*

Un Gaulois, un clerc du Moyen Age et même le célèbre chirurgien Ambroise Paré (XVIe siècle) n'y comprendraient rien. Ils n'y verraient qu'une scène de magie ou un culte devant l'autel du sacrifice.

La même incompréhension serait de rigueur devant ce canon compliqué qu'est un radiotélescope ou ce tube énigmatique qui représente un microscope protonique.

Et quand seront trouvés les messages ? Qui le sait ? Qui peut le savoir ?

D'autre part, l'opération du cœur, par exemple, ne pourra pas enrichir les hommes du futur à haute culture ou leurs descendants qui auront trouvé mieux ou aussi bien. Mais quel enseignement pour les hommes du temps passé ! Pour Ambroise Paré !

Nous présumons donc que les Ancêtres Supérieurs firent graver des scènes pouvant être compréhensibles *dans le temps* par un Gaulois, par un clerc, par un chirurgien du XVIe siècle et *dans l'espace* par un Péruvien, un Chinois, un Papou, un Esquimau...

Tout est dit avec intelligence

Les *grabados* d'Ica répondent à ces impératifs.

Ils ne donnent pas les secrets de la chirurgie ou le mode de fabrication d'un télescope, mais ils *indiquent*, *affirment* qu'il est ou qu'il sera possible de greffer un cœur, de regarder une étoile avec un instrument grossissant.

Pour la greffe, il faudra transfuser au receveur le sang d'une femme enceinte. Pour voir les étoiles, il conviendra d'abord de se munir d'une sorte de tube ou de cornet qui s'ajuste à l'œil.

C'est le principe élémentaire d'où découleront la lentille de verre et plus tard ce monstre de technique, d'horlogerie et d'optique qu'est le télescope.

Si les pierres d'Ica datent de 11 000 ans ou de l'époque préincaïque, ce que tendraient à faire croire les personnages à tête emplumée et à faciès aigu, comment les graveurs devaient-ils habiller leurs sujets ?

En justaucorps du XVIe siècle, pour d'éventuels découvreurs conquistadores ? En veste de flanelle et bottines blanches, pour les découvreurs du XIXe siècle ? En blue-jean et chemise à fleurs, pour les découvreurs de 1960 ? En costume d'Esquimau ou de Chinois (1) ?

Etant donné les aléas de la découverte, il était illusoire de donner aux costumes un style et aux scènes une vérité incompréhensible.

En somme, tout a été conçu avec une étonnante intelligence comme si les Ancêtres Supérieurs – Extraterrestres, Atlantes, Muens ou autres – avaient sciemment confié à des êtres frustes le soin de rédiger des messages que d'autres êtres plus ou moins frustes auraient à déchiffrer.

(1) Le problème s'est posé de la même façon pour les peintres de « fin de monde » : ils ont représenté des hommes nus, des cités imaginaires, des synthèses de civilisation.

Jérôme Bosch, au contraire, a peint des engins volants et futuristes qui sortaient de son imagination.

On a certainement dessiné Tarzan (J. Weismuller) à cheval sur un brontosaure ou sur un diplodocus, Brigitte Bardot emportée dans les airs par un ptéranodon... Si notre civilisation était anéantie, il ne faudrait pas que les critiques d'art du XXe millénaire croient que ces dessins – s'ils les retrouvaient ! – ont été faits d'après nature !

Les initiateurs étaient des voyants

Ces idées, ces dessins, ces scènes incompréhensibles, opposées, anachroniques sont bien faites pour troubler nos manières de penser. Pourtant, nous dirons avec Tertullien : « J'y crois parce que c'est absurde ! » Niels Bohr et Teilhard de Chardin eussent probablement épousé ce point de vue.

Mais il est une autre énigme, connue seulement du Dr Cabrera et de nous-même, que présentent certaines pierres dont le public ignorera sans doute longtemps encore l'existence.

Nous ne sommes pas autorisé à révéler ce mystère, néanmoins, nous pouvons dire que les pierres d'Ica content l'histoire du passé, en remontant bien avant l'époque des dinosaures. De plus, elles décrivent des événements majeurs de l'aventure humaine que ni les graveurs, ni les Ancêtres Supérieurs n'ont pu connaître, même si les civilisations se renouvellent de façon cyclique(1), ce que nous admettons volontiers. Car, sur certaines pierres sont dessinés des événements dont les épisodes se sont déroulés *des millénaires après avoir été gravés.*

Nous ne pouvons en dire davantage.

Toutefois, ayant vu ces gravures, nous sommes obligés d'ajouter à nos explications l'étrange codicille suivant :

Les graveurs des pierres d'Ica étaient des voyants ou exécutaient leur travail sous les ordres d'Ancêtres Supérieurs qui étaient à la fois des hommes de science et des voyants.

Peut-être agissaient-ils sous l'empire de drogues hallucinogènes, ce qui serait parfaitement dans la ligne de l'art ancien : les fresques, sculptures et dessins des Indiens (à Ellora, Ajanta, Madurai, etc.), des Mexicains et des Incas sont des chefs-d'œuvre imaginés sous l'in-

(1) Nous croyons aux cycles et à l'éternel retour des choses et des faits, mais non pas dans leurs détails infimes. Par exemple : la ligne mal imprimée d'un livre.

fluence du haschisch, de la coca ou des champignons psilocybes.

Toutefois, nous devons envisager une autre hypothèse qui éliminerait la voyance dans cette énigme : les gravures représentant les événements qui se sont déroulés au cours des deux derniers millénaires auraient été dessinées après la Conquête espagnole, il y a quatre siècles environ.

Cette explication, comme nous l'avons déjà avancé en accord avec les écrits ésotéristes, supposerait que, jusqu'à une date assez voisine de nos temps, des Initiés dépositaires de la tradition et de l'histoire passée se seraient succédé, inconnus, dans des sanctuaires qui auraient existé en Amérique et qui existeraient peut-être encore en Extrême-Orient.

En ce sens, l'ordre des Rose-Croix serait beaucoup plus ancien qu'on l'imagine, sa fondation remonterait à des temps extrêmement anciens et les hauts faits de l'histoire humaine seraient consignés, aujourd'hui encore, par une chaîne de Connaissants vivant dans des sanctuaires souterrains ou extérieurs à notre univers.

Les révélations, telles les pierres d'Ica, nous seraient communiquées par une voie esotériste (ou terrestre) afin de préserver le mystère des sanctuaires et des Connaissants (1).

Il y a d'autres cachettes

Ces spéculations, souvent hasardeuses et parfois contraires aux thèses du Dr Cabrera, nous permettent cependant de rassembler quelques éléments du puzzle :

1) Les pierres sont authentiques et on les trouve au Pérou depuis longtemps.

2) Leur style est bien celui des hommes de la préhistoire. Témoins : Lascaux, Lussac, San Agustin, Glozel.

(1) On peut avancer une autre explication : legs d'une humanité supérieure pour qui le temps n'aurait pas le sens que nous lui connaissons et qui, par conséquent, aurait la connaissance simultanée du passé, du présent et du futur.

3) Elles n'ont pas pu se conserver intactes plus de 40000 ans et ne sont pas contemporaines des dinosaures, même si ces derniers vivaient encore au début de l'ère quaternaire (Pléistocène = 1 million d'années).

4) Elles ont été gravées par un peuple moins développé que nous, mais sur l'ordre ou d'après les documents d'Ancêtres Supérieurs sans doute disparus au moment de la rédaction.

5) Elles recensent les connaissances utiles que les Ancêtres Supérieurs ont voulu léguer aux peuples réchappés du Déluge ou d'un cataclysme inconnu.

6) Il doit exister dans le monde d'autres dépôts du même genre.

7) Les Ancêtres Supérieurs étaient soit les Atlantes d'avant le Déluge, soit des Initiateurs venus d'une autre planète et dont les propres aïeux avaient visité la Terre au cours des différentes ères géologiques, ou qui connaissaient ces ères par des études scientifiques.

8) Une chaîne initiatique s'est toujours perpétuée au cours des âges et les révélations nous parviennent à date fixée par ordre de Connaissants, alors que nous croyons à des découvertes fortuites.

Ce bilan est déjà positif, même s'il ne fait qu'éventer le mystère, mais une autre découverte, tout aussi prodigieuse, faite au Mexique, apporte un appui précieux au chapitre de l'authenticité des pierres d'Ica.

Car il y a effectivement d'autres cachettes !

4

LES 32000 MESSAGES D'ACAMBARO

La *Bibliothèque primhistorique d'Ica* n'est pas unique en son genre, puisque, même en France, nous possédons la *Bibliothèque préhistorique* de Lussac-les-Châteaux qui ne lui est guère inférieure en intérêt, mais dont l'ancienneté ne dépasse pas l'époque magdalénienne, soit 15000 à 20000 ans (1).

Ces livres de pierre qui, comme ceux du Dr Cabrera, content une histoire totalement différente des légendes inventées par les préhistoriens, furent longtemps séquestrés au musée de l'Homme à Paris (depuis 1935).

De nos jours, des « officiels » commencent à exploiter la merveilleuse découverte de l'ancien meunier de Lussac, M. Léon Péricard, mais *les représentations humaines, les plus intéressantes,* n'ont toujours pas été livrées au grand public.

(1) Le Magdalénien, époque de Lascaux, d'Altamira, de Lussac-les-Châteaux, se situerait à la fin de la dernière période dite glaciaire par les préhistoriens. On la nomme aussi « époque du renne » parce que ces braves cervidés vivaient en France à ce moment-là... tout comme de nos jours dans nos parcs nationaux! On sait maintenant que les animaux préhistoriques ou des temps anciens persistèrent longtemps dans des zones qui leur étaient propices et qui n'étaient pas particulièrement froides. A Glozel, par exemple.

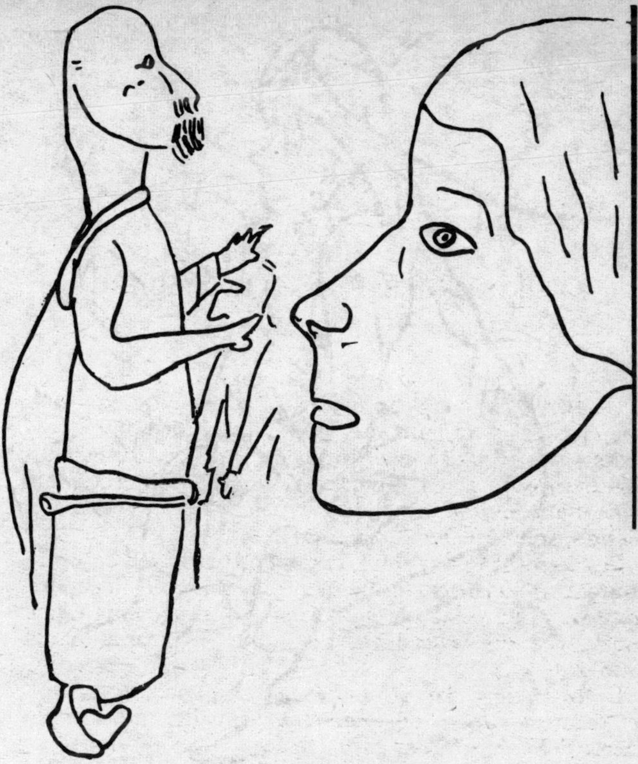

A g. : Cet homme en robe de chambre et chaussons à lisière (semble-t-il), la tête chauve mais portant moustache et barbiche, ressemble plus à un philosophe ou à un orateur qu'à un manieur de massue incapable d'imaginer et de construire un mur.

A coup sûr, ce Magdalénien de Lussac est un intellectuel évolué.

A dr. : La Demoiselle de Lussac, *bien peignée, l'œil vif, les traits fins, n'évoque pas non plus les brutes inventées par les pontifes officiels. Pourtant, elle est née 20000 ans avant Brigitte Bardot. Les « préhistoriens » sont des farceurs.*

(Dessin de Stéphane Lwoff.)

Grotte de la Marche – Magdalénien III – Lussac-les-Châteaux (Vienne).

Cette femme vivait à l'époque des cavernes, de Lascaux, du mammouth et du silex éclaté, il y a 200 siècles. Elle est habillée à la mode de notre temps. Voici ce qu'a écrit le préhistorien Lwoff à son sujet : « Coiffée d'une sorte de suroît de marin, cette femme est entièrement vêtue... Sur la jambe droite du pantalon et au niveau de la cuisse, on peut remarquer la présence probable d'une poche... Sous le pied dédoublé on aperçoit nettement une semelle... »

(Dessin de Stéphane Lwoff.)

Les hommes habillés de Lussac = 20000 ans

Ces dessins d'hommes d'il y a 20000 ans gênent considérablement les pontifes! Songez : ils sont habillés quasiment comme vous et moi!

Vous pourriez penser que vivant à une époque « de glaciation » ils sont chaudement vêtus de fourrures.

Pas du tout! Et c'est là que la farce est déjouée! Ils portaient barbe, chapeau, veste, pantalon, chaussettes, chaussures, voire ceinture et robe!

Et, comme ces Lussacois antiques se promenaient souvent demi-nus et le phallus ostensiblement sorti de leur pantalon, on peut se permettre d'avoir de sérieux doutes sur le climat polaire décrété en haut lieu!

Enfin, si certains sont peignés de façon fort civile, d'autres sont chauves ou portent barbiche et moustache ou bien sont rasés avec des cheveux peignés « en brosse » ou « en boule », ce qui dénote un souci esthétique peu en rapport avec la mauvaise réputation attachée à ces ancêtres que l'on disait barbares, cavernicoles et bâfreurs de chair crue, mi-hommes, mi-bêtes, incapables de construire une hutte et de forger une hache!

– Ils vivaient dans des cavernes, parce qu'ils n'avaient jamais eu l'idée intelligente de mettre des pierres les unes sur les autres pour faire un mur, assurent encore certains préhistoriens.

Ce qui est pour le moins étrange de la part de gens qui étaient de savants chimistes (les bâtons de peroxyde de fer et de manganèse de Lascaux), des astronomes avertis (ils avaient des calendriers lunaires il y a 30000 ans), des graveurs de symboles il y a 300000 ans (l'os du préhistorien Bordes), des tailleurs, des tisserands, des coiffeurs, des bijoutiers, des chausseurs, des chirurgiens, etc.

Des préhistoriens à la coule

L'histoire des peuples anciens est presque totalement inconnue.

Les préhistoriens classiques ont déterminé des nomenclatures, des classifications de cultures et de civilisations et, malgré les preuves et les découvertes, tout ce qui ne s'inscrit pas dans le classement sacrosaint est réputé fantaisiste ou inexistant.

Longtemps on refusa de reconnaître Glozel et c'est toujours le cas pour l'Atlantide, la Terre de Mu, pour la culture masma de notre ami Daniel Ruzo, pour Petra, Zimbabwe, la civilisation des forts vitrifiés en France et en Angleterre, et c'est le cas, encore, pour l'incroyable civilisation mexicaine d'Acambaro.

Incroyable, oui, car, tout comme les pierres du Dr Cabrera, les figurines trouvées à Acambaro infirment une grande partie des thèses classiques et apportent une révolution en zoologie et en paléontologie.

Mais est-il possible de ridiculiser les préhistoriens français ?

Le très remarquable écrivain scientifique américain Alexander Marshack, dans son livre, *Les Racines de la Civilisation*(1), démontre à la fois l'erreur des anthropologues et la scandaleuse incurie qui règne dans nos musées.

Marshack établit d'abord que l'homme préhistorique avait atteint un niveau de réflexion beaucoup plus élevé qu'on ne l'enseigne en France.

Il supputait, calculait, conjecturait, fabriquait des calendriers, en bref son cerveau fonctionnait exactement comme le nôtre, et non comme celui d'un primitif du xxe siècle, Papou ou aborigène d'Australie, qui n'a pas su s'adapter à l'évolution du règne animal.

La découverte de Marshack est, elle aussi, une révolution qui n'a pas été accueillie sans mauvaise humeur.

La journaliste Fanny Deschamps, dans une interview où elle démontre son grand courage, son honnêteté et

(1) Ed. Plon.

ses qualités d'enquêteuse(1), raconte les démêlés de Marshack avec la Conjuration.

L'anthropologue américain voulait voir et expertiser des ossements entreposés dans nos musées-cimetières.

– Il m'est arrivé de devoir faire le beau pendant deux ans et demi avant d'avoir un os !

– Un bon, j'espère ? demande Fanny Deschamps.

– Passionnant. Il était *dans une salle interdite* du musée de Saint-Germain. Quand j'ai eu l'autorisation *d'aller le regarder sans le toucher*, au bout d'un an et demi, il n'y était plus ! *L'ENQUÊTE NOUS A APPRIS QU'IL AVAIT DISPARU DEPUIS TRENTE ANS !* Alors j'ai passé au peigne fin tous les tiroirs de tous les musées de France; ça m'a pris un an ! Finalement, j'ai trouvé l'os à la faculté des sciences de Poitiers.

Vous avez bien compris ?

Un an et demi pour obtenir l'autorisation de regarder un os qui a disparu depuis trente années ! Sans que personne le sache !

Et ce sont ces gens commis à la sauvegarde de notre patrimoine qui inventent la préhistoire, imposent leurs divagations et jugent si Glozel, Ica et Acambaro sont authentiques ou non !

Cette petite digression était nécessaire pour faire comprendre dans quel état d'esprit allaient se dérouler les investigations et les enquêtes à Acambaro.

Julsrud le chanceux

Acambaro est une petite cité nichée entre deux lacs de montagne, à 160 km au nord-ouest de Mexico, sur la route de Celaya.

Le site, qui est rattaché à la culture des Tarasques, est situé à Chupicuaro, à quelque distance de la ville.

C'est là, en 1945, que l'Allemand Waldemar Julsrud a fait une découverte unique dans les annales de la préhistoire « sauvage » : 32000 poteries intactes, comme

(1) *Elle* n° 1453, du 22 octobre 1973 : *L'intelligence est née en Périgord*, interview de Fanny Deschamps.

neuves, et appartenant à une civilisation dont personne n'avait soupçonné l'existence.

Waldemar Julsrud, commerçant en quincaillerie, était un homme cultivé, curieux de toutes choses, et qui s'intéressait vivement aux civilisations anciennes et notamment à l'Atlantide.

Il lisait beaucoup et passait ses loisirs à prospecter dans la région d'Acambaro où les Tarasques ont laissé des vestiges de la civilisation la plus énigmatique de tout le Mexique.

Un jour qu'il parcourait à cheval les pentes d'une des nombreuses collines qui forment les premiers contreforts de la Sierra Madre, il vit dans le talus d'un ravin un objet rougeâtre qui paraissait être une poterie.

Il descendit de cheval, s'approcha et découvrit avec ravissement qu'il s'agissait d'une figurine en terre cuite qu'il n'eut aucune peine à dégager complètement.

Julsrud était accompagné d'un indigène, Odilon Tinajero, qui se mit à creuser dans le sable, mais sans rien trouver d'intéressant.

La figurine était étrange, d'un style absolument inconnu mais, à vrai dire, les deux hommes ne lui accordèrent pas une attention extrême.

Il fut tout de même convenu que Tinajero retournerait dans le ravin, appelé *El Toro,* et qu'il effectuerait quelques sondages afin de déterminer si l'objet était isolé ou s'il appartenait à un gisement.

Une brouettée de figurines

Quelques jours plus tard, Tinajero vint trouver Julsrud. Il poussait une brouette dans laquelle s'entassaient des statuettes de personnages curieux et d'animaux.

Au décompte, on arriva au chiffre de 38, ce qui était inespéré pour un simple sondage !

Les figurines de céramique (terre cuite) représentaient des animaux fantastiques que l'Allemand reconnut comme étant des dinosaures, des brontosaures de la fin du secondaire, mais il y avait aussi des reptiles – beaucoup de serpents – des chameaux, des lézards, des personnages extrêmement différents de visages, d'expressions, de tailles, de costumes, de formes.

Mais, et c'était le plus étonnant, quelques céramiques

Femme jouant avec un dinosaure.

De très nombreuses céramiques d'Acambaro représentent des animaux qui n'appartiennent pas à notre ère quaternaire.

Souvent on reconnaît différentes espèces de dinosaures dont certains paraissent avoir été domestiqués ou apprivoisés par les hommes.

Cette contemporanéité des sauriens et des humains appuie singulièrement les thèses suggérées par les pierres du Dr Cabrera. Photo R. Charroux

représentaient des êtres humains, des femmes surtout – reconnaissables à leurs seins insolemment pointés – qui paraissaient jouer avec des sortes de crocodiles, de mésosaures ou de stégosaures (275 millions et 60 millions d'années), ou avec des serpents.

Incontestablement, personnages et animaux vivaient en bonne intelligence et semblaient donner une démonstration de ce qu'avait été l'Age d'Or des poètes. En fait, il semble évident que les herbivores ont toujours mangé de l'herbe et que les carnivores ont toujours dû manger les herbivores, avant d'être assimilés eux-mêmes par la terre-mère et les plantes dans le grand cycle éternel de la nature.

Julsrud rayonnait de joie, il avait enfin un important musée personnel et avait découvert une civilisation mexicaine absolument ignorée. Il chargea aussitôt Odilon Tinajero et ses deux fils de se consacrer à la recherche archéologique sur le site de *El Toro* et leur promit un peso par pièce complète qu'ils rapporteraient.

Les pièces trouvées cassées ou qui le seraient lors du transport devraient être restaurées par les fouilleurs pour être payées, également, un peso chacune(1). Les statuettes non réparables n'étaient pas payées, mais devaient être comptabilisées.

C'est sous ce régime draconien que 32000 pièces intactes furent trouvées et emmagasinées dans la maison de Julsrud. Il y en avait partout, dans le hall d'entrée, dans le salon, la salle à manger, dans toutes les chambres et même dans la salle de bains !

Cette collection immense, la plus importante jamais constituée par un archéologue, comprenait des céramiques, des pierres, des jades et des obsidiennes, des sujets isolés et des scènes à plusieurs personnages.

(1) Un peso mexicain vaut environ 0,40 F ! Il est bien certain que les Tinajero, à ce salaire, ont été exploités par Julsrud, mais, selon l'écrivain américain Charles H. Hapgood, l'Allemand agissait ainsi pour obliger les Mexicains à faire très attention durant les fouilles. Plus tard, on a accusé les Tinajero d'avoir fabriqué eux-mêmes les figurines ! A un peso par pièce, ils auraient perdu tout ce qu'ils possédaient et davantage ! Chaque figurine avait un prix de revient (en admettant la supercherie) de 100 pesos environ !

Certaines statuettes avaient jusqu'à 0,98 m de hauteur (trois pieds) et des sujets plats atteignaient 1,50 m de longueur. Les céramiques, d'après ce que l'on peut en juger, avaient été cuites au feu de plein air (moins de 500°). On les trouvait par cachettes séparées à environ 1,20 m de profondeur et chaque cachette recélait de 20 à 40 objets.

Les énigmatiques Tarasques

Ce qui intrigua Julsrud fut d'abord la diversité incroyable des scènes, des animaux et des styles.

A proprement parler, chaque statuette avait une individualité propre, une facture particulière et l'ensemble ne présentait aucune unité, ni dans la forme physique du visage, ni dans l'habillement, ni dans les motifs de décoration.

Habituellement, ces motifs permettent de rattacher un objet à une civilisation, mais avec les figurines d'Acambaro, la liaison se révélait impossible.

Il est bien certain que nul pays au monde ne comporte autant de cultures différentes que le Mexique, où l'on a recensé, pour ne citer que les principaux, les peuples suivants : Toltèques, Chichimèques, Aztèques, Tlahuicas, Tarasques, Chalchihuites, Totonaques, Huastèques, Zapotèques, Mixtèques, Olmèques, Mayas, etc.

La région d'Acambaro était jadis le fief des Tarasques, peuplade mystérieuse dont le véritable nom était *Tarahcues* (« parents » ou « beaux-frères »).

Leur langue était incompréhensible aux autres Mexicains et paraissait se rattacher phonétiquement aux idiomes du Pérou, d'où les Tarasques étaient peut-être originaires.

De même, les constructions tarasques étaient originales, composées de grandes plates-formes artificielles surmontées de *yacatas*. Une *yacata* était un ensemble comprenant un temple circulaire accolé à un temple pyramidal à base rectangulaire, mais ce type architectural, surtout visible à Tzintzuntzan, était d'édification relativement récente. Le mystère, en fait, demeure absolu sur les premiers Tarasques, comme il l'est sur les Olmèques du Yucatan.

Autre énigme, celle des cachettes : toutes les céramiques furent trouvées sur une aire n'excédant pas 50 ares, soit un demi-hectare, dans le mont du Toro.

Julsrud pensait qu'il s'agissait soit d'un dépôt de fabrique destiné à l'exportation, soit, plutôt, d'une collection d'objets sacrés cachés dans de petits puits, pour les soustraire à la convoitise des conquérants espagnols.

On sait que les Incas avaient, de la même façon, dérobé leurs richesses à la convoitise de Francisco Pizarro.

Trois hommes travaillent pendant trois siècles !

Un anthropologue anglais de grande intégrité, professeur à l'université de New Hampshire, Charles H. Hapgood a, honnêtement et consciencieusement, étudié sur place la civilisation d'Acambaro.

D'autres préhistoriens s'étaient penchés sur le problème et comme il fallait s'y attendre, leurs conclusions furent que toute l'affaire était une fraude montée par Odilon Tinajero, mais que l'honorabilité de Waldemar Julsrud ne pouvait être suspectée (1).

Et nous voilà encore lancés dans une invraisemblable aventure : trois hommes, Tinajero et ses deux fils, confectionnant de leurs mains 32000 sujets en céramique, les faisant cuire au feu de bois, pour les vendre, en définitive 32000 pesos, soit 12800 francs français.

Or, une expertise rapide permet de calculer que la fabrication de ces milliers d'objets aurait demandé

(1) Waldemar Julsrud n'a jamais tiré le moindre profit de sa collection. Une seule fois dans sa vie, il a vendu quelques figurines à un préhistorien, mais c'était pour qu'elles soient montrées dans une exposition.

300 ans de travail pour trois individus, soit un siècle pour chacun d'eux et qu'il leur aurait fallu trouver, pour faire cuire l'argile, des tonnes et des tonnes de bois dont la région d'Acambaro est pratiquement dépourvue !

Une telle opération, techniquement et temporellement impossible, eût été une folie !

De plus, il eût fallu que les Tinajero aient eu une imagination géniale et des connaissances approfondies en archéologie, en zoologie, en paléontologie.

Or, *ils savaient tout juste lire et écrire !*

Pourtant, l'opinion générale dans les milieux « officiels » fut que la collection d'Acambaro était une imposture !

La raison en était simple pour les préhistoriens : il était impensable que l'on puisse faire vivre côte à côte des dinosaures de l'époque secondaire et des hommes nés, en principe, des millions d'années plus tard !

Enfin, autre raison, aussi péremptoire pour les pontifes : les objets ne se rattachaient à aucune civilisation connue et il n'y avait pas de précédent que des céramiques aient pu franchir tant de siècles sans prendre une patine et se retrouver en si grand nombre dans un si petit espace !

C'est un musée atlante

C'est exact, les figurines de terre cuite n'ont pas de patine nettement prononcée mais, sans vouloir faire remonter leur ancienneté à une époque antédiluvienne, on a observé des milliers de fois que les poteries conservées dans des endroits secs – ce qui est le cas à *El Toro* – gardaient leur aspect primitif, sans subir d'altération.

C'est le cas des poteries romaines, grecques, égyptiennes et des magnifiques céramiques Mochicas, d'Ica, de Paracas que l'on peut admirer au musée de Lima et dont nous possédons nous-même de remarquables spécimens.

Ces céramiques, dans leur quasi-totalité, ont gardé leur couleur initiale, abstraction faite du grisé déposé par la fumée de cuisson, ce qui est le cas pour les poteries d'Acambaro.

Julsrud affirme qu'il a trouvé des vestiges de murailles enterrés, mais sa découverte ne semble pas avoir eu de suite.

La présence des dinosaures, brontosaures et autres stégosaures pose, à vrai dire, un problème car il est peu probable, comme à Ica, que ces animaux préhistoriques aient pu trouver à Acambaro la végétation luxuriante, les hautes herbes et le climat dont ils avaient besoin pour assurer leur existence.

La région est riche en lacs, certes, mais il faudrait remonter à ces centaines de milliers d'années pour y retrouver un environnement analogue à celui des ères secondaire ou tertiaire.

Il faut donc penser qu'au Mexique comme au Pérou quelques bêtes préhistoriques ont pu survivre jusqu'à une époque proche de nos derniers millénaires.

Ou bien – et nous reprenons l'hypothèse avancée pour Ica – Acambaro était un sanctuaire où des Ancêtres Supérieurs avaient constitué, pour les générations à venir, une bibliothèque préhistorique analogue à celle découverte par le Dr Cabrera.

C'était l'opinion de Waldemar Julsrud qui précisait l'identité des dépositaires de la collection :

– Ici, disait-il, les Atlantes ont laissé un témoignage de leur existence et ont sculpté des répliques des grands sauriens qui vivaient au temps de l'Atlantide.

Authenticité démontrée : 4500 ans

Quoi qu'il en soit, les figurines d'Acambaro apportent la certitude qu'une civilisation inconnue a fleuri jadis sur notre globe alors que les dinosaures n'avaient pas encore disparu.

On a raconté que des villageois avaient trouvé, eux aussi, des céramiques en labourant leurs terrains.

Les autorités gouvernementales mexicaines ont enquêté longuement à Acambaro pour essayer de découvrir s'il y avait eu fraude ou fabrication clandestine d'objets.

Des policiers se faisant passer pour des archéologues ont essayé de soudoyer les indigènes, de les inciter à fabriquer des figurines, ils ont collecté les bavardages, le soir, dans les *zocalos* et les *tascas*, mais n'ont jamais pu obtenir le moindre indice les mettant sur la piste de fraudeurs ou de faussaires.

Les objets en pierre, contrairement aux céramiques difficilement altérables, ont subi les effets de l'érosion et de la calcification.

La conclusion de ces enquêtes fut que la collection de Julsrud était authentique.

Enfin, en ressort suprême, les objets furent soumis au test de datation par thermoluminescence. En 1972, trois figurines que l'archéologue américain Di Peso jugeait fausses (1) furent analysées par la méthode de la thermoluminescence dans les laboratoires du Pennsylvania Museum (USA).

Les résultats furent probants : *elles dataient de 2500 ans avant notre ère.*

Dans une lettre datée du 13 septembre 1972, adressée à M. Arthur Young qui lui avait confié les figurines, le Pr Froelich Rainey écrivait :

« Nous avons été si particulièrement intéressés par cette date extraordinairement ancienne que M. Mark Han dans notre laboratoire fit en moyenne dix-huit contrôles sur chacun des échantillons, ce qui constitue un test des plus sérieux... Les trois figurines donnèrent exactement la même ancienneté (2500 ans av. J.-C.). Le

(1) Di Peso, durant plusieurs années, avait proclamé qu'il avait les preuves que les céramiques d'Acambaro étaient fausses et provenaient d'une fraude! La seule fraude en fait était son incapacité à trancher la question!

Le même procédé avait été utilisé de 1926 à 1973 par les antiglozéliens pour discréditer la collection d'Emile Fradin. La datation par thermoluminescence, à Glozel, comme à Acambaro, rétablit la vérité des faits.

laboratoire maintient cette datation pour la collection de Julsrud... »

Acambaro était ainsi authentifié, comme le fut Glozel, et par la même méthode.

Butés, inébranlables, les pontifes continuent, envers et contre tout, à nier l'évidence et à discréditer les fantastiques figurines de Julsrud.

Seules, les prochaines générations de préhistoriens conscients ressusciteront l'antique civilisation, atlantéenne ou autre, qui, à l'époque des dinosaures, dessina et sculpta les premiers chapitres de la grande aventure de l'homme terrestre.

Thermoluminescence = datation hasardeuse

On a constaté que différents rayonnements cosmiques sont intégrés par des matériaux cristallins et notamment par ceux qui entrent dans la composition des poteries.

Quand une céramique subit les effets d'un rayonnement cosmique ou autre, il se produit des modifications structurales au niveau de la couronne d'électrons composant l'argile.

On a trouvé, en laboratoire, un procédé pour étudier les électrons qui, de nouveau perturbés, émettent une quantité de lumière proportionnelle à celle reçue par le rayonnement originel.

Le cosmos n'est pas le seul à jouer avec les électrons des corps cristallins : la terre et les matières radioactives peuvent provoquer le même phénomène.

La méthode de datation par thermoluminescence n'est guère plus précise que la méthode par le carbone 14. Nous pensons que les études dont elle fait l'objet lui donneront dans quelques années un caractère plus scientifiquement précis.

A l'heure actuelle, la thermoluminescence est efficace pour attester *une ancienneté,* mais elle demeure aléatoire pour en fixer la date exacte.

La preuve : le Pr Froelich Rainey, après avoir

exprimé ses doutes sur l'*efficacité rigoureuse* de la méthode, éprouva le besoin de faire effectuer dix-huit tests sur les céramiques d'Acambaro, ce qui démontre bien qu'au dix-septième contrôle il n'était pas encore convaincu !

Si la méthode de datation par thermoluminescence était rigoureusement infaillible, un seul test eût été suffisant. Néanmoins, la datation des céramiques de Julsrud à 4500 ans nous paraît satisfaisante.

5

DE L'HISTOIRE À LA LÉGENDE

La Vérité est un grand mot qui hante la bouche des menteurs, et une vertu que cherchent précisément ceux qui ne veulent admettre que le virtuel et l'incontrôlable.

Que Dieu nous préserve de désirer ou de trouver la Vérité, si bellement nue qu'on l'imagine au fond de son puits romanesque !

– En vérité, en vérité, je vous le dis – clamait un humoriste – il n'y a pas de vérité !

Et l'on serait tenté d'ajouter : c'est vrai ! Il n'y a que des imaginations, des phantasmes, des rêves, que le sage Bouddha appelait des *mãyãs* (illusions)(1) !

C'est dans cette optique et cet état d'esprit que nous nous proposons d'examiner certains points d'histoire et de légende.

(1) Une des théologies les plus initiatiques qui furent imaginées, celle des Veda, pour bien démontrer la « vérité des mensonges », c'est-à-dire l'incapacité des hommes de distinguer le vrai du faux, le bien du mal, le sage du fou, etc., entraîne le penseur dans un labyrinthe d'où seul l'initié peut se sortir.

Dans le *Rig-Veda,* la *mãyã* est la matière, le constituant primordial de l'univers; dans la philosophie brahmanique, la *mãyã* devient l'apparence, l'illusion, ce qui nous trompe en nous paraissant réel; dans le *vedãnta,* dernier des six systèmes philosophiques de l'Inde, qui a pour but de donner l'explication mystique et métaphysique des Veda, la *mãyã* est à la fois l'illusion et le principe énergétique de l'univers.

Les « socabons » d'Ilo et de la « Moyoc Marca »

Le mystère des *socabons* (tunnels, souterrains) n'est pas propre à l'Amérique du Sud mais, au Pérou, il appartient à la tradition au même titre que les trésors, les Incas et les cités secrètes.

A Ilo, un rocher à écriture mystérieuse, à peu près effacée de nos jours, révélerait l'entrée secrète du *socabon* menant au monde perdu des Anciens. De puissantes défenses occultes protègent ce monde mystérieux où l'or et les pierres précieuses abondent.

En fait, de telles légendes courent partout sous le manteau, d'Arequipa à Trujillo, et les Péruviens en sont particulièrement friands.

Ne dit-on pas qu'un immense souterrain va de Lima à Cuzco et que l'antique capitale des Incas est reliée à la forteresse de Sacsahuaman, qui domine la ville, par des *socabons* formant labyrinthe dans lesquels est caché le trésor des Incas ?

Nous croyons volontiers à ce sanctuaire secret où Huascar, dernier en titre des Incas légitimes, aurait enfoui les richesses de son royaume quand les cupides Espagnols envahirent l'empire et franchirent – le diable seul sait comment – « l'infranchissable » cordillère des Andes.

L'entrée du labyrinthe se trouvait jadis dans la *Moyoc Marca,* sorte de donjon qui s'élevait au centre de la forteresse.

Une caste sacerdotale composée de membres du Conseil des Anciens avait la garde de la cité souterraine où le roi lui-même – l'Inca – ne pouvait se rendre sans être guidé, tant l'entrelacs des galeries avait été astucieusement imaginé.

Le cœur du labyrinthe était une caverne spacieuse, immense même selon les traditions, où une source abondante – sans doute celle dont on peut voir une résurgence sur le front de la forteresse – prenait naissance. Elle s'appelle d'ailleurs la « fontaine de l'Inca ».

Le « Curicancha » de Cuzco

Les trésors du royaume seraient aussi cachés au centre du labyrinthe auquel les *conquistadores* ne purent jamais accéder, les gardiens du chemin secret ayant fait ébouler les galeries.

C'est là, pourtant, que dormirait le plus fantastique trésor du globe, celui du *Curicancha* ou « Enclos de l'Or », dont l'illustre Garcilaso de La Vega nous a donné une description fascinante(1).

« Mais par-dessus toutes ces merveilles, paraissoient des champs de maïs faicts au naturel, avec leurs racines, leurs fleurs et leurs espics dont les pointes estoient d'or et le reste d'argent, le tout soudé ensemble; ce qu'ils observoient encore en matière de toutes les autres plantes dont ils s'estudoient de représenter le naturel par l'alliage et la soudure de ces métaux.

» Là mesme, se voyoient encore des animaux grands et petits, faicts d'or et d'argent, et représentant le naturel, comme des lapins, des rats, des lézards, des couleuvres, des papillons, des renards et des chats sauvages, car ils n'en avoient point de domestiques.

» Il y avoit de plus, des oiseaux de toutes les sortes, dont les uns sembloient chanter, perchez sur les arbres et les autres estendoient leurs ailes comme pour voler. Bref, il s'y remarquoit des daims, des lions, des tygres et de toutes sortes d'animaux, chacun fait au naturel et mis en son lieu.

» Toutes les maisons avoient des bains avec des grandes cuves d'or et d'argent, où les Yncas se lavoient, et des tuyaux d'où l'on tiroit l'eau estoient de mesmes métaux. Avecque cela, ils enrichissoient de plusieurs ouvrages d'or extrêmement beaux, les lieux où il y avoit des sources, l'eau desquelles estoit chaude naturellement, et s'en servoient aussi à faire des bains.

» Mais entre les autres grandeurs, ils avoient des

(1) Nous avons relaté l'histoire du trésor des Incas dans *Trésors du Monde, Trésors de France, Trésors de Paris, enterrés, emmurés, engloutis*, Fayard.

buschers d'or et d'argent, des busches desquels étoient faictes au naturel pour être mises en œuvre au besoin et employées au service des Maisons Royales.

» Les Indiens cachèrent la plupart de ces richesses, si tôt qu'ils virent l'insatiable convoitise des Espagnols à s'acquérir l'or et l'argent, et les cachèrent de telle sorte que depuis ce temps-là, l'on n'en put descouvrir aucune chose et mesme il n'y a pas d'apparence qu'on trouve cet or à l'avenir, si ce n'est par accident.

» Car il est certain que les Indiens d'aujourd'huy ne savent point où sont ces thrésors et que leurs ayeuls leur en ont osté la connoissance pour empescher que ces choses ne servissent qu'à leurs Roys auxquels tant seulement elles estoient dédiées. »

(*Par l'Ynca Garcilaso de La Vega, natif de Cuzco fidèlement traduit sur la version espagnole par I. Baudoin, 1633.)*

Ces trésors, dont on exagère sans doute l'importance, seraient enfermés dans la cité secrète de Sacsahuaman, près de la source connue seulement de l'Inca et des membres du Conseil des Anciens.

La grotte, matrice et bibliothèque

C'est de toute éternité, ou plutôt depuis qu'il y a des hommes sur la Terre, que s'est instauré le mythe de la caverne ou grotte, du souterrain et des trésors matériels ou spirituels qui y sont cachés.

Le symbolisme du mythe est évident : l'entrée de la grotte est le vagin de la femme; les souterrains ou galeries sont les boyaux, canaux ou adducteurs qui y conduisent; les trésors représentent soit la puissance physique, soit l'alchimie subtile qui aboutira à la création du fœtus et à l'irrigation intellectuelle de tout l'être vivant.

Car l'intelligence et le génie germent dans le sexe-athanor avant d'irriguer le cerveau.

De plus, on sait que le cycle humain part de la grotte merveilleuse d'Eve-Lilith, passe dans la caverne plus spacieuse du ventre de la *Mater,* repasse dans la grotte merveilleuse pour aboutir en fin de course dans la caverne de pierre et de terre-mère où depuis les origines, les hommes ont enterré leurs morts dans la position fœtale.

On conçoit maintenant l'importance de la grotte en ésotérisme, et pourquoi les hommes de la préhistoire se détachaient avec répugnance de leurs cavernes de pierre, pourquoi ils y cachèrent leurs reliques les plus précieuses : statuettes, vases, silex et témoignages de leur écriture.

Tous les premiers documents de l'histoire humaine sont dans des grottes ou dans des souterrains.

Jamais ailleurs.

C'est l'hommage des hommes à la matrice de la terre-mère, une matrice dont ils ne peuvent juguler le charme ensorcelant (1) qui les imprègne, les anime et les inspire de leur naissance à leur mort.

L'enfant en danger va se réfugier sur le ventre de sa mère, dans son tablier, où il se cache en le repliant sur sa tête, pour se donner l'illusion de l'obscurité et de la sécurité du nid ventral.

Le Sage (ou le pseudo-Sage) qui veut se « réaliser », faire un retour sur lui-même, va méditer dans la grotte d'initiation que les Egyptiens représentaient avec un serpent replié et formant une voûte.

C'est dans les grottes de Qumràn que les Esséniens cachèrent leurs écrits connus sous le nom de *Manuscrits de la mer Morte.*

C'est dans des grottes, en Occident, au lac Titicaca, en Amérique du Nord, en Afrique, en Australie que les anciens peuples ont laissé des témoignages de leur existence.

C'est toujours dans des grottes que se déroulaient les mystères, les initiations, mais aussi que se réunissaient les conspirateurs, les fugitifs et que vaticinaient les pythonisses.

(1) La religion chrétienne a lutté contre cette magie et cet occultisme qu'elle juge pernicieux.

« L'être humain se réalise pleinement dans l'antre primordial », a écrit Jean-Pierre Bayard (1).

Les archives du monde sont dans des sanctuaires secrets

C'est donc dans des sanctuaires souterrains que les hommes de l'Ica ancien entreposèrent la somme des connaissances que leur avaient transmises de mystérieux Instructeurs.

Mais la *Bibliothèque primhistorique d'Ica* n'est pas unique dans le monde et peut-être pas non plus dans la cordillère des Andes.

Une femme visionnaire, qui fut véritablement une Initiée, Helena-Petrovna Blavatsky, a écrit, au siècle dernier, un livre révélateur qui devint la bible des théosophes, *La Doctrine secrète* (2).

Dans son livre premier (l'œuvre comprend six volumes), Mme Blavatsky assure, et nous la croyons volontiers, qu'il existait jadis une révélation primordiale qui fut cachée dans différentes parties du monde. Elle était écrite dans la langue mère d'où dérive directement le sanskrit.

Cette histoire des temps originels reparaîtra un jour, ce qui laisse supposer que des chaînes d'initiés gardent religieusement les dépôts ou, du moins, qu'ils les ont gardés très longtemps, ajoutant peut-être au texte initial des relations plus récentes.

C'est ce qui expliquerait que les pierres du Dr Cabrera aient pu conter la grande aventure humaine depuis les dinosaures de l'ère secondaire jusqu'à l'avènement de l'ère chrétienne, dont elles renvoient effectivement des échos troublants.

(1) Jean-Pierre Bayard, *La Symbolique du monde souterrain* (Ed. Payot, Paris).

(2) *La Doctrine secrète* par H.P. Blavatsky (Ed. Adyar). Les enseignements de la doctrine secrète, véritables annales d'un peuple inconnu des archéologues, seraient antérieurs aux Veda.

Dans le rite égyptien, le néophyte était représenté comme enfermé dans un serpent formant grotte d'initiation.
Photo R. Charroux

Comme des milliers de pierres restent à découvrir, si cette thèse est exacte, certains dessins devraient représenter des scènes, des personnages et des événements assez peu éloignés dans le temps.

Plus particulièrement attachée à la civilisation orientale qu'à celle des pays amérindiens, H.P. Blavatsky écrit qu'après la destruction de la Bibliothèque d'Alexandrie, dont de nombreux parchemins furent heureusement sauvés, des copies ont été établies par des clercs initiés.

La somme totale des ouvrages sacrés de l'histoire humaine, poursuit-elle, se trouve dans des écoles ésotériques très secrètes de l'Inde, du Tibet, de la Chine, du Proche-Orient et de l'*Amérique du Sud.*

Les entrées sont cachées et ne peuvent être découvertes

Mme Blavatsky situe plusieurs de ces sanctuaires secrets dans des cryptes souterraines et des caves-bibliothèques taillées en plein roc au-dessous des grandes lamaseries et des ermitages édifiés en haute montagne, dans les défilés du Kouen-Louen, au nord du Tibet, le long du fleuve Tarim dans le Sin-Kiang chinois, près d'Okkee Math dans l'Himalaya.

L'auteur rapporte que des pèlerins ont vu, dans les salles souterraines d'un temple perdu dans une gorge de l'Altyntagh, une telle quantité de livres anciens qu'ils ne trouveraient pas place au British Museum.

C'est une estimation exagérée mais sans doute fondée sur une relation authentique comme l'est celle d'une cité ensablée, connue seulement des Mongols et des Bouddhistes, qui recélerait, dans d'immenses demeures souterraines, des tablettes et des cylindres d'argile (Livre I – Introduction – LIII).

Pour Mme Blavatsky, la Bible mosaïque n'est qu'une compilation d'écrits beaucoup plus anciens, notamment ceux des mages chaldéens dont il ne reste que les fragments cités par Bérose(1).

Les *Annales chaldéennes* englobaient, dit-on, une période de 200000 années, mais comme l'*Histoire phé-*

(1) Elle cite également un « très vieux livre » écrit sur un tissu de nature inconnue sur lequel furent copiés le *Siphrah Dzeniutha,* le *Sepher Jezirah,* le *Pentateuque* des Hébreux, le *Livre des Nombres* chaldéen, le *Shu-King* des Chinois et les *Puranas* des Hindous. Ce livre mystérieux, était, dit Mme Blavatsky, écrit en *sen-zar,* langue sacrée « des Toltèques », des Atlantes et des initiés du monde entier.

nicienne de Sanchoniathon, comme les *Tables synchroniques* égyptiennes de Manéthon, les manuscrits ont été perdus ou interpolés par les auteurs chrétiens et particulièrement par Eusèbe, évêque de Césarée que Socrate (l'historien du ve siècle) et Syncellus, vice-patriarche de Constantinople, dénoncent comme « le plus impudent des contrefacteurs ».

« Les ouragans peuvent déchirer les salles et balayer des plaines entières, écrit H.P. Blavatsky, ils sont impuissants à détruire ce qui est hors de leur atteinte.

» Bâtis profondément dans les entrailles de la terre, les magasins souterrains sont en sûreté, et comme leurs entrées sont cachées il n'y a pas lieu de craindre qu'elles soient découvertes... »

Le docteur Cabrera et H.P. Blavatsky

Au siècle dernier, selon le témoignage d'un attaché à l'Ambassade russe, il existait à la Bibliothèque impériale de Saint-Pétersbourg (actuellement Leningrad) des documents attestant que des mystiques russes, passant par les monts Oural, allaient au Tibet, pour y chercher l'initiation et le savoir dans des *cryptes inconnues de l'Asie Centrale* (Doc. Sec. Introduction – LXIV).

Il nous semble intéressant de citer Mme Blavatsky à propos de ces *socabons,* souterrains et sanctuaires cachés, que, depuis deux millénaires, les hommes cherchent dans toutes les parties du monde pour y trouver les archives des races disparues et aussi, pensent-ils, des statuettes, des vases en or et des joyaux plus fabuleux que ceux des maharajahs de l'Inde.

A vrai dire, depuis Sanchoniathon le Phénicien, qui avait découvert les écrits amonéens relatant l'histoire ancienne de l'Egypte et du Proche-Orient, personne n'a donné les preuves qu'une authentique trouvaille de cet ordre ait été faite quelque part, à l'exception du Dr Javier Cabrera dont les pierres semblent appartenir à l'un de ces sanctuaires secrets, gardés longtemps et enrichis par une longue suite d'ésotéristes.

Le Dr Cabrera a trouvé. Mme Blavatsky n'a jamais montré les documents dont elle s'inspira pour écrire *la Doctrine secrète,* mais la valeur incontestable de ses révélations milite en faveur de sa sincérité.

Il appartient aux ésotéristes les plus inspirés de savoir s'il existe une correspondance effective entre les sanctuaires souterrains dont fait état *la Doctrine secrète* et les grottes d'Ocucaje où furent trouvées les pierres gravées du Dr Cabrera.

Von Däniken a failli trouver !

Notre confrère et ami von Däniken a d'extraordinaires prémonitions ! Sans la découvrir, il a flairé l'existence de la *Bibliothèque primhistorique d'Ica,* et, à l'en croire, il aurait pénétré dans une sorte d'antre souterrain où les Ancêtres Supérieurs auraient caché un musée à l'intention des peuples du futur.

L'information a été publiée par l'excellente journaliste péruvienne Zizi Ghenea... avec de grandes réserves, il faut le reconnaître !

« A vrai dire, je ne crois pas à cette histoire, nous a-t-elle confié. Von Däniken trouve toujours des choses extraordinaires que l'on ne voit jamais et que l'on ne peut contrôler ! »

Quoi qu'il en soit, voici ce que Zizi Ghenea a écrit sur le royaume souterrain du Pérou qui serait, en fait, un pendant de l'Agartha du Tibet (1) et, peut-être, de la cité secrète qui s'étendrait au fond d'un cratère du Venezuela et dans des grottes adjacentes.

Un aventurier argentin d'origine hongroise, Joan Moricz, assure qu'il a découvert, vers 1970, un fantasti-

(1) L'Agartha dans la tradition indienne est un immense souterrain situé sous l'Himâlaya, dont l'existence fut révélée à l'écrivain Ossendowski par le moine Tourgout. Sa situation approximative serait 88° long. E et 28° lat. N, soit vers Chigatzé et le lac Nogan Kul. Cf. *Histoire Inconnue des Hommes depuis 100000 ans,* chap. 7 et *Le Livre des Maîtres du Monde,* chap. 12, *op. cit.*

que réseau de galeries, situées à une profondeur de 200 mètres environ, reliant l'Equateur au Pérou.

Quand von Däniken, en mars 1971, apprit ce que contait Moricz, il prit l'avion pour le Pérou, fermement décidé à exploiter la découverte de l'Argentin.

Joan Moricz accueillit l'auteur suisse sans grand enthousiasme ! Certes il voulait bien que l'on croie à son histoire, mais à condition qu'il n'ait pas à situer les lieux et à prouver ses dires ! Il essaya de dissuader von Däniken de poursuivre son projet et n'y parvenant pas, accepta de lui indiquer une entrée secondaire, dépourvue d'intérêt, et qui, de plus, était connue par une foule d'autochtones et d'archéologues équatoriens. Cette entrée se trouve vers Cuenca, à une centaine de kilomètres au sud-est de Guayaquil.

Est-ce par là que von Däniken aurait trouvé les véritables souterrains ? On en est réduit aux suppositions car, en fait, ni l'écrivain suisse ni Moricz, ni son assistant Gerardo Peña Mathaus n'ont produit la moindre preuve de leurs découvertes.

Des mythomanes qui voyaient juste

Néanmoins, des bruits favorables circulaient, dont Zizi Ghenea se fit l'écho dans sa rubrique « Extraño muy extraño » de la revue *Dominical.*

« Joan Moricz avait dit que la galerie péruvio-équatorienne contenait des objets de grande valeur et les archives attestant l'existence d'une antique et haute civilisation, disparue avant ou pendant le déluge.

» Von Däniken était certain qu'il existait une cachette contenant de telles choses, mais encore fallait-il en déterminer l'emplacement ! »

L'écrivain suisse écrivit dans un de ses livres qu'il avait effectivement trouvé le tunnel, qu'il y avait vu des statues en or d'animaux inconnus et une quantité de manuscrits imprimés sur feuilles d'or(1).

(1) Rapporté aussi par *Nostradamus,* n° 81.

« Mais – nous citons la revue *Nostradamus* – Joan Moricz nia la valeur de ce témoignage et assura que von Däniken n'avait jamais eu accès au tunnel qui contenait les documents d'une valeur inestimable. »

De son côté, la revue allemande *Stern,* après avoir contacté Moricz, obtint aussi les preuves que la relation de l'écrivain était dénuée de fondement.

Une expédition scientifique guidée par le géologue Otto G. Geyer conclut après enquête à la supercherie pure et simple.

Ainsi, von Däniken avait imaginé – ainsi probablement que Joan Moricz et Gerardo Peña Mathaus – les sculptures, l'or, les animaux préhistoriques représentés en métal inconnu et « les milliers de plaquettes fines en or, recouvertes de signes mystérieux, véritable bibliothèque préhistorique des hommes »! Tout n'était que chimères et divagations!

Si les récits de von Däniken et de Moricz ont été inventés de toutes pièces il n'empêche que ces affabulateurs avaient du génie : celui d'imaginer une vérité qu'il leur était impossible de découvrir!

Car, par le fait, le tunnel existe bien, même s'il n'est qu'une grotte et un souterrain à galeries, même s'il ne débouche pas à Cuenca mais en plein cœur du Pérou : à Ocucaje, à trente kilomètres au sud d'Ica!

Des pierres que nul ne verra jamais

Oui, il y a bien un sanctuaire où les Ancêtres Supérieurs d'une civilisation disparue et inconnue ont entreposé leurs archives, la somme de leurs connaissances et la véritable histoires des hommes.

Si quelque chercheur l'avait trouvé, il aurait prélevé des objets, rapporté des photos, des échantillons!

Or, rien n'a été rapporté, ni prélevé, ni photographié, ni enregistré... pour la simple raison que rien n'a été vu!

Celui qui a trouvé le sanctuaire est le Dr Cabrera.

Et nous sommes fier, pour notre part, d'avoir découvert le docteur et la nouvelle crypte où sont enfermées les *piedras*.

Les autres inventaient ! Nous, nous disons vrai !

La preuve : le musée est à Bolivar 170, Plaza de Armas, à Ica, le sanctuaire est près d'Ocucaje et nous publions quelques photos des pierres-messages en provenance du monde antédiluvien, en attendant que le Dr Cabrera, dans un livre qui deviendra la nouvelle Bible des hommes, révèle la quasi-totalité des mystères de nos Ancêtres Supérieurs.

Nous-même apportons les preuves de la découverte, divulguons des secrets, et non pas de pacotille puisque nous reproduisons les phases essentielles de la greffe du cœur, sans phénomène de rejet !

Mais nous ne disons pas tout.

Les révélations des pierres d'Ica sont infiniment plus bouleversantes, incroyables que ce qu'il nous est permis de dire.

Il appartient au Dr Cabrera, et à lui seul, de donner toute la lumière, de publier la plupart des dessins, mais d'ores et déjà *nous pouvons affirmer que, pour des raisons extrêmement valables, il ne révélera pas l'intégrité des messages.*

Ces pierres sont le legs fait par de grands Initiés à un grand Initié. Il y a donc, nécessairement, une zone qui ne doit pas être éclairée, sauf pour quelques très rares adeptes (1).

La Terre-Mère ouvre ses matrices

Dans nos temps d'apocalypse (révélation) bien affirmés, des scènes étranges se déroulent dans les airs, les hommes se déchirent pour connaître la vérité et les

(1) Le Dr Cabrera a montré certaines gravures « dangereuses » à Robert Laffont et à Francis Mazière. Nous pouvons néanmoins révéler que ni Robert Laffont ni Francis Mazière n'ont vu les pierres les plus importantes, qu'ils ne se doutent même pas de leur existence et que, probablement, personne – sauf le Dr Cabrera et nous-même – ne les verra jamais.

entrailles de la Terre s'entrouvrent pour livrer les secrets qu'elles cachent depuis des millénaires.

Bientôt, d'étranges rumeurs circuleront dans le monde et personne ne les croira.

Les images-désirs des peuples apeurés constitueront des égrégores qui iront habiter l'esprit vide de médiums récepteurs et les Messies apparaîtront, illuminés, insensés, plus perturbateurs qu'efficaces. Il ne s'agit pas d'une prophétie mais d'un processus social bien connu des ésotéristes et symptomatique de la fin d'un monde.

Depuis quelques dizaines d'années, Gaea, la Terre-Mère, accouche de fœtus momifiés d'humanoïdes et d'hommes des temps anciens, expulse des villes dont nul ne soupçonnait l'existence, laisse entrevoir dans ses cicatrices matricielles des visions fantastiques peut-être enfantées dans son délire mental.

C'est Emile Fradin qui met Glozel au jour, c'est Waldemar Julsrud qui trouve 32 000 céramiques au Mexique, Javier Cabrera qui découvre les pierres d'Ica... et nous pourrions allonger la liste (1) !

A un stade moindre, c'est von Däniken et Moricz qui pressentent, flairent l'existence du véritable Agartha souterraine (2).

L'Agartha du Venezuela

Le mystérieux royaume souterrain qui, selon l'écrivain Ossendowski, s'étend sous la chaîne de l'Himâlaya, non loin de Chigatzé, se situerait maintenant en Amérique du Sud si l'on en croit les traditions.

C'est peut-être cet Agartha américain qu'un pilote

(1) Il est détestable de jouer à faire des mystères, ce qui est la marque des faux initiés, des imposteurs, pourtant il n'est pas toujours possible de révéler des secrets qui ne sont pas mûrs pour la divulgation.

(2) Un initié, Raymond Bernard, Grand Maître de l'AMORC a clairement révélé il y a quelques années que l'Agartha ne se situait plus au Tibet ! Sans doute en a-t-il dit plus long aux adeptes dignes de confiance.

vénézuélien, Harry Gibson, a vu durant un vol de routine, en 1964, au fond de deux cratères de la jungle, quelque part entre la sierra Maigualida et le fleuve Orénoque.

C'est une étrange histoire, que l'on serait tenté de classer au dossier des royaumes imaginaires – El Dorado, Païtiti, tunnel de Moricz – si deux authentiques archéologues, David Nott, de Liverpool, et Charles Brewer Carias, de Caracas, assistés de dix savants de différentes nations et des services de l'aéronautique vénézuélienne ne prenaient l'affaire très aux sérieux(1).

Les cratères sont situés non loin des sources des rios Caura et Ventuari, c'est-à-dire près du Cerro Pava (1641 m) et du pic Masiati (1495 m), à l'entrée de la sierra Pacaraima, qui constitue une pointe avancée du sertão brésilien.

Les volcans sont éteints depuis des milliers, sinon des millions d'années, si bien que les géologues, archéologues et botanistes espèrent y trouver une faune et une flore disparues depuis longtemps de la surface du globe.

En janvier 1974, une première équipe de trois membres descendit dans un des cratères, profond de trois cents mètres pour un diamètre de quatre cents mètres environ.

Ils récoltèrent un abondant matériel en plantes et animaux vivants d'espèces inconnues ou éteintes depuis l'ère secondaire.

Un souterrain long de 1500 mètres relie les deux cratères et, selon des rumeurs à vrai dire non contrôlées, *servirait encore actuellement* car on y aurait relevé des traces de passage récent.

Voilà pour la partie avérée de la découverte, dont les milieux scientifiques du Venezuela séquestrent, pour de mystérieuses raisons, les résultats les plus importants.

Cette réticence a donné naissance à des enquêtes privées auprès des autochtones des montagnes environ-

(1) L'expédition, en outre, est patronnée par la Société vénézuélienne des Sciences naturelles et par une firme de recherche pétrolière.

nantes dont les noms indigènes sont Jaua-Jidi et Sari Inama-Jidi. On apprit alors les fantastiques légendes qui s'attachent au mystère des deux cratères.

Le paradis perdu au fond d'un volcan

La région de Jaua-Jidi est une forêt de grande densité, quasi impénétrable et à peu près inhabitée.

Il a été très difficile aux enquêteurs vénézuéliens d'entrer en relation avec les hommes vivant à l'état sauvage de cette zone qui est en fait le prolongement de la forêt brésilienne.

Ils fuient les Blancs, parlent une langue inconnue et ne comprennent pas l'espagnol.

Toutefois, des métis de la cité d'Esmeralda, sur l'Orénoque, ont pu les approcher et c'est d'eux que l'on tient les renseignements qui furent colportés dans tout le Venezuela.

« Plusieurs fois, des hommes étranges et étrangement habillés ont été vus dans la forêt de Jaua-Jidi. Ils ne semblent pas vouloir approcher les Indiens et ne s'aventurent qu'à petite distance des cratères.

» Leur peau est couleur d'ivoire jauni; ils ont de grands yeux comme ceux des jaguars et des cheveux longs de différentes couleurs. Ils paraissent craintifs et fuient dès qu'ils entendent un bruit insolite.

» On pense qu'ils habitent un pays qui s'étend au fond des cratères et dans d'immenses salles souterraines. Des entrées secrètes et inconnues s'ouvrent sur la forêt. »

D'autres observations donnent à penser que les créatures du « Royaume des Deux Cratères » auraient des contacts quasi permanents avec des êtres de l'espace, mais il convient de souligner que, plus que partout ailleurs dans le monde, les visions d'OVNI et, disons-le, la soucoupomanie, sévissent chez les peuples sous-développés de l'Amérique Centrale et de l'Amérique du Sud.

Ainsi les Indiens de la forêt disent que, la nuit, les arbres qui bordent les cratères ont leurs sommets éclairés par une douce lumière verte, comme si la source se situait au fond de l'excavation.

Parfois, quelque chose ressemblant à « un petit avion rond » sort de la nuit, entre dans le halo de clair-obscur vert et disparaît dans le cône du volcan.

Deux ou trois nuits avant que David Nott, Brewer Carias, G. Dunsterville et leurs compagnons arrivent sur les lieux, on a observé une intense activité des « choses » volantes. Elles étaient aussi nombreuses que des guêpes sur une touffe d'orchidées mais, en raison peut-être de la distance qui les séparait des observateurs, ces « choses » volaient sans faire aucun bruit.

Les Indiens eurent le sentiment que les hommes étranges étaient renforcés par une troupe importante ou bien, au contraire, qu'ils déménageaient avant la venue des archéologues. Quoi qu'il en soit, ils laissèrent peu de traces de leur passage dans les galeries, mais assez néanmoins pour que l'on soit persuadé que leur existence n'est pas un mythe.

Les Indiens pensent que le « Royaume des Deux Cratères » s'étend sous la montagne et que les issues en sont, pour le moment, hermétiquement fermées.

A Lima, Zizi Ghenea nous a dit qu'à l'intérieur même des grottes et des cratères une petite forêt d'arbres d'une espèce disparue verdoyait, et qu'elle était peuplée d'animaux *vivants* de l'époque tertiaire.

Ce qui est curieux dans cette histoire, où la légende se mêle étroitement à la vérité de quelques faits, c'est le silence inexplicable du gouvernement vénézuélien et le black-out pratiqué sur les comptes rendus de la mission.

La centrale scientifique de Narcisso Genovese

Existe-t-il une corrélation entre le Royaume des Deux Cratères et la Cité souterraine des Andes, *Ciudad subterranea de los Andes* (CSA) dont on parle à mots couverts de Caracas à Santiago ?

Là encore, comme pour les cryptes de von Däniken

et le peuple souterrain de Jaua-Jidi, on ne peut se référer qu'à des rumeurs incontrôlables et aux demi-confidences qu'échangent entre eux les pseudo-initiés aux énigmes extraterrestres !

Pourtant, un journaliste mexicain, Mario Rojas Avendaro, enquêta sur la C.S.A., en rajouta, broda, inventa, et finalement, tout comme von Däniken, révéla d'authentiques secrets en croyant imaginer un roman de science-fiction (1) !

Mario Rojas Avendaro écrivit son récit « à partir des déclarations que lui aurait faites un ex-disciple de Guglielmo Marconi : le physicien, philologue et humaniste Narcisso Genovese, professeur dans un lycée de Basse-Californie ».

Selon N. Genovese, les élèves de Marconi, à la mort de leur maître en 1937, décidèrent de continuer ses études et ses expériences sur l'utilisation de l'énergie solaire ou cosmique, mais en prenant toutes les précautions désirables pour qu'elles ne puissent servir à la guerre ou à des fins criminelles.

Quatre-vingt-dix-huit savants et techniciens de différentes nations auraient formé une société analogue au Comité de Pugwash et se seraient retirés dans une région déserte de la cordillère des Andes (ou de la forêt) où ils vivent isolés et ignorés.

Leur travail consiste à domestiquer les forces électriques de l'espace dans un but pacifique et universel.

La communauté est régie par trois principes de base :

– une seule religion sur la Terre, celle du vrai Dieu ou Intelligence universelle;

– une seule nation : la patrie terrienne;

– une seule politique : paix sur toute la planète et alliance avec les peuples de l'espace.

Pourvue d'importantes ressources monétaires, préle-

(1) C'est en croyant Homère que Schliemann exhuma Troie, c'est en croyant aux Ancêtres Supérieurs que nous avons trouvé la crypte du Dr Cabrera. Jules Verne en faisant partir son obus interplanétaire de Cap Kennedy ne savait pas *dans son conscient* que l'endroit deviendrait, un siècle plus tard, la plus grande plate-forme de lancement de tout le globe !

vées, dit-on, sur le trésor de guerre de Benito Mussolini et sur celui d'Adolf Hitler(1), l'association a construit « dans la selva sud-américaine(2) une cité souterraine mieux équipée en laboratoires, en matériel et en moyens techniques que Cap Kennedy, Kourou, Baïkonour, Saclay ou le CERN de Genève »!

Les Martiens atterrissent

L'avance scientifique de la C.S.A, selon le rapport de N. Genovese, est due à l'aide que lui apportent les peuples de l'espace dont une base se trouve sur la planète Mars. Ces Extraterrestres rendent visite aux savants andins et les ont aidés à construire plusieurs engins spatiaux.

Dès 1946, le centre utilisait déjà un puissant récepteur-collecteur d'énergie cosmique, constituant primordial et essentiel de toute matière dans les théories de Marconi.

N. Genovese assure qu'au premier stade des recherches, les physiciens de la C.S.A. tablèrent sur l'antagonisme matière et antimatière. De nos jours, ils puisent directement l'énergie dans le soleil.

« En 1952, déclare Genovese, nous avons fait des voyages sur toutes les mers et sur tous les continents à bord d'un puissant engin dont l'alimentation était continue et pratiquement inépuisable. Cet engin atteignait une vitesse de 800000 km/h et supportait d'énormes pressions, à la limite de la résistance de l'alliage des métaux qui le constituaient. Le problème était de freiner juste au moment nécessaire. Nous avons eu notre premier contact avec les Extraterrestres venant

(1) Le trésor de guerre de Mussolini, dit Trésor de Dongo, n'a été que partiellement retrouvé par les maquisards italiens. Les trésors du Reich ont été et sont encore utilisés par la 3e Force noire pour préparer l'avènement du Reich futur. Lire *Trésors du Monde, Trésors de France, Trésors de Paris, op. cit.*

(2) Les localisations de la cité souterraine sont contradictoires : sur l'Altiplano (Pérou ?) ou dans la forêt sud-américaine (Amazonie, Brésil ?).

de Mars le 16 décembre 1955, à 17 heures. Nous avions déjà envoyé des signaux lumineux et en ondes courtes. Nous fûmes surpris de voir une formation de cinq appareils qui survolait notre campement(1).

» Aux signaux que nous leur envoyâmes par radio, un des engins fit des manœuvres d'atterrissage tandis que les autres demeuraient suspendus au-dessus de nous, en vigie et en *couverture* éventuelle. L'appareil qui nous contacta était une soucoupe volante. Il irradiait une lumière phosphorescente qui disparaissait quand ses instruments propulseurs s'arrêtaient. Au sol, il prit une couleur marron clair opaque et fantastique. »

Genovese continue son récit en décrivant la soucoupe qui mesurait sept mètres de diamètre et était entourée d'un bourrelet lisse qui tournait dans le sens contraire de la course (il s'agit peut-être d'un effet gyroscopique, mais, dans ce cas, le sens aurait dû être perpendiculaire. C'est peut-être ce qu'a voulu dire le narrateur. A noter également que nous publions une traduction espagnole de notre correspondante de Mexico, Mme G.).

Comme dans beaucoup de relations de cet ordre, les visiteurs extraterrestres sont de taille élevée, ont le visage très pâle, les yeux très bleus (scandinaves, dit Mario Rojas!) et ils sont vêtus de maillots collants, d'une seule pièce et d'une étoffe inconnue!

Bien entendu, ces Extraterrestres avaient le front plus haut que celui des Terriens, plus large et presque « protubérant »!

(1) Cette relation est extrêmement douteuse. La C.S.A. est tantôt une cité secrète, tantôt un « campement ». Les détails techniques scientifiques sont vagues et démontreraient, plutôt qu'une avance, un certain retard sur les techniques européennes et américaines.

Nous publions ces informations sans leur porter crédit autrement qu'en tant que phénomène messianique, prémonitoire et expression d'images-désirs.

Genovese ignore la géographie

La conversation s'engagea par le truchement d'un ordinateur qui « réfléchissait les ondes électriques des cerveaux terriens, transmettant ainsi leurs pensées que les cerveaux mieux organisés des Extraterrestres décodaient naturellement ».

Une mappemonde et un globe céleste servirent d'accessoires utiles pour situer la planète originelle des visiteurs : Mars qui, dans leur langue, avait nom *Loga* (*Dogue* étant le nom de la Terre).

C'est dans cette partie du récit qu'apparaît l'affabulation : Mars serait plus peuplée que la Terre et aurait une importante avance technologique sur nous.

Or, nous pouvons considérer comme certain, après les prospections photographiques de la sonde américaine *Mariner 9,* que la planète Mars est inhabitée, du moins en surface, son sol sableux, balayé par de terribles vents, ne se prêtant à aucune édification de cité!

Le pseudo-Genovese n'en poursuit pas moins sa narration et assure que, désormais, les Martiens et les Terriens échangent des informations scientifiques et des visites en soucoupes volantes, propulsées par l'énergie solaire (moteur ion-solaire ?).

Sur *Loga,* il y a une seule nation, une classe sociale unique et un dieu-univers, dont le nom est *Sundi.*

Tout cela serait merveilleusement encourageant si Genovese, « savant, physicien, philologue et humaniste », ne se révélait piètre géographe en ajoutant que : « Un mois plus tard, le Centre d'études spatiales situé en région andine, dans les forêts tropicales, à 4000 mètres d'altitude, fut visité une seconde fois... »

Or, à en juger d'après nos observations de voyages dans la cordillère des Andes que nous avons parcourue de la frontière du Chili à la région de San Agustin et de Bogota en Colombie; que, de plus, nous avons survolée maintes fois sur toute sa longueur, il n'y a pas de forêt tropicale à 4000 mètres d'altitude, mais seulement des rochers nus ou une végétation rabougrie!

Nous en déduisons que les récits de Genovese et de Mario Rojas sont fantaisistes, mensongers, *même s'ils ne sont pas dénués de fondement.*

La vérité rêvée des menteurs et des messies

Cette appréciation pourrait paraître bizarre et contradictoire si certains éléments ne lui apportaient une sorte de consistance !

Premièrement, nous ne sommes pas loin de croire que la cordillère – le Pérou, pour être plus précis – a des titres particuliers pour être choisie par d'éventuels, possibles, sinon *probables* visiteurs extraplanétaires.

Qu'un journaliste mexicain, avec maladresse, lance les mythes de la cité secrète des Andes, d'un accord fraternel entre les Terriens et les Martiens, de la paix et de la nation intermondiales, et, enfin, du remplacement du vieux dieu barbu et gâteux des Occidentaux par le Dieu-Univers... voilà qui appartient au rêve latent des hommes du xxe siècle et aux images-désirs qu'ils condensent en égrégores pour que, précisément, des médiums tels que von Däniken les recueillent et se croient tenus de jouer le rôle de Messies !

L'étude du phénomène prouve que les Messies, authentiques ou faux, appartiennent à l'histoire vraie, même si elle est occulte ou non encore advenue.

En bref, nous pensons que les « inventions » des littérateurs en mal de trouvailles correspondent à une vérité prémonitoire; que tel était le cas pour la Bibliothèque préhistorique rêvée par von Däniken, et que tel pourrait être le cas pour la cité souterraine des Andes qui succède logiquement à l'antique et périmé Agartha !

Deuxièmement, il est étrange que le journaliste mexicain, incontestablement peu familiarisé avec les sciences, avec la logique et même avec la géographie, ait eu une culture suffisante pour inventer le physicien Genovese, disciple de Guglielmo Marconi.

Car il existe un très authentique mystère Marconi.

L'invention fantastique de Marconi

En 1937, la mort du grand savant italien – due à une angine de poitrine – parut mystérieuse à beaucoup de ses compatriotes.

Marconi fut certainement un des plus grands génies du siècle puisque, grâce à l'éclateur de Hertz, à l'antenne de Popov et au cohéreur de Branly, il réalisa, en 1896, la première émission de télégraphie sans fil.

Ce que l'on sait moins de son œuvre est la découverte de ce que l'on appellerait aujourd'hui le « rayon de la mort », découverte attestée par la veuve même du chef d'Etat italien Benito Mussolini (1).

L'aventure se situe par un bel après-midi de juin 1936, alors que l'épouse du dictateur italien, Rachele, se rendait en voiture à Ostie où elle possédait un petit domaine agricole.

Le matin, son mari, qui était au courant du voyage, lui avait recommandé de se trouver sur la route Rome-Ostie entre 15 heures et 15 h 30.

« Tu verras quelque chose qui t'étonnera », avait-il ajouté en affectant de prendre un air mystérieux !

Rachele, intriguée avait suivi le conseil, et voilà qu'à 15 heures précises, son auto stoppa sans raison apparente. Elle crut d'abord à une simple panne, d'autant que son chauffeur descendit et, après avoir soulevé le capot, se mit à bricoler dans le moteur.

Fait étrange, toutes les autres voitures étaient immobilisées, et des dizaines de conducteurs s'interpellaient, dévissaient des pièces, soufflaient dans des tuyaux, actionnaient les pompes à essence. A perte de vue, aucune auto ne roulait. C'était ahurissant et quelque peu inquiétant.

« Je n'y comprends rien ! grommela le chauffeur de Rachele. Il y a comme un sort qui s'est abattu sur cette route ! »

Après la confidence de son mari, Mme Mussolini

(1) Rachele Mussolini, *Mussolini sans masque*. Propos recueillis par Albert Zarca, Fayard, 1972.

avait ses raisons d'être confiante. Elle haussa les épaules et se contenta de dire que si, à 15 h 30, la voiture ne voulait pas démarrer, ils se feraient dépanner. Alentour, ce n'étaient que jurons ou réflexions dubitatives.

A 15 h 30, Mme Mussolini ordonna de repartir et le moteur ronronna au premier coup de démarreur, à la grande stupéfaction du chauffeur. Les autres véhicules se remirent également en marche, et après une demi-heure de suspense, la vie reprit comme si de rien n'était !

Benito Mussolini, le soir même, donna la clé de l'énigme à son épouse en révélant qu'il s'agissait d'une expérience ultra-secrète à partir d'une invention de Marconi.

Le savant avait trouvé le moyen, par un système de rayons, de perturber tout le circuit électrique des moteurs ce qui, dans l'esprit du Duce, devait assurer à l'Italie une supériorité déterminante en cas de guerre.

Il pensait même que Marconi avait réellement inventé le rayon de la mort, lequel, après quelques études, pourrait être efficace sur les êtres vivants.

Il captait des messages de l'espace !

Assisté du physicien Landini, Marconi, en mars 1930, avait fait des expériences de nature identique à bord de son yacht *Electra* équipé en navire-laboratoire.

On dit qu'à cette date il aurait réussi, depuis Gênes, à envoyer des trains d'ondes jusqu'en Australie où les lampes électriques s'allumèrent sans raison décelable pour les non-initiés.

Le pape Pie XI, mis au courant de l'invention des ondes paralysantes de 1936, aurait intrigué auprès du Duce pour que Marconi cessât de travailler à de telles recherches jugées sataniques et détruisît tout le dossier les concernant.

Un an après ces événements, le savant mourait de façon que beaucoup d'intimes disent être peu claire, mais on doit penser que ses proches collaborateurs étaient au courant de ses travaux et qu'ils possédaient un double du dossier.

Sans doute, en corrélation avec cette ténébreuse affaire, peut-on avancer que Marconi s'intéressait vivement au problème des civilisations extraterrestres et assurait avoir capté des signaux, sinon des messages en provenance d'un peuple de l'espace(1).

Il est curieux de constater que le journaliste mexicain auteur de l'article sur la cité secrète des Andes, qui nous paraît absolument ignorant des questions scientifiques, ait eu l'astuce de mêler un disciple de Marconi à une relation qui, par ailleurs, ne semble pas devoir mériter le moindre crédit.

De plus, ces récits ou légendes courent avec persistance en Amérique du Sud depuis de nombreuses années et peuvent, par certains côtés, se rattacher au mystère du « Royaume des deux cratères ».

Narcisso Genovese prétend que les Extraterrestres s'intéressent à la politique des Terriens depuis 1917, et que plusieurs d'entre eux vivent parmi nous.

Ces visiteurs discrets éprouveraient de grandes difficultés à s'accoutumer à notre atmosphère, ce qui expliquerait leur choix de l'Altiplano où l'air est moins dense que dans les vallées.

Genovese conte par le menu un voyage qu'il fit à la planète Mars, cite des noms de savants de la C.S.A. et de la centrale martienne mais, bien entendu, aucune de ses assertions n'est contrôlable !

Par contre, il est hors de doute que ses descriptions de la vie et de la civilisation sur le sol même de la planète Mars sont en contradiction formelle avec les observations et les photographies envoyées par les sondes spatiales américaines.

Les dessins et les explications pseudo-scientifiques qui illustrent les articles de Mario Rojas ne sont pas

(1) Le journal anglais *The Times* a publié en 1973 le témoignage de Mme Matilda Millo di Suvaro, fille de l'amiral italien Millo, ami intime de Marconi, qui aurait confié à l'amiral qu'en 1920 il avait capté des messages venant du cosmos, probablement de la planète Mars. Rapporté par Jacques Bergier dans *Nostradamus,* nº 61 du 7 juin 1973.

non plus admissibles par les spécialistes de l'astronautique.

Voilà tout ce que l'on peut dire sur les traditions des Andes, et sur leur bien-fondé. Certes, il faut être très réticent, sinon incrédule, sur la véracité des faits, mais attentif à un phénomène, sans doute de nature psychopathique, qui pourrait avoir un caractère prémonitoire habituel à ces sortes de divagations.

Bélébat, Ys et la mystérieuse ville de Brion

En France même, la Terre a de bienveillantes attentions envers les chercheurs, comme si elle ne répugnait plus à livrer ses secrets.

Près de Saint-Vincent-sur-Jard, en Vendée, les archéologues sauvages commencent à s'intéresser à l'ancienne ville disparue de Bélébat qui se situait entre le musée Clemenceau et Raniette, à l'extrémité du chemin dit de Bélébat.

Selon le chroniqueur local Cyrille Delaire, les ruines seraient ensablées au fond de l'ancien estuaire de la rivière de Raniette, dont l'amont est comblé.

Ce serait la *Becciacum* gallo-romaine, encore visible au IIIe siècle puisque Dom Chamard, dans l'*Histoire écclésiastique du Poitou,* conte que quarante jeunes chrétiens y furent martyrisés en l'an 203.

Becciacum entourait un oppidum gaulois et rappelle l'antique *Mediolanum* de Châtelaillon (*medio* = milieu, *lanum* = terre sainte), qui était un champ sacré.

Mediolanum est maintenant en pleine mer, entre la pointe de Châtelaillon, Fouras et l'île d'Aix, mais elle a été rongée par la mer.

Sur le rocher des *Mannes,* s'érigeait jadis la ville de Montmélian, dont certaines ruines émergent encore lors des grandes marées.

La *Ville d'Ys,* d'après certaines traditions, serait soit

dans la baie de Douarnenez, soit au fond de l'étang de Laoual à Cléden-Cap-Sizun.

Des scaphandriers, au siècle dernier, ont formellement attesté qu'ils avaient vu et exploré les rues d'une vieille cité engloutie au fond de la baie : « On pouvait, disaient-ils, se promener dans les rues encore marquées par des pans de murs écroulés; on y retrouvait des allées d'arbres reconnaissables par la base noircie des troncs. Un escalier encore très élevé descendait à une dizaine de brasses à partir du fond. »

Les pêcheurs de Douarnenez connaissent, non loin du port, l'*Ar Bern Last* (le tas de lest), sorte de muraille immergée qui serait un vestige d'Ys.

En 1972, des écoliers de Kerlaz ont mis au jour, lors d'une marée basse, à Trez Malaouen, un pilier de pierre et de nombreux troncs d'arbres qui accréditent, à cet endroit, l'existence d'une cité engloutie.

D'après les renseignements recueillis par notre ami et correspondant M. André Urcun, les gens du pays situent le *Moguer Ker a Ys* (mur du village d'Ys) à Trouguer, soit dans l'ancien camp romain, soit dans le village.

D'autres traditions ou légendes parlent d'une ville engloutie dans l'*étier* (canal) ou étang de Langon (Gironde). A vingt mètres du tunnel de Corbinières, un souterrain s'enfonce et irait jusqu'à Langon.

Ce serait la « mystérieuse ville de Brion ».

Trouvera-t-on un jour ces cités englouties ou enterrées qui hantent les imaginations et qui – sait-on jamais ? – recèlent peut-être encore les archives d'un monde oublié ?

Un cataclysme les fera-t-il revenir en surface ? Nul ne saurait le dire, mais, pour sa part, le plongeur marseillais Pierre Vogel croit aux civilisations disparues et sa foi est étayée par une sensationnelle découverte qu'il vient de faire en Méditerranée à quelques milles marins de la vieille cité phocéenne.

Pierre Vogel trouve une cité engloutie

Passionné d'aventures sous-marines, Pierre Vogel a fondé à Marseille, sur le port, à l'enseigne du « Vieux Plongeur », un magasin d'articles de plongée. Autant poisson qu'homme, il passe toutes ses heures de loisirs au fond de la mer, entre Marseille et Cassis, à moins que ce ne soit du côté de Carro ou de Carry-le-Rouet. Personne ne connaît aussi bien que lui les bas-fonds de la région marseillaise !

Or, un jour qu'il « croisait » dans les huit kilomètres séparant l'île Maire de l'île du Planier, Pierre Vogel passa juste au-dessus du Veyron, une sorte de bas-fond de 13 mètres, bien connu des chasseurs de mérous et redouté des navigateurs.

« La mer est très dure sur le Veyron, disent les manuels de marine. Il convient lorsqu'on navigue dans l'E de Planier de ne pas l'approcher à plus d'un mille et demi avec un grand navire. »

Véritable fromage de gruyère, ce bas-fond est truffé de cavernes reliées les unes aux autres formant un plan ordonné à partir des anfractuosités naturelles.

C'était peut-être la centième fois que Pierre Vogel descendait à cet endroit par il ne savait quel appel magique, mais, ce jour-là, il sut pour de bon.

Et l'illumination qui venait de le frapper n'était que la résultante de toute une série d'observations et d'études minutieuses. A n'en pas douter, le Veyron était une cité engloutie !

« Dès mes premières plongées. j'ai été frappé par la disposition des tunnels qui couvrent la totalité du plateau », nous a-t-il déclaré.

Plusieurs anomalies ne pouvaient s'expliquer que par le travail de l'homme, en particulier le système, à vaste carrefour central, de galeries qui, par ailleurs, se coupent à angle droit. Leurs voûtes sont parfaitement rectilignes et parfois, dans cette cité sous-marine, on trouve des salles annexes, taillées en demi-sphère et surmontées d'une cheminée cylindrique qui émerge de trois à six mètres, après avoir traversé le plafond rocheux. Le site entier s'étale sur près de 10000 m^2.

Bref, après avoir effectué des prélèvements minéralogiques, Pierre Vogel a acquis la certitude que le Veyron était, effectivement, une très ancienne ville préhistorique où l'on fabriquait du fer et de la fonte.

Les salles semi-sphériques étaient des fours commandés par des galeries au bout desquelles on trouvait les inévitables dépôts de scories habituels aux entreprises sidérurgiques.

Les murs des tunnels, auscultés au marteau, puis expertisés par des minéralogistes, révélèrent une teneur en fonte qui ne pouvait s'expliquer que par des coulées de métal en fusion.

Une partie de la cité, à l'ouest, était une usine. A l'est par contre, on ne trouvait plus de fours et de cheminées, mais simplement des tunnels où avaient été taillées des ancres, dans une roche noire introuvable alentour.

Peut-être la Basilea d'Homère

« La zone du littoral, nous a dit Pierre Vogel, est riche en grottes sous-marines, situées à plus de vingt mètres sous les eaux, qui ont été officiellement reconnues par les préhistoriens.

» C'est le cas, par exemple, de la grotte des Tremies à Port-Miou, habitée il y a moins de trente mille ans, puis qui fut submergée par une brutale montée de la mer.

» En résumé, voici comment j'ai fait le point sur le problème : il y a trente mille ans, des hommes habitaient une île située à 6 km de la côte la plus proche, et à environ huit cents mètres d'un massif rocheux d'où subsiste le récif de Planier. Ces hommes préhistoriques travaillaient le fer et des pierres qui provenaient de carrières éloignées de 350 km (aux environs de Collioure).

» Sans en avoir la preuve, j'ai appelé ma découverte : *civilisation de Basilea*, par analogie avec la Basilea des récits d'Homère(1). »

Le Pr Valentine, l'un des experts des vestiges engloutis de Bimini (USA), s'intéresse à « Basilea » et a la certitude que des mondes anciens ont été engloutis à plusieurs reprises, ce qui est une opinion repoussée par nombre de préhistoriens officiels, mais partagée par la totalité des archéologues sauvages et des traditionalistes.

Le professeur à l'université de Marseille, Henri de Lumley, a déclaré, qu'il y a 300000 ans, la Méditerranée était plus haute que de nos jours de 26 mètres, avec une température plus basse de deux degrés.

Plus tard, et en plusieurs fois, la Méditerranée subit des séismes et des convulsions géologiques qui tantôt abaissaient son niveau, tantôt l'élevaient.

Avec une certaine précision, on sait par le matériel trouvé à Port-Miou, qu'en Méditerranée les fonds de trente mètres environ étaient des terres émergées il y a trente mille ans.

Logiquement, on devrait situer la « Basilea » de Pierre Vogel à la même époque, ce qui ferait remonter à quelque 27000 années l'Age du fer que les manuels scolaires n'ont pas honte de dater à 1500 av. J.-C. !

Si la cité engloutie du Veyron était reconnue officiellement, la France partagerait alors avec l'Arménie soviétique (Medzamor) et la cordillère des Andes, le privilège d'avoir connu les premiers âges du fer.

En attendant, bien entendu, que d'autres trouvailles nous apportent de nouvelles preuves des erreurs de notre préhistoire et de l'authenticité de l'existence de nos Ancêtres Supérieurs.

(1) Homère parle, dans l'*Odyssée,* d'une cité gréco-pélasgique bâtie sur une île proche du rivage, où les forgerons de Vulcain, les cyclopes à œil unique, forgeaient le métal dans des grottes.

Les rochers gravés des Deux-Sèvres

Le site de la Vaulx, dans les Deux-Sèvres, n'est pas à proprement parler une trouvaille, mais plutôt la preuve de la négligence de nos pontifes. Qui a entendu parler des rochers sculptés de La Vaulx?

Qui a vu les six plus belles pierres envoyées au début de ce siècle dans les oubliettes du musée de Saint-Germain-en-Laye?

Pourtant, sur le plan archéologique, La Vaulx ne le cède en importance ni à Carnac, ni à Filitosa, ni au mont Bego, et il les surpasse en valeur artistique.

Le site fut découvert vers 1850 par le marquis de la Bretesche qui le signala – sans succès – à M. Parenteau, directeur du musée archéologique de Nantes, et c'est le bon abbé Théophile Gabard, curé de Saint-Aubin-de-Baubigné qui, le premier, en reconnut le grand intérêt aux environs de l'année 1905. Il fit des copies des gravures et, en 1908, écrivit ce qu'il savait sur le sujet.

Le petit bourg de Saint-Aubin-de-Baubigné est situé entre Cholet et Bressuire. La Vaulx est à environ deux kilomètres du bourg, en prenant la route des Aubiers. Dans cette campagne verdoyante et mollement montueuse du Bocage, les rochers de granit du jurassique laissent émerger çà et là leurs dos ronds et gris dans les prés et dans les brandes.

C'est sans doute cette particularité et le lissé du support qui incitèrent de lointains ancêtres à y graver l'essentiel de leurs connaissances : la femme, amante ou *Mater,* les étoiles et les symboles de leur religion païenne.

Ces gravures rupestres appartiennent au même type de civilisation que celles de Cachão do Algarve (Portugal), de Vallecamonica (Italie) et du mont Bego (Alpes-Maritimes), mais elles sont nettement plus élaborées, ce qui ne prouve nullement qu'elles soient moins anciennes.

Au siècle dernier, on en attribuait la paternité à un

vieux berger idiot, ce qui ne démontrait guère l'intelligence de ceux qui avançaient cette thèse.

D'après des rapports anciens, de nombreuses pierres portant des dessins particulièrement compliqués et savants ont disparu au cours du siècle dernier. Il resterait, de nos jours, environ cinquante rochers et deux cents gravures.

Le préhistorien Louis Capitan, celui-là même qui torpilla le site de Glozel, évaluait à quatre ou cinq siècles avant notre ère l'ancienneté de la civilisation de La Vaulx.

Personnellement, nous penchons pour 5000 ans au moins (mégalithique européen = 3200-25000 av. J.-C.) et plutôt 6000 à 7000 ans (mégalithique ancien ou néolithique).

La « Dame de La Vaulx »

Chaque dessin porte en soi une qualité artistique rare, une sûreté de trait qui n'appartient qu'aux graveurs des époques préhistoriques.

Le plus beau de tous, bien que ne stylisant, en fait, qu'une silhouette anonyme est la « Dame de La Vaulx » éblouissante d'élégance et de suggestivité.

Comme pour ajouter à son rayonnement, les lichens l'ont pourvue d'une bouche au sourire éclatant, d'un paréo collant blanc et d'une fleur épanouie, aux couleurs vives, qui semble servir d'attache à la bretelle du tissu.

— Une véritable chanteuse de « caf'conc' », qui semble offrir son corps à deux mains géantes, a remarqué notre ami, l'archéologue Jean Pastré, de Niort !

Souvent, la configuration du rocher, selon la technique habituelle aux graveurs rupestres, a été utilisée pour imaginer les motifs.

On relève plusieurs signes ou symboles : étoile, traits, amandes (losanges arrondis pouvant être des yeux ou des vulves), grands et petits cercles, barres obliques, angles, spirales, cupules, croix, rectangles.

Et aussi des silhouettes humaines et animales.

Un rocher en forme d'autel, portant en fronton un cercle partagé par une verticale et une horizontale, suggère un culte solaire.

L'étoile est peut-être un témoignage d'astrolâtrie mais peut aussi commémorer l'avènement de la comète-planète Vénus, ce qui daterait les gravures à 5000 années.

Il est possible que les grands cercles symbolisent le soleil et les dessins en forme d'amande la lune ou la vulve, néanmoins il est à noter qu'aucun signe phallique ne semble figurer à La Vaulx.

Les traits, presque tous horizontaux, suggèrent plusieurs explications possibles : nombres, jours, années, escaliers, morts, etc.

Souvent, en symbolique, un trait vertical signifie : homme vivant, et un trait horizontal : homme mort ou couché.

Un rocher gravé se trouve sous le parquet d'une chambre de ferme, un autre est incorporé à un mur de toit, un autre encore se trouve au bord du chemin, devant un bâtiment.

La « Dame de La Vaulx », elle, est dans une pradelle (pré naturel attenant à une ferme). Une centaine d'autres rochers disséminés alentour sur une surface de un kilomètre carré environ, sont posés ou pris en terre et pèsent de 500 kilos à plusieurs tonnes.

Comme les civilisations du mont Bego, de Bimini, d'Acambaro et d'Ica, celle de La Vaulx resurgit de son passé nébuleux peut-être pour annoncer et voir la « fin des Temps ».

6

LA SAGA DE SAMIRZA L'EXTRATERRESTRE LA SIERRA DU SILENCE

Si Mario Rojas a eu la prémonition des événements qui devraient se produire autour de l'an 2000, Joan Moricz et von Däniken n'ont fait que s'imprégner de traditions très anciennes bien connues des ésotéristes.

Les bibles en plaquettes d'or

Ceux à qui une simple assertion, surtout si elle est imprimée, suffit pour asseoir une croyance, assurent que les archives du monde ancien sont les mystérieuses plaques d'or du désert de Gobi (1).

Qui trouva ces tablettes ? La genèse de la légende, qui pourtant ne date que du siècle dernier, se perd déjà dans la nuit de l'embrouillamini.

Qui les vit ? Personne !

Rédigées dans une langue inconnue, elles conteraient l'histoire de la Terre de Mu avant le déluge universel et

(1) Des traditions orientales font également mention des « perles » du désert de Gobi que l'on a identifiées à des révélations initiatiques. Néanmoins, et peut-être en relation avec ces traditions, il est intéressant de noter qu'en 1973 une mission archéologique soviéto-mongole a découvert dans ce désert (autrefois une mer) des perles naturelles fossiles vieilles de 100 millions d'années selon la géochronologie. Elles étaient encore « vivantes » et l'on sait que les perles « meurent » après 300 à 400 millions d'années d'âge.

la venue de Maîtres du Monde descendus du ciel. Leurs révélations les plus secrètes ne seront publiées qu'à la fin des Temps !

Désastre ! Ces plaquettes d'or furent transportées dans plusieurs sanctuaires où elles se transmutèrent en cuivre !

La Bible, elle aussi, fut écrite sur des feuilles d'or.

Désastre ! Ces feuilles d'or ont disparu ! Volées, envolées... transportées au ciel peut-être !

L'histoire du monde ancien que Sanchoniathon lut sur les plaques d'or d'un temple égyptien (on a dit aussi : dans des livres) prouve à quel point tout ce qui est précieux doit être rendu durable.

De là, sans doute, l'idée d'écrire sur des feuilles de métal inaltérable !

De là, aussi, le mythe (pas forcément dénué de fondement), de toutes ces relations apocalyptiques léguées à la postérité de façon identique.

Or, il est bien prouvé que pour transmettre un message de haute importance, la pire des erreurs est de l'écrire sur une matière précieuse, inaltérable peut-être, mais convoitable, et assurée de ce fait de finir au plus vite dans le creuset d'un receleur !

Von Däniken n'était pas persuadé de ce destin inéluctable puisqu'il cherchait des « milliers de fines plaquettes d'or » dans le *socabon* fantôme de Joan Moricz ! Mais, peut-être avait-il entendu parler des messages de Gobi ou de l'histoire, assurément beaucoup plus véridique, de la Saga du dieu ailé Samirza Yao-Ha, dit Samirza Rucatl ou bien encore : Mirtcha ou le Grand Ancêtre ?

Le Livre des Fils du Soleil

Notre ami Jimmy Guieu, prince des écrivains de science-fiction, a donné la primeur de cette saga dans un livre excellent qui a fait les délices des amateurs d'insolite et de mystère : *Le Livre du Paranormal* (1).

A n'en pas douter, Jimmy Guieu est un des ésotéristes les plus avertis de notre temps et il est possible que ses livres, *même et surtout ceux traitant de science-fiction,* deviennent, dans les temps futurs, les œuvres prophétiques les mieux fondées du XXe siècle.

Nous considérons Jimmy Guieu comme un authentique écrivain inspiré, un médium et il est bien certain que le mystère va à lui comme l'eau à la mer.

La preuve : la saga du dieu ailé que nous n'aurions pas connue sans sa fraternelle attention.

Or, cette saga (2) qui conte la primhistoire des hommes, était rédigée, à l'origine, sur des feuilles d'or et sa légitime propriétaire, Mlle Lysianne Delsol, de Montaren, a bien voulu nous en donner un résumé.

« J'ignore, écrit Lysianne Delsol, qui apporta cette tradition dans notre famille, mais elle fut transmise fidèlement et nous appartient depuis des temps immémoriaux.

» On m'a conté qu'au départ il s'agissait d'un récit sur plaques d'or, en une langue inconnue qui paraissait numérique et dont il existait alors une traduction exacte. Ces plaques, très minces, reliées entre elles par des anneaux, formaient une sorte de livre appelé *Thor Heliohim* ou *Livre des Fils du Soleil.*

(1) Jimmy Guieu, *Le Livre du Paranormal,* Omnium Littéraire.
Jimmy Guieu, grand prix du Roman de Science-fiction, prix du Roman ésotérique 1969, est un des grands spécialistes mondiaux des OVNI et du problème des Extraterrestres.

(2) *Saga* : mot scandinave signifiant *tradition.* Nom générique des récits anciens et des légendes scandinaves, rédigées pour la plupart en Islande au début de notre ère. Les sagas, considérées par certains comme les bibles de notre Occident, ont été discréditées ou écartées de l'enseignement public par les Conjurations.

» Il fut confisqué par les sbires du Saint-Office, au moment de l'Inquisition.

» Si ce livre a véritablement existé, nul n'a jamais su chez moi ce qu'il était devenu : fondu, détruit, volé ou caché. Le récit était une sorte de poème émanant du demi-dieu Jika ou plus exactement Jimkhy (ou Simchy).

» Jika se traduit, je crois, chez les Hébreux, par *Yekum,* forme ancienne de Jacques qui signifie : « Celui qui est nécessaire » (ou bien, selon le Dr Binet-Sanglé : Ieschou ou Ieschoua = Jésus ou Josué, ou encore Iehôyakim = « Celui que Iahvé établit », Joachim. Le prénom Jacques a pour équivalent en hébreu : Iaäkob ou Jacob = « Celui qui a talonné ». Le dictionnaire dit : Jacob vient du verbe hébreu *âkab :* celui qui tient le talon, qui supplante). »

Les anges étaient des amoureux subtils !

Selon Jimmy Guieu, la saga de l'antique tradition solaire est le développement, prudemment effacé par l'Eglise, du VIe verset de la *Genèse !*

Samirza Rucatl Heliohim, le « dieu venu des étoiles », rappelle en effet étrangement Samyaza qui, dans le *Livre d'Enoch* (chap. III – 3 et 9), est le chef des anges descendus sur la Terre pour faire l'amour avec les belles Terriennes (1).

Comme son quasi-homologue angélique, Samirza apporte aux hommes de notre planète les connaissances supérieures des peuples du ciel, non seulement en technique industrielle, mais aussi en technique amoureuse puisqu'ils firent des Terriennes les « esclaves des enchantements de la chair selon les divines mœurs des Fils du Soleil » !

A ce sujet, Jimmy Guieu avance que les Anges de la Bible – entendez par là : des Extraterrestres – étaient dotés de capacités sexuelles et orgasmiques tout à fait

(1) Nous avons publié de larges extraits du *Livre d'Enoch* dans *Le Livre des Secrets Trahis,* chap. 6, *op. cit.*

exceptionnelles, différentes de celles des Terriens et infiniment supérieures.

Notre ami rappelle que « les Indiennes sud-américaines qui fautèrent avec des Blancs, infiniment plus experts que leurs Indiens d'époux, découvrirent l'orgasme qu'elles ignoraient pratiquement jusque-là ».

Les descendants de Samirza et des Terriennes furent des demi-dieux. Ils firent souche sur notre planète et servirent eux aussi d'Instructeurs, probablement aux Atlantes, aux Egyptiens « et aux peuples vivants au-delà de l'Océan ».

Résurgence du « Livre d'Enoch » ?

Tout cela, qui s'intègre remarquablement dans la ligne des meilleures traditions, évoque, pensons-nous, le rôle de ces Initiateurs (venus de la planète de l'amour : Vénus) qui avaient nom Baal, Viracocha, Quetzalcoatl !

De même, Rucatl Heliohim suggère cet Elohim, pluriel du dieu El, selon la Bible, qui créa la Terre et ses habitants.

Dans cet ordre d'idées, on peut aisément penser que le *Livre des Fils du Soleil* présente une vision de la primhistoire plus détaillée que dans les livres canoniques et analogue à celle du *Livre d'Enoch,* qui raconte en cent cinq chapitres l'histoire des Anges bâclée en neuf lignes dans la Bible !

Donc, Jika, l'auteur de la saga, dernier des demi-dieux, « dernier des plus anciens », conte les aventures de « celui qui était venu des lointaines étoiles pour enseigner les hommes : Samirza ».

« Or, voici, il n'était point reparti vers la terre féconde de ses pères parce qu'il avait obtenu l'amour d'Ophala, fille du Maître de toute la Terre habitée.

» Et voici : Ophala lui donna un fils. Il ne portait point d'ailes comme son glorieux père. Et voici : Samirza le grand initiateur de l'autre race se mêla à la fille des hommes, car voici : elle était belle et *il renia la*

Terre des lointaines régions du ciel et quelques-uns de ses compagnons restèrent avec lui.

» Et voici : il devint le maître de toute la Terre habitée. C'est lui qui fit construire en son temps la grande pyramide portant le temple du Soleil... »

Où était cette grande pyramide supportant un temple? Il ne s'agit pas d'une pyramide d'Egypte, ni de Chine, ni des constructions servant de piédestaux aux temples du Mexique. Il faut donc penser que cette pyramide, qui évoque le style prêté aux Atlantes, fut engloutie lors du Déluge.

Car le Déluge est mentionné dans le *Livre des Fils du Soleil* et aussi la fin de nos temps qui figure dans une prophétie.

La prophétie de Jika

La voix de Jika appela un jour les Fils du Soleil à la résignation.

« Voici que vous allez périr avec nos divines mœurs et nos temples et notre science sacrée. Car voici : la Terre appartient à la race perverse, à ses fils maudits et leurs abominations ébranleront les astres dans les âges de ténèbres. Mais ne craignez point, leur déclin viendra à l'heure marquée, et *les Fils de la lumière prépareront le retour des Fils des Dieux.*

» Alors nous gagnâmes l'autre partie du monde... Alors nous atteignîmes des étendues *belles et fertiles* où les hommes de la race perverse avaient bâti des cités grandioses; leurs mœurs étaient encore divines.

» Et voici : je n'ai point élevé de maison sur le sol lointain. J'ai atteint, par-delà l'océan, une cité royale, aux portes d'or. Là, j'ai établi ma demeure. Là, j'ai vécu parmi les sages de la race inférieure... Alors, vint la grande épouvante sur une partie de la Terre.

» Les royaumes divins s'abîmèrent tous dans les flots en furie et le monde appartint aux fils des ténèbres...

» Et voici : dans le temps où ma vie atteignait sept

cents ans, le Grand Prince vint à moi et m'ordonna de laisser un fils de ma race, consacré à notre science et qui sût lire dans les textes sacrés... Moi, Jika, j'ai obéi (avec la fille du Grand Prince)... j'ai versé dans l'esprit de l'enfant né de mon sang, dédaigné par mon cœur, la science de mes pères. Et voici : j'ai corrompu les textes, je n'ai point livré les secrets... »

La relation du demi-dieu se termine par une prophétie qui laisse entendre qu'après la proche fin du monde qui avoisinera l'an 2000, des peuples de l'espace, des Extraterrestres, reviendront sur la Terre pour recommencer une nouvelle ronde :

« Et voici : je suis à toujours. Et je sais et je porte le secret des mondes, et je laisse à mes descendants la prophétie du demi-dieu qui fut par moi Maître des Maîtres. Et voici : tout ainsi sera pour l'épouvante du monde dans les temps à venir, temps des calamités, *avant que n'approchent du sol en convulsion mes frères les dieux, fils du Soleil-Roi...* Des fortunes inouïes sortiront du sein des eaux. On pillera la nature... Les malades seront soignés au fond des abîmes où de vastes zones de silence absolu sauveront ceux que tourmentera le délire de l'esprit...

» Dieu sera violé en sa prodigieuse puissance, malgré les distances qui se rapprocheront dans l'espace. Et des cataractes énormes submergeront les peuples.

» Cependant, avant que les hommes de demain ne voient s'ouvrir devant eux le gouffre infernal; avant qu'ils entrent eux aussi dans la légende, *les traces des humanités supérieures et premières seront retrouvées jusqu'en leurs plus infimes détails et étudiées au grand jour.*

» L'eau, la terre, les montagnes livreront le secret des races antiques et l'histoire d'un monarque unique : Jika, fils des dieux...

» Cherchez vers le cœur des océans et des mers, sous le sable des terres arides, dans le ventre profond des montagnes, sous les plus hautes pyramides du globe... »

Cherchez le trône des dieux

Enfin, dernier point : le trône des demi-dieux risque d'être découvert au fond d'un océan...

On trouvera dans *Le Livre du Paranormal,* de Jimmy Guieu, le texte intégral de la saga léguée au fil des générations à Lysianne Delsol qui est peut-être une descendante de Jika.

« Je suppose, dit Lysianne Delsol, que la prophétie a été durcie par de nombreuses traductions. La dernière, de l'espagnol au français moderne, fut faite aux environs de 1830 par un érudit musulman, Smaïl Ben Hassan. »

Nous laissons à nos lecteurs le soin d'apprécier et de commenter ces relations que nous reproduisons avec la permission de Mlle Delsol et de Jimmy Guieu. Nous avons jugé que cette publication fragmentaire s'inscrivait naturellement dans le contexte de la grande aventure que vivent les hommes de la fin du XXe siècle : l'annonce de la fin des temps, les prémonitions des archéologues sauvages et les découvertes de documents primhistoriques dont les pierres du docteur Cabrera sont le couronnement fantastique et quasi sacramentel.

Mais il convient aussi de remarquer les étranges coïncidences qui, dans la Bible, le *Livre d'Enoch* et la *Saga de Samirza Rucatl* donnent la certitude que la première civilisation terrestre fut apportée par le peuple des étoiles, thèse que corroborent les découvertes archéologiques contemporaines et le souci qu'ont désormais les gouvernements de se pencher sans parti pris sur le prodigieux problème des OVNI.

La Sierra du Silence, base d'OVNI

Si ceux que préoccupent les mystères du ciel s'intéressaient aux phénomènes véritablement valables et dignes d'études, ils seraient à la fois ahuris et transportés de joie !

Hélas! il faut bien reconnaître que leur attention se porte trop souvent sur des cas inacceptables ou sur des témoignages dont le fourmillement, les contradictions et les invraisemblances font le plus grand tort au problème.

L'ingénieur Harry de la Peña, de Torreon, dans l'Etat de Coahuila au Mexique, et le physicien germano-américain Wernher von Braun, inventeur du V2 et constructeur de la fusée *Jupiter C,* ne s'intéressent guère aux rapports des gendarmes, des automobilistes et des gardes-barrière, mais quand on leur parle de la *Sierra del Silencio,* ils tendent avidement l'oreille!

C'est que des faits étranges se passent dans cette sierra qui appartient au désert de Mopimi, dans le Coahuila, par environ 26° 45' de lat. Nord et 103° 40' de long. Ouest.

En bref, et sans en être sûrs, Harry de la Peña et W. von Braun pensent que la Sierra du Silence pourrait bien être – ou est – la base choisie par des peuples de l'espace pour rendre visite aux Terriens!

Et ce n'est pas là assertion gratuite de journaliste ou de rêveurs d'OVNI, mais observation fondée sur des présomptions et des faits rapportés par l'ingénieur de la Peña lui-même, à notre intention, grâce à l'obligeance de notre collaboratrice, Mme G., de Mexico.

En France, le gouvernement et même certains physiciens du C.N.R.S. croient aux soucoupes volantes et aux incursions d'Extraterrestres sur la Terre avec la légèreté d'esprit propre aux politiciens et aux empiriques.

A leur demande, ou presque, les amateurs de canulars (affaires du Concorde et de l'Ovni des Vosges) leur fabriquent des documents qui n'abusent même pas les soucoupistes, mais en ce qui concerne la Sierra du Silence, il s'agit d'une affaire qui mérite d'être prise en considération comme vous allez en juger puisqu'elle appartient au « Top Secret » américain.

Étranges particularités

Voici l'extrait d'une lettre adressée par le *Centre culturel de la Laguna de Torreon* au Pr Adolfo Orozco Torres, de l'Institut de géophysique de l'université de Mexico, section des « Etudes spéciales » :

« Le lieu auquel nous faisons allusion est situé au nord-est du village de Ceballos (Etat de Durango) et englobe une zone explorée depuis San Jose del Centro et Mohovano jusqu'au parallèle 27, y compris le point de jonction des Etats de Coahuila, Chihuahua et Durango.

» *Phénomènes observés :*

» 1) Dans certaines parties de cette zone, la propagation des ondes hertziennes est difficile et parfois nulle, d'où le nom donné à l'endroit : Sierra ou Zone du Silence.

» Nous avons observé le phénomène avec des appareils récepteurs de haute et de basse fréquences. Cause possible : existence d'un *vertice* (sommet, faisceau) électronique que pourraient engendrer des masses de fer magnétique existant à certaines profondeurs. Ce n'est qu'une hypothèse.

» 2) Fréquentes chutes de météorites dont nous avons recueilli des spécimens.

» 3) Abondance de fossiles dont quelques-uns, selon le docteur Carlos Fernandez, physicien, remontent à plus de 60 millions d'années. On peut les ramasser à fleur de terre dans des secteurs parfaitement définis où l'on trouve aussi des minéraux cristallisés de forme bizarre.

» 4) Fortes et instantanées concentrations d'énergie en forme sporadique qui font supposer qu'il s'agit de rayons cosmiques ou neutroniques.

» 5) Petites plantes du désert à caractères différents de la normale probablement dus à des mutations.

» 6) Le samedi 11 juillet 1970, à 3 h 15 du matin, une fusée nord-américaine du type « Athena » tomba dans le centre de cette région où nous avions commencé à faire nos observations depuis avril 1966. »

La Nasa : base idéale pour Extraterrestres

Cette affaire de fusée sauvage ou déroutée qui, a priori, semble étrangère au mystère, devait, au contraire, le corser davantage et attirer l'attention du gouvernement mexicain jusqu'aux limites de l'incident diplomatique.

C'est que les Etats-Unis, depuis quelques années, s'intéressaient trop particulièrement à la Sierra du Silence !

Le 27 mars 1970, Wernher von Braun, le « père des satellites et des voyages sur la Lune », était venu à Mexico faire des démarches auprès du gouvernement mexicain pour obtenir – sans succès – l'autorisation de construire à Ceballos une base d'observation.

Von Braun visita la sierra pour étudier de près ce qu'il déclara être une « zone de silence », un îlot ou un nœud du temps et de l'espace.

Ceballos et Parral y Allende en Chihuahua furent signalés sur les cartes de la NASA comme étant *l'endroit idéal que choisiraient des visiteurs extraterrestres pour atterrir sur notre planète* (1).

De la même façon que les Terriens déterminent à l'avance le lieu idéal pour poser leurs lems (2) ou leurs sondes sur la Lune, il est logique de supposer que, s'il existe une vie intelligente dans d'autres mondes, les Extraterrestres cherchent sur la Terre le lieu qui leur offre les meilleures garanties de sécurité.

Et voilà qu'une fusée « Athena » lancée de l'Utah à destination de la base militaire de White Sands (Etat *américain* du Nouveau-Mexique) vint *précisément*

(1) Von Braun aurait dit textuellement : « Si j'étais un Extraterrestre, c'est dans la *Sierra del Silencio* que je choisirais d'atterrir si je ne voulais pas être détecté par les radars, par les écouteurs hertziens ni vu par les hommes. »

(2) *Lem :* engin spatial autonome (L.M. = lunar module).

atterrir à l'endroit où les Américains voulaient établir une base d'observation !

Cette fusée était pourvue d'une capsule de cobalt radioactif, *ce qui, évidemment, obligeait les USA à récupérer les dangereux éléments* et à résider un certain temps à Ceballos !

Ils prélèvent 200 000 tonnes de terre !

« Pour nous, déclara un journal de Mexico, il est inadmissible que des techniciens capables d'envoyer des hommes dans la Lune, à 400 000 km de distance, aient perdu le contrôle d'une fusée dont la trajectoire et le combustible sont minutieusement calculés par des cerveaux électroniques.

» Or, non seulement la fusée fut déviée, mais elle se dirigea en sens inverse, ou presque, et alla tomber à 1 200 km de sa destination, *exactement à un endroit interdit aux Américains,* mais où ils voulaient aller quand même !

» Et comment expliquer qu'une fusée *expérimentale* ait été chargée de cobalt radioactif, sinon pour justifier une intervention dans le but de décontaminer toute une région ? »

Et c'est bien ce qui se passa !

Une commission militaire américaine commandée par un colonel et par le capitaine et ingénieur Carlos Bustamante parcourut le terrain pendant vingt-quatre jours recueillant des échantillons variés, enregistrant la zone avec des films à infrarouge et par photographie, selon les directives données par les pilotes Edward Schultz et John Kleland, du Beech B. 50-N. 702 B, qui dirigea l'opération.

Cent cinquante hommes disposés en ligne prélevèrent tous les vingt-cinq mètres des échantillons de toutes sortes.

Le 2 août, environ un mois après l'accident, la fusée était localisée dans une plaine, près du rancho de San Ignacio, d'où elle fut enlevée par le personnel américain *qui emporta également 200000 tonnes de terre* et des échantillons des terrains adjacents.

Plusieurs fois on vit des camions-remorques avec des techniciens qui manipulaient des appareils scientifiques inconnus des Mexicains.

« Il m'est impossible de m'étendre en détail sur toutes les observations bizarres qui ont été faites, nous a déclaré l'ingénieur de la Peña, mais après sept années passées dans le désert de Mopimi, je puis vous assurer que seuls les professeurs de l'université de Guadalajara et de l'Institut technologique du Yucatan ont visité ces lieux sans autre intérêt que celui de leurs études ! »

Tectites et pierres fantastiques

A peu près à la même date – avril 1970 – le journaliste Miguel Angel Ruelas T., du *Siglo de Torreon,* enquêtait dans la *Sierra del Silencio* à l'endroit où les *guijolas* (météorites, tectites) abondent à fleur de terre.

« Ce sont des fragments de météorites tombées il y a plusieurs siècles, écrit M.A. Ruelas. Accompagné par Rosendo Aguilera, qui habite Ceballos, de Caledonio Hernandez, un paysan qui connaît la région comme la paume de sa main, de l'ingénieur Harry de la Peña et du licencié en physique et astrodynamique Robert Contreras Barrios, nous avons enquêté pour rechercher les raisons qui ont poussé les Américains à s'intéresser à cette zone du globe.

» Ce fut une aventure pleine de surprises, à commencer par l'authentification de la zone du silence dans laquelle nos appareils de radio demeurèrent muets... Trente kilomètres plus loin, nous nous trouvâmes enfin dans les *sentiers* des pierres noires.

» De loin, on avait l'impression de voir des fourmis géantes sur une route goudronnée. Nous avons ramassé une quantité de pierres qui étaient trop nombreuses et de formes trop bizarres pour être naturelles. Harry de la Peña trouva une pièce curieuse : longue de 3 cm, d'un diamètre de 1 cm, elle comportait un noyau central pétrifié qui faisait penser à un morceau de câble. »

Les frères Aguilera avaient déjà recueilli, auparavant, des pierres en forme de tête de vis, de câble d'acier avec un nœud, de câble de ligne à haute tension perforé d'un bout à l'autre et d'ustensiles les plus usuels.

Aux environs de Ceballos, on a trouvé de petites sphères en cristal semblables aux « perles d'éther » utilisées par les laboratoires de pharmacie.

Dans toute la région, les animaux sont soumis à d'étranges phénomènes qui, en un autre siècle, eussent paru sataniques. Par exemple, ils perdent le sens de l'orientation; les chiens y sont la proie de terreurs dont on ne comprend pas le mobile; les tortues terrestres quand elles s'aventurent au cœur de la zone se retournent sur le dos et si on les remet sur leurs pattes, elles se renversent de nouveau et restent dans cette position jusqu'à leur mort.

« Les Ovniens sont à nos portes »

Pourquoi la *Sierra del Silencio* est-elle un « trou noir » dans l'espace-temps ? Pourquoi est-elle le point d'impact des météorites ? Mystère.

Werner von Braun, écrit un journal de Mexico, mentionna le 8 février 1969, qu'une sonde russe du type *Vénus* (sans doute *Vénus 6*) se trouvait en un point qui faisait craindre une collision avec un énorme aérolithe.

Les astrophysiciens indiquèrent la position du corps céleste et les techniciens de Baïkonour firent effectuer un virage à la sonde.

Fait étrange : *l'aérolithe fit également un écart dans la direction de la sonde, puis retourna ensuite sur sa route originelle pour tomber à Ceballos !*

Les recherches entreprises par les Mexicains montrèrent que le corps céleste ne s'était pas désintégré à son entrée dans l'atmosphère mais ils observèrent au point d'impact une poudre métallique qui, au microscope, montra une composition énigmatique « comme de sphères creuses qui avant d'éclater avaient dû être remplies d'un certain gaz ».

Enfin, les habitants des villages disséminés dans le désert de Mopimi et de la sierra Mojada assistent, chaque semaine, et toujours la nuit, à des spectacles lumineux qui commencent à les inquiéter sérieusement puisqu'*ils ont requis la protection des forces de la police fédérale.*

Dans la nuit du 14 mars 1973 notamment, les frères Ruben et Juan Hernandez vécurent une singulière aventure.

Ils travaillaient à la mine « La Pietra » en Parral (Chihuahua) quand ils virent dans le ciel une chose ronde comme une boule de feu ou de lumière rougeâtre qui paraissait les observer.

La lumière se rapprocha tant qu'ils prirent peur et donnèrent l'alarme à tout le personnel et à la secrétaire de direction par le moyen de l'interphone.

Un des mineurs déclara que l'objet demeura quelques instants immobile, comme s'il espionnait le mouvement de la mine puisqu'il démarra soudain à une vitesse incroyable *en direction de la Sierra del Silencio.*

Relation banale, comme on peut en enregistrer tous les jours, mais c'est régulièrement que des OVNI lumineux apparaissent de nuit dans le ciel des Etats de Durango, Chihuahua et Coahuila, et *tous disparaissent en direction de la Sierra del Silencio!*

Ce qui a fait écrire aux journalistes de *El Mexicano* de Ciudad Juarez : « Les Ovniens sont à nos portes. »

C'est aller vite dans les conclusions, mais le néologisme *Ovniens,* bien que n'ayant aucune signification logique, risque de perdurer pour désigner les éventuels et énigmatiques occupants de ces objets volants non identifiés qui viennent de lointaines contrées stellaires pour nous intriguer et jouer avec nos nerfs.

Existe-t-il une base d'Ovniens dans la *Sierra del Silencio?*

« Nous n'en avons pas la preuve, disent les Mexicains, mais les Américains le savent bien, eux! »

Bientôt l'an I du Verseau

En effet, il est curieux que tant d'incidents se produisent dans le triangle Torreon-Parral-Monclava que les USA désiraient louer au Mexique! Mais ce n'est pas tout!

Comme nous l'avons déjà rapporté(1), c'est dans cette région que l'on a découvert, gravées sur les rochers, des images de personnages vêtus comme des scaphandriers ou des cosmonautes (entre San Pedro et las Colonias de Saltillo) et des tombes où des géants de 2,50 m à cheveux blonds et de race non terrestre, pense-t-on, avaient été inhumés à une date extrêmement ancienne.

Un cataclysme s'est-il produit jadis dans le désert de Mopimi, comme les traditions en font mention pour Death Valley et le désert de Gobi?

On serait tenté de le croire, car tout se passe comme si d'antiques habitants de la sierra, jadis, sur une autre planète, connaissaient l'existence du « trou noir » mexicain et y revenaient clandestinement.

Au Mexique, beaucoup de gens sont persuadés que des Extraterrestres fréquentent la *Sierra del Silencio,* qu'ils ont des contacts avec la NASA et le Pentagone et que le jour est proche où, sur le sol mexicain, une rencontre officielle aura lieu entre Terriens et Peuples de l'Espace!

C'est peut-être brûler les étapes, mais on peut penser que cet événement, aujourd'hui peu croyable, s'inscrira dans l'histoire future pour marquer le début de la nouvelle ère.

L'an I de l'ère du Verseau.

En tout cas, depuis 1973, on peut noter que la plupart des gouvernements du monde envisagent la visite d'Extraterrestres et ont créé, dans leurs ministères de l'Aéronautique et de la Recherche, des sections spécialement chargées de préparer une éventuelle rencontre.

Ce n'est pas là une preuve de grand sérieux, dira-t-on,

(1) Dans *Le Livre du Passé Mystérieux,* chap. 23, *op. cit.*

puisque, parallèlement, la plupart des gouvernements de la Terre sont représentés au Vatican et chez les sorciers d'Afrique et de Papouasie !

A moins – et c'est bien possible – que les Anges, les chérubins et les hommes volants aient des dénominateurs communs avec nos frères des planètes lointaines !

7

LA NAZCA VUE DU CIEL

Vue du ciel, la Nazca est fantastique, gigantesque et affolante : des dessins, des figures géométriques sillonnent la pampa avec une densité incroyable et sur une distance de cent kilomètres.

En fait, ces tracés mystérieux, que l'on appelle des *pistas* dans les pays de langue espagnole, les astronautes et les aviateurs peuvent en voir depuis l'équateur jusqu'au delà des tropiques, c'est-à-dire de Guayaquil à Santiago, tout le long de la cordillère des Andes.

Une amie péruvienne, Mme Anne Bridget B., d'Ilo, en signale au Chili où la silhouette d'un géant de 100 mètres de longueur a été dessinée sur le sol; au sud d'Arequipa, dans la région de Moquegua et dans le désert de Tarapaca. On en a aussi trouvé autour de Cuzco, vers le lac Titicaca et entre Santiago et Antofagasta(1).

Et pas seulement des *pistas,* des représentations de personnages, de fleurs, d'animaux, mais aussi des des-

(1) Ces tracés terrestres destinés à être vus d'un sommet de colline ou du ciel par avion ne sont pas rares sur le globe. Dans la vallée de Glastonbury en Angleterre, un gigantesque zodiaque a été dessiné sur le sol. La forme ailée d'un ancien temple, sur les rivages de l'Humler, peut être discernée en vue cavalière et dans les *downs* du Dorset de nombreux chevaux blancs mis en évidence par débroussaillement sont l'œuvre d'un ancien peuple peu ou pas connu. On voit aussi quelques *pistas* dans l'île de Malte, dans le Sahara, et des silhouettes d'hommes géants, tracées avec des pierres, dans le désert de Mohave, en Californie.

sins beaucoup plus énigmatiques, des théâtres immenses, mystérieux, et une grande muraille analogue à celle de Chine.

Le sphinx sur la route du Pérou

« Ce n'est tout de même pas le Pérou ! » Depuis quatre siècles, ce dicton est entré dans le langage des peuples pour signifier « ce n'est tout de même pas aussi mirifique et riche que le Pérou ! »

Etrange coïncidence ou merveilleuse intuition ?

Sans que l'on sache trop pourquoi, le Pérou est devenu, pour tous les hommes, une sorte d'univers singulier égaré sur notre globe mais n'ayant jamais eu les mêmes lois, les mêmes peuples, les mêmes civilisations que les autres pays.

L'or ? Oui, bien sûr, il y a eu l'or des conquistadores, mais en quantité infiniment moindre qu'on le suppose : 754 tonnes seulement de 1493 à 1600. Il y a eu les Incas, le culte du Soleil et les dieux vénusiens; il y a eu des légendes, une mythologie fascinante, mais il y a eu aussi autre chose : une sorte d'appel, de devinette, de clin d'œil que le Pérou adressait à tous les esprits curieux.

C'est comme si, sur les routes de Lima, de Cuzco, d'Ica, d'Arequipa et de Trujillo, comme sur la route de Thèbes au temps d'Œdipe, un sphinx proposait son énigme :

« Qu'est-ce que tu crois pouvoir découvrir ici ? »

La réponse a été donnée par deux hommes de génie, Francisco Pizarro et le Dr Cabrera. Il fallait répondre :

« Tout ! L'histoire secrète de l'humanité, les mystères du cosmos, l'or, les poisons, le fanatisme religieux, les archives des hommes de la Terre et des anges du ciel. »

Le monde est-il né à Ica comme le prétend le Dr Cabrera ?

C'est possible, mais ce qui est sûr, c'est que la plus ancienne civilisation connue actuellement a vu le jour sur la cordillère des Andes.

Et ce que l'on croit pouvoir deviner est plus fantastique encore : cette civilisation venait du ciel et fut apportée par des peuples du cosmos.

La preuve en est gravée dans la pampa de Nazca.

Paul Kosok découvre les « pistas »

Ce que l'on appelle pampa au Pérou n'a rien de commun avec les steppes et les savanes définies par nos dictionnaires. De Lima à Arequipa, les pampas sont d'immenses étendues désolées de sable et de pierraille ravinées à la courte saison des pluies, de véritables déserts sans le moindre brin d'herbe, sans oiseaux, sans faune d'aucune sorte.

Pourtant, parfois, un condor des Andes survole ces solitudes, attentif à on ne sait quel spectacle que ne peuvent déceler les hommes.

Les dessins des *pistas* sont disséminés principalement entre le Pacifique et la cordillère dans les pampas de Villacuri au sud de Pisco, de Los Castillos, de Huayuri, de Colorada et de Los Corados entre Ica et Nazca.

Le centre à grande densité se situe entre Palpa et Nazca, à proximité du rio Ingenio, vers le kilomètre 436 de la route Panaméricaine qui longe, à distance respectueuse, l'océan ou mer Ténébreuse des Anciens.

Mais des *pistas,* il y en a des multitudes, des dizaines de milliers jusqu'au Chili et ailleurs encore où elles restent à découvrir.

Les conquistadores ne les ont jamais vues, encore que le chroniqueur Francisco Hernandez fasse évasivement mention de grandes lignes tracées sur le sol de la cordillère, mais il n'en parle que par ouï-dire.

Le savant américain Paul Kosok, de l'université de Long Island, fut le premier, en 1939, à étudier systématiquement les tracés, en compagnie de son assistant John Harward.

L'archéologue allemande Mme Maria Reiche, de l'université de Hambourg, lui succéda vers 1948 et publia en anglais un petit livre illustré où elle résumait le résultat de ses observations.

Le service photographique du ministère de l'Air du Pérou effectua par la suite un relevé précis des dessins et *Skylab 2* eut entre autres missions celle de photographier à très haute altitude « l'aérodrome des astronautes antiques ».

En 1968, pour la première fois – notre second voyage ayant eu lieu en 1973 – nous avons survolé la Nazca, filmant et photographiant les dessins à basse altitude.

Notre film, rapporté en France après bien des péripéties et des périls, fut refusé par le Service des Programmes de l'ex-ORTF : il n'intéressait pas les responsables de notre télévision que dirigeait alors M. André Astoux.

Vous pensez ! Il fallait bien laisser une place, et même toutes les heures d'émission, aux chanteurs yéyés, aux feuilletons-navets et aux pâtisseries écœurantes des « promoteurs » de dramatiques !

Pourtant, en 1973, l'ex-ORTF montra une courte séquence des *pistas,* mais avec un film allemand inspiré d'un livre qui lui-même était le reflet de nos propres découvertes.

C'était déjà une victoire !

Base pour voyages en outre-monde

En fait, les aviateurs de la base militaire de Pisco avaient vu ces *pistas* depuis longtemps, mais sans leur attacher la moindre importance.

Au Pérou comme ailleurs, l'archéologie est un métier, non une vocation, et nous déplorons pour ce pays que nous aimons comme une seconde patrie que les plus belles découvertes aient été dues à des étrangers, à commencer par Hiram Bingham, un professeur américain de l'université de Yale qui retrouva Machu Picchu.

Pour survoler le site, il convient d'abord de faire une escale à l'hôtel Paracas, perdu en bordure d'océan à 8 km au sud de Pisco.

En face de l'hôtel, à une dizaine de kilomètres en coupant par la mer, se dresse *el Candelabro de los Andes,* le Chandelier des Andes, énigmatique tracé, terminé, à ses deux branches latérales, par deux dessins en forme de salamandre ou de saurien.

A Paracas même, on visite un musée où sont présentées des momies (1) et des poteries célèbres et la route, en descendant vers le Chili, mène aux émerveillements des pampas.

Enfin, à Pisco, il y a un aérodrome, c'est-à-dire une possibilité de louer un petit avion pour aller survoler les *pistas.* Ce n'est pourtant pas une entreprise de tout repos. Si l'on demande une autorisation officielle, il faut compter avec les paperasseries, les lenteurs et contraintes administratives, être accompagné d'un officier de surveillance, l'aérodrome de Pisco étant une base militaire. Le plus simple est encore de louer un piper-cub à la base même.

Le condor et l'homme au lama

C'était un lieutenant qui, en 1968, pilotait notre piper-cub, et un capitaine en 1973; deux excellents techniciens pour qui le survol de la pampa est une affaire de routine.

En 1968, nous avions été surpris par une tempête soudaine comme il s'en élève fréquemment, l'après-midi, dans les Andes. Le retour s'effectua en catastrophe.

Nous avions tout de même pu reconnaître et filmer dans la pampa de Villacuri des dessins peu connus et d'une facture différente de ceux de la Nazca. Ils repré-

(1) Rectification : en 1968, le musée de Paracas possédait les plus belles momies du Pérou. En 1974, il n'en restait plus une seule! Envolées!

sentent un homme avec un lama et un grand condor aux ailes déployées.

Il eût été intéressant d'aller les examiner sur place mais le désert ne comporte ni chemin, ni piste, à part la route Panaméricaine très éloignée, et la localisation eût sans doute demandé plusieurs jours.

C'est évidemment dommage, car les deux figures appartiennent à une époque et à une civilisation autres que celles des *pistas*.

A vrai dire, on ne sait pas très bien si le personnage conduit un lama ou une autre bête, dont la queue longue et très volumineuse fait plutôt penser à un

A gauche : le condor. A droite : l'homme et le lama. Au centre : représentations à demi effacées d'animaux que l'on présume être des chameaux.

Photo Servicio Aerofotografico Nacional del Peru

de ces sauriens qui sont gravés sur les pierres du Dr Cabrera.

De plus, le dessin n'est pas fait de lignes blanches sur fond sombre, comme sur la Nazca, mais, au contraire, d'un fond clair sur lequel se détachent les masses plus sombres du corps.

Nous pensons que la surface jouant le rôle de support a été « balayée » et que des cailloux ou morceaux de roches de couleur brun foncé ont été amassés pour constituer le dessin lui-même qui ressemble en quelque sorte à un bas-relief.

L'homme est stylisé de façon sommaire et l'animal plus rudimentairement encore.

Le condor, ou l'oiseau à grandes ailes déployées, forme une masse plus harmonieuse.

Alentour, et notamment entre les deux sujets principaux, on distingue d'autres dessins, de même composition, mais qui sont difficiles à identifier.

Il s'agit peut-être d'animaux et d'une écriture qui mériteraient l'attention des services officiels du Pérou.

Très approximativement, nous localisons le site entre 30 et 40 km au sud-sud-est de Pisco.

« Lineas » et « pistas » dans toutes les directions

Notre reconnaissance de 1973, à bord du piper OB-1-877 fut une répétition plus approfondie du vol de 1968.

En droite ligne, Pisco est à 160 km du rio Ingenio qui est le cœur de la zone archéologique, soit à près d'une heure de l'aérodrome.

Nous avons d'abord survolé l'importante ville d'Ica, la pampa de Huayuri, la petite cité de Palpa, avant d'arriver à une profonde vallée où coule le fleuve Ingenio, affluent du rio Grande.

Avant le franchissement de la vallée, sur le versant nord, on voit de magnifiques *pistas* en forme d'ailes (longs triangles très fermés) qui se croisent vers leurs pointes comme pour annoncer le site.

Leur direction, ouest (base) – est (sommet) peut avoir une signification si, comme le croit et l'affirme le professeur Kosok, la Nazca est un immense calendrier astrologique.

Le versant sud, très abrupt, donne directement accès à la pampa Colorada qui est la zone des dessins.

C'est là, juste après la vallée, que commencent les grandes *lineas* (lignes) qui, *dans toutes les directions,* escaladant ou dévalant pentes, ravins, montagnes et *barrancos,* vont se perdre à l'horizon, selon un tracé rigoureusement rectiligne.

Même d'avion, et de 1000 à 2000 mètres d'altitude, on ne distingue pas, généralement, la fin de ces lignes, le commencement étant pour nous le bord de la vallée du rio Ingenio.

Pourtant de nombreuses *lineas* aboutissent à des *pistas* (1), ou bien, plus rarement, à un centre commun d'où elles rayonnent comme les rais d'une charrette ou les rayons d'un soleil.

Des *lineas,* on en voit des milliers et des milliers de différentes longueurs, pas plus larges, semble-t-il, qu'un sillon de laboureur et allant dans toutes les orientations possibles, nord-sud, ouest-est et dans les directions intermédiaires.

Il n'est pas question, sans faire montre d'arbitraire, de donner une primauté à telle direction plutôt qu'à une autre, à telle *pista* plutôt qu'à telle autre.

Néanmoins, il existe des *lineas* particulièrement longues et des *pistas* de largeurs différentes, allant de 3 mètres à 100 mètres et davantage.

Cette multitude, cet enchevêtrement, cette confusion dans un agencement qui, *malgré tout, paraît être ordonné* sont les dominantes qui frappent d'abord l'observateur aérien.

(1) Nous appelons : *lineas* les lignes ressemblant à un long sillon et *pistas* les surfaces claires en forme de pistes d'atterrissage, de forme rectangulaire ou triangulaire, mais toujours dix fois plus allongées que larges.

Un terrain d'atterrissage préhistorique

Il est bon et nécessaire, dans un premier temps, d'exprimer sans les analyser les sentiments qui envahissent l'esprit devant le spectacle insolite que présente la Nazca.

D'abord, on remarque des *lineas* et des *pistas* qui s'entrecroisent, ensuite on a l'impression difficilement définissable que l'on survole un terrain d'atterrissage, une sorte d'Orly baroque où l'on aurait construit de grandes pistes pour les gros avions et des petites pour les appareils de tourisme ou le va-et-vient de chaque instant.

Et avec quel génie de la géométrie !

Tout est *impeccable,* tiré au cordeau, parfaitement triangulaire ou rectangulaire et, même si l'on distingue quelques rares arrondis, ils sont tracés avec une savante maîtrise d'où il ressort que le désordre n'est qu'apparent. Il nous est incompréhensible certes, mais pour certains cerveaux conditionnés autrement que les nôtres, il devait avoir une explication, une logique.

Les hommes qui ont tracé la Nazca ne pouvaient pas être des architectes négligents, désordonnés, mais au contraire des mathématiciens éclairés, possédant au plus haut degré la géométrie, les angles, les chiffres, et des réalisateurs de talent, capables de s'aventurer techniquement dans des complications, des labyrinthes, bref, dans des dessins dont ils perdaient le fil visuel à mesure qu'ils les traçaient mais dont ils gardaient la représentation intégrale dans leur mémoire.

Nous revenons ainsi aux thèses du Pr Otto Klineberg selon lesquelles les Hopis de l'Arizona sont plus doués que les Occidentaux pour la physique relativiste et les mathématiques abstraites.

Partant de ce principe, il est bien évident que notre cerveau et que nos démarches intellectuelles se prêtent mal à l'explication du mystère de la Nazca.

En somme, ces *lineas* et ces *pistas* ne peuvent être

comprises que par les Aymaras ou les Quichuas descendant des antiques constructeurs.

Si l'on utilise ce qui subsiste de leur legs chromosomique, ils doivent pouvoir donner une explication. Mais saurons-nous l'accepter ?

L'araignée, la spirale et le singe

Nous voici donc survolant la Nazca à bord d'un piper-cub et nos yeux à peine rassasiés de *pistas* attendent les *grabados* qui sont, pourrait-on dire, les dessins illustrant une grande page d'écriture secrète.

Le premier que l'on voit, en bordure de la Panam est l'araignée, longue de 46 mètres, remarquablement stylisée à partir d'une espèce dont l'abdomen, moins important que le thorax, laisserait croire à une origine préhistorique.

On notera que, vues du ciel, les pattes de l'araignée paraissent dessinées d'un seul trait, soit : huit traits pour les huit pattes. En réalité, nous le verrons le lendemain, au sol, chaque trait est double et marque une épaisseur. Il y a donc huit doubles traits.

Notre avion suit la route Panaméricaine un long moment, puis infléchit sa course vers l'ouest, où la densité des dessins est la plus grande.

Au passage, nous admirons des spirales au parfait développement, des figures géométriques dont certains côtés sont constitués par des *lineas,* les autres par des remblais ou de petites pistes étroites, des parallèles qui suivent, longent les grandes *pistas,* des croisements de lignes de différentes épaisseurs.

Notre pilote, le capitaine Arboulou, nous prévient :

– *Cuidado, señor, aqui està el mono!* (Attention, le singe est là !)

Il nous faut très vite prendre des photos, filmer une séquence et voir les dessins, pendant que le piper décrit une courbe à quelque cent mètres d'altitude.

Notre vitesse est grande et nous devons retourner

plusieurs fois sur le site pour l'examiner et accomplir notre travail.

Le singe paraît immense – cent mètres de longueur – dessiné en pleine action, sa longue queue se repliant en spirale.

Une *linea* coupe les bras et deux lignes parallèles partent de sa queue pour s'agrandir en dessin géométrique.

Encore un mystère !

Nous avons remarqué que plusieurs dessins, parmi les plus importants, étaient recouverts – semble-t-il – par des lignes, ce qui indiquerait contrairement à ce que nous avions cru(1) que les dessins sont plus anciens.

Par contre, le magnifique condor long de 180 mètres que nous survolons maintenant, de lignes parfaites et très pures, se détache sur un fond sombre, uni et intact.

Le condor, messager des dieux

Selon Edmond Wertenschlag, ce « condor » serait un *picaflor* (colibri) identifié en raison de son long bec, mais on sait que souvent des *pistas* étroites prolongent des représentations graphiques.

Dans la même zone, d'autres condors ou oiseaux sont dessinés, dont l'un a un cou et un bec démesurément longs, en zigzag.

Le symbole du condor dans les Andes pourrait aider à l'explication des *grabados* puisqu'il est le « messager des dieux ».

Dans cette hypothèse, l'immense tableau de dessins serait effectivement un hommage ou plutôt un message à destination d'êtres supérieurs ou dieux habitant le ciel.

D'autres dessins posent encore des énigmes : perroquet, chat, volatiles à quatre pattes, sauriens, poissons,

(1) *Le Livre des Mondes Oubliés*, op. cit.

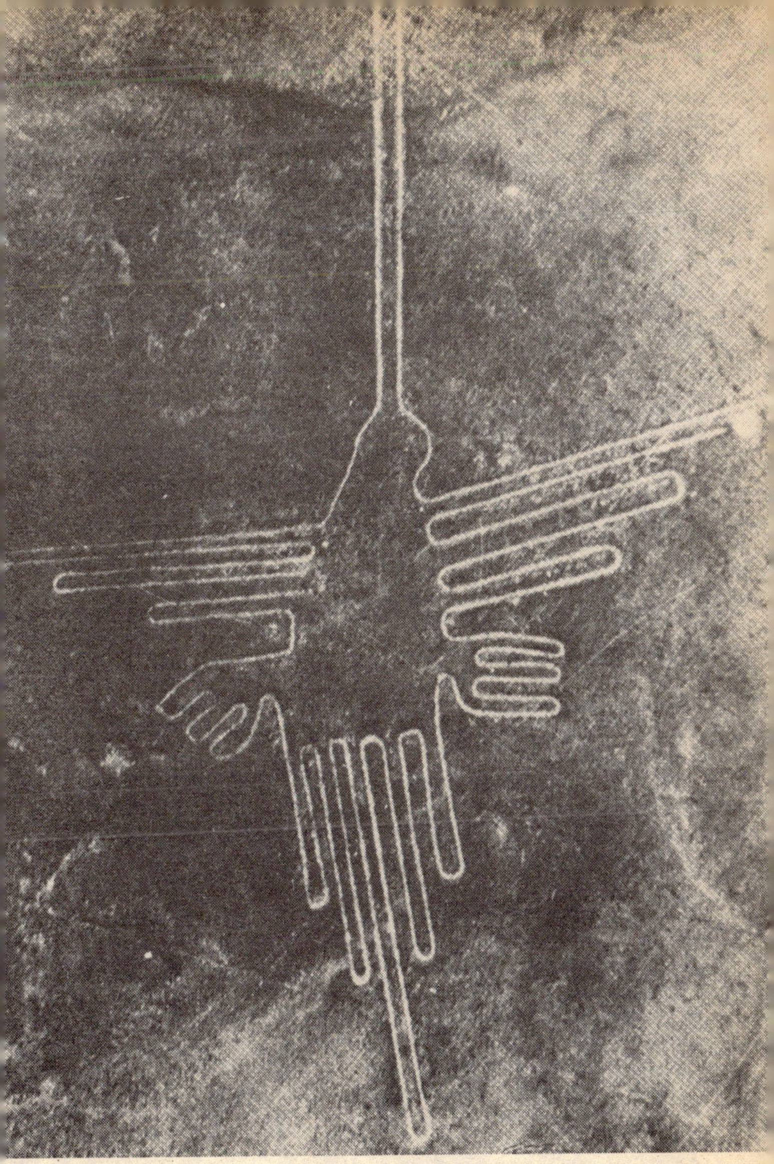

Le picaflor (colibri)
Photo Servicio Aerofotografico Nacional del Peru

poussin, fleur, serpents à plusieurs têtes, objets de formes indescriptibles, etc.

Nulle part on ne remarque de direction préférentielle et d'ordonnance des sujets : *lineas, pistas* et dessins géométriques ou zoomorphes sont entremêlés.

Les spirales évoquent certaines gravures sur pierre du site de Chavin, mais on peut les trouver dans n'importe quelle partie du monde.

A six kilomètres au sud de Palpa, sur la pente d'une petite colline, on distingue, à demi effacés, deux personnages coiffés d'une sorte d'auréole d'où partent des rayons.

Représentations du dieu Inti (le Soleil)? On ne le saura jamais.

Des milliers de *grabados* sont devenus illisibles par suite de l'érosion, d'autres affectent des formes abstraites avec des grecques multiples, des labyrinthes carrés, des lignes en zigzag...

Les cairns et les cirques de la cordillère des Andes

Sur le chemin du retour, nous survolons une pampa, au sud-ouest du rio Ingenio, où d'autres découvertes vont encore accentuer notre perplexité.

Des *lineas* éclatent dans toutes les directions à partir de centres éloignés les uns des autres de 5 à 8 kilomètres et situés sur des pointes de triangles ou sur des lignes de trapèzes.

Sur de vastes aires blanches en forme de bande, on voit d'innombrables pustules foncées plus ou moins bien alignées. Parfois, sur de petites aires, on compte cinq à quinze pustules seulement.

Les mêmes énigmatiques dessins sont visibles sur les éperons des avant-monts de la cordillère, où on les appelle des « boutons de variole ».

En fait, nous le verrons plus tard, il s'agit de cairns (tumulus de pierre) analogues à ceux élevés en Occident par les Celtes.

Ces cairns, on en trouve partout au Pérou, même le long des routes mais la plupart sont isolés et ont été construits à des dates très récentes.

Des flancs entiers de montagnes dans la cordillère sont sillonnés par ces bandes de cairns, larges seulement de 10 à 20 mètres, longues de plus de 500 mètres.

De-ci de-là, elles sont coupées par un étroit sentier qui sert à les traverser.

Dans la pampa de Maras, à 25 km au nord-ouest de Cuzco, un autre genre de construction ajoute à notre admiration perplexe.

Il s'agit de vastes « amphithéâtres » longs de 200 à 400 mètres, creusés et taillés dans un sol rocheux semi-désertique. Ils affectent la forme d'un cirque entouré de gradins étagés dont un côté se poursuit en terrain plat terminé par un amphithéâtre qui le surplombe.

Cet amphithéâtre rappelle les terrasses à culture de maïs d'Ollantaytambo et de Machu Picchu et, à la rigueur on peut penser qu'il avait une destination agricole.

Il pourrait en être de même pour la plate-forme qui ressemble à un terrain de sport ou de jeux, mais l'explication ne tient plus pour le cirque avec ses sept à douze rangées de gradins, parfaitement circulaires et enserrant une arène rigoureusement ronde et plane, d'un diamètre de 10 à 12 mètres qui, indiscutablement, suggère l'idée de jeux de plein air et de combats.

Ces constructions intriguent toujours les archéologues, mais on pense qu'elles constituaient un immense théâtre où les Incas, à des dates rituelles, organisaient soit les rites d'un culte, soit des jeux de cirque.

La proximité de Cuzco, capitale de l'Empire, milite en faveur de cette hypothèse qui doit frôler l'explication véritable.

La « Grande Muraille du Pérou »

Notre piper-cub ne pouvait, bien entendu, ni nous transporter au cœur des Andes, ni même survoler les premières chaînes, d'ailleurs trop hautes et trop lointaines, de la cordillère.

Nos photos des cirques et des amphithéâtres proviennent du répertoire photographique de l'expédition Johnson-Shippee qui, en 1931, dressa un inventaire archéologique du Pérou sans découvrir toutefois les *grabados* de la pampa de Nazca.

Mais Johnson fit un excellent travail et reconnut au sud de Chan Chan, au-dessus du rio Santo, la *Grande Muraille du Pérou,* longue de 65 à 70 kilomètres.

Vraisemblablement construite par les Incas ou les Chimus pour la défense de l'Empire, flanquée sur les points les plus élevés par des fortins détachés, elle escalade monts et vallées. En fait, on ne sait pas très bien quel peuple l'édifia.

Les murs, faits de pierres grossièrement taillées, appareillées avec de la boue, ne dépassent guère deux mètres de hauteur, sauf dans les ravins. Partiellement éboulée, elle évoque pourtant encore les temps héroïques d'une civilisation beaucoup plus ancienne qu'on ne veut nous le faire croire.

En 1967, on a trouvé au bord du lac Titicaca, près du bourg de Chinchillapi, à 150 km de Puno, plusieurs grottes à peintures et à gravures rupestres magnifiquement conservées.

Ces cavernes, de Mazo Cruz, de Kelkatani, de Pizacoma, sont un véritable Montignac-Lascaux du Pérou, mais leurs fresques, œuvre d'un mystérieux peuple : les Kollas, « fondateurs du monde », ne remonteraient qu'à 10000 ans environ (13000 à 20000 pour Lascaux et Altamira).

Elles apportent la preuve qu'à cette époque le cheval était connu en Amérique, ainsi que des animaux disparus depuis. On y chassait à l'arc et les hommes, comme les Incas plus tard, portaient une coiffure à plumes.

Certains *grabados*, en particulier dans la grotte de Kelkatani où se trouve la « Pierre écrite », seraient une écriture analogue à celle des *keros* (vases en bois) identifiée par la linguiste Victoria de la Jara du musée de Lima, en 1962.

L'histoire de la Nazca est écrite quelque part

Pendant longtemps on a cru que les Incas, comme les Celtes, n'avaient pas connu l'écriture et utilisaient seulement un système mnémonique et arithmétique : les *quipus* (1).

Puis, les sciences évoluant et progressant, on a reconnu une écriture gauloise (2) et plusieurs types d'écritures incaïques.

Et d'abord celle sur tissu colorié dont parle Domingo de Santo Tomas (1560), et que l'on doit à l'Inca Pachacuti, neuvième de la dynastie.

Pachacuti, désireux de conserver l'histoire de l'Empire, avait fait venir à Cuzco tous les *amautas* (gardiens du vieux savoir) afin qu'ils content les faits mémorables, que des artistes peignirent sur des tapisseries rehaussées de fils d'or.

Ces *pintadas* entreposées dans les Maisons du Soleil à Cuzco, à Pachacamac, au temple de Titicaca, à Tiahuanaco et à Chan Chan furent détruites par les conquistadores.

Mme Victoria de la Jara croit que, néanmoins, il doit en subsister quelques fragments ou des copies qu'elle

(1) Les *quipus*, cordelettes comportant des nœuds arithmétiquement disposés, sont un système de notation de chiffres mais aussi d'événements. Les codes des lois de Cuzco auraient été rédigés sur des *quipus* associés à des signes coloriés sur un *tablone* (table de bois).

(2) Notre ami Michel Honnorat, de Marseille, est le grand spécialiste de l'écriture gauloise dont on possède quelques spécimens, en particulier les « tablettes de Rom » détenues par maître Blumereau, de Loudun.

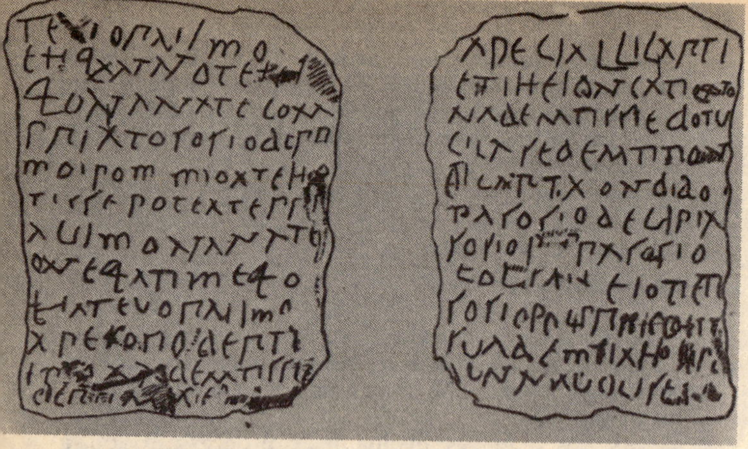

En haut : ÉCRITURE GAULOISE : TABLETTES DE ROM (DEUX-SÈVRES).

Traduction du texte d'après le linguiste Michel Honnorat : « A Jehu Orlilmo, Seigneur des peuples d'Aquitaine et de Gaule atlante et du Pays Picton, je fais dire ceci : moi de Rom, j'envoie à Tyr ce routier, etc. »

En bas : PARTIE DE L'INSCRIPTION GAULOISE DU BRONZE DE SALOMON (OU BRONZE IBÉRIQUE DE BOTORRITA, SARAGOSSE).

Proclamation que Salomon aurait écrite en gallo-hébreu (c'est-à-dire en gaulois, dit Michel Honnorat) à destination des chefs d'Europe, d'Afrique et d'Asie, entre 985 et 945 av. J.-C.

Traduction : « Salomon Grand Seigneur, prince puissant d'Occident et d'Asie et prince chef d'Etat Samuel roi de Sidon, campagne d'El-Oela (la Tripolitaine), pays d'Algasi et de Gessen, fait dire ceci : j'envoie ce messager, etc. »

Photo R. Charroux

aurait retrouvées sur les *mantos* (1) des momies de Paracas et sur les *unkus* (tuniques courtes) des nobles de l'Empire.

L'archéologue péruvien Rafael Larco Hoyle, de son côté, émet l'hypothèse que les dessins des *pallares* (haricots) décorant les céramiques Mochica pourraient être un système d'écriture, ce que confirment les relations du chroniqueur Fernando de Montesinos.

D'après cet auteur, les Pré-Incas avaient eu une écriture, mais une épidémie de peste ayant dévasté l'Empire, un roi – il y a quelque 2000 ans – aurait, sur le conseil d'un oracle, interdit la représentation des « lettres écrites » tenues pour responsables du fléau.

Contournant l'édit royal, des initiés, prêtres ou savants, auraient alors perpétué les traditions et les

On a retrouvé de nombreux types d'écritures incaïques allant du style « panneau de signalisation routière » (sur les gobelets en bois, appelés keros*) aux dessins figuratifs de ce genre qui datent de notre millénaire.* Photo R. Charroux

(1) *Mantos* : pièces de toile de coton constituant les « sacs » à momies ou *fardos*.

événements historiques par le truchement des *unkus,* des *keros,* des *pallares,* des cadres géométriques peints sur les tissus ornementaux et des bâtons rayés de traits de couleur.

Ces découvertes de l'archéologie moderne permettent de penser que le mystère de la Nazca est probablement écrit sur quelques tissus ou sur des *keros* dont, malheureusement, il n'est pas encore possible de déchiffrer le texte.

Une trouvaille de l'archéologue péruvien Julio C. Tello peut avoir un certain rapport avec le peuple inconnu qui traça les *pistas.*

Julio C. Tello mit au jour, dans la péninsule de Paracas, près de Pisco, de très importantes nécropoles où avaient été inhumés les corps en position fœtale de personnages qui étaient tous de sexe masculin.

Des toiles de *fardos* (sacs funéraires servant de sarcophages pour envelopper les momies) étaient faites de tissus si précieux, si bien ornementés qu'ils avaient, de toute évidence, servi de linceuls à de hauts dignitaires, prêtres, princes, rois ou dieux.

Mais on n'a retrouvé à proximité de Paracas aucune ruine de cité ou de temple pouvant justifier l'existence de cette nécropole quasi royale.

Aussi Julio C. Tello pensa-t-il que « cette ville des morts était la dernière demeure d'hommes illustres qui vécurent et régnèrent en d'autres lieux(1) ».

Il est significatif de remarquer que les deux sites importants les plus proches de Paracas sont, précisé-

(1) Selon Thor Heyerdahl, dans son livre *Aku Aku* (Ed. Albin Michel), on a trouvé à Paracas les momies parfaitement conservées d'hommes blancs, grands, barbus, à cheveux roux ou châtains. Auprès d'elles étaient des sculptures (ou dessins ?) de dérives de bateaux. Ces particularités pourraient signifier que la nécropole de Paracas était destinée à ces Initiateurs ou « Dieux » blancs qui vinrent un jour apporter un enseignement aux Pré-Incas.

Le Dr George Hunt Williamson a découvert au Pérou, en un lieu qu'il ne situe pas, deux cents tombes de personnages nus. Certains crânes de cette nécropole portaient au front une large ouverture – un troisième œil – dont le périoste attestait qu'*elle n'avait jamais été fermée.* Il s'agit, pense Williamson, de la nécropole d'un peuple disparu depuis longtemps dont l'histoire n'a pas retenu l'existence.

ment, Ocucaje, où le Dr Cabrera a trouvé sa *Bibliothèque primhistorique,* et l'énigmatique pampa aux *pistas* et aux dessins où, de plus, on recueille quantité des poteries brisées, comme il est de coutume, pour symboliser l'idée de mort ou d'ancêtres disparus.

Certes, les nécropoles de Paracas paraissent être postérieures aux pierres gravées et aux *pistas,* mais elles pourraient signifier le désir qu'avaient les Incas de Pachacamac et de Cuzco de se rapprocher d'un lieu sacré très ancien dont leur mémoire n'avait conservé qu'un fragile souvenir.

Les 10000 volumes d'Arequipa et d'Ilo

Toujours pour essayer de cerner le mystère de la Nazca et des pierres d'Ica, il est utile de faire un rapprochement avec ce qui fut découvert ces dernières années à l'est d'Arequipa dans une vallée désolée qu'encadrent les volcans Ampato, Misti et Cachani.

Une mission archéologique internationale – mais sans la France – opérant par avion, a dénombré environ 10000 blocs de pierre lisse en basalte sur lesquels plus de 30000 gravures et peintures représentent des animaux – oiseaux, serpents, jaguars, etc. –, des hommes entourés de signes abstraits, de lignes sinueuses et des cosmographies qui impliquent que la civilisation de cette région avait, au moins, des connaissances précises en astronomie (1).

Ces *grabados* et ces peintures rupestres ont été photographiés d'avion, mais, à notre connaissance, on n'en a pas encore expertisé de près le détail et la signification.

(1) L'archéologue Eloy Linares Malaga a découvert, à proximité d'Arequipa, de nombreux sites dont certains sont vieux de 8000 ans au moins. A Querulpa, à Chico, à Huacarama et à Ccollpa on voit de très belles peintures où dominent les couleurs rouge, blanche et jaune. Des gravures et, peut-être, une écriture ont été tracées sur des rochers au lieu dit *Toro Muerte,* à trois heures de marche de la *Ciudad Blanca.* On a localisé une trentaine de sites semblables dans le département d'Arequipa.

On suppose que cette bibliothèque gigantesque, qui s'étend sur près de dix kilomètres carrés, retrace les événements majeurs, l'histoire en quelque sorte, d'un peuple inconnu et peut-être étranger à l'Empire des Incas. Là encore, les signes abstraits, les lignes sinueuses et les motifs incompréhensibles peuvent être un système d'écriture dont le déchiffrement pourrait éclairer la fabuleuse histoire du Pérou.

Voici donc, avec quelques commentaires, comment nous avons vu, du ciel, la pampa de Nazca, au cours de deux survols en 1968 et en 1973. La reconnaissance au sol des dessins et des *pistas* devait nous apporter des précisions inattendues.

8

LA NAZCA AU SOL

Le *Candelabro* ou Trident des Andes (1), qui appartient au système des tracés mystérieux, a cette particularité d'être creusé dans le sable meuble d'une grande dune.

Mesures exactes du Trident

Notre voyage de 1973 nous a permis de rectifier les mesures que l'on donne habituellement au célèbre « Chandelier ». Sa longueur est de 183 mètres. La transversale qui est censée supporter les deux branches verticales passe à 100 mètres exactement du sommet.

La largeur du fossé central est de 5 mètres de bord à bord intérieurs et de 6 mètres d'axe à axe du bourrelet ; la profondeur oscille entre 0,50 et 0,60 mètre.

L'orientation est nord-ouest-sud-est et la distance de l'hôtel de Paracas au pied du Trident, en ligne droite, est de 10 kilomètres environ, mais par la voie de terre, difficilement praticable, elle serait au moins du double.

(1) Nous avons pris l'habitude de nommer le monument « Le Chandelier » c'est-à-dire « El Candelabro », mais on l'appelle aussi « Les Trois Croix » et « Le Trident des Andes ». L'appellation la plus logique est « El Tridente de los Andes » car le monument est absolument étranger à un système d'éclairage et à la religion chrétienne.

Il faut rattacher le monument aux *pistas* par le fait qu'il est un tracé énigmatique, mais s'il est perceptible du ciel, il est aussi parfaitement visible soit du sol de l'immense colline de la péninsule, soit de la mer, avec un recul de 400 à 500 mètres.

Pourtant, quand on est sur le site, près des axes, le dessin est indéfinissable; on ne voit que des fossés rectilignes ne donnant aucune idée d'ensemble.

On se perd en conjectures sur la destination du Trident mais aussi sur la signification des motifs qui surmontent le haut des trois branches, qui ne sont certainement pas celles d'un chandelier.

On a avancé l'hypothèse d'un arbre de vie, ce qui n'est nullement déraisonnable mais, pour notre part, nous voyons nettement sur la branche de gauche un saurien stylisé.

Trois sanctuaires : Paracas, Ica, Tiahuanaco

La direction nord-ouest-sud-est se perd par la pointe, au nord, dans l'immense Pacifique, mais se prolonge au sud par la base du Chandelier vers Ica où Cabrera a découvert ses *pierres*, vers le lac Titicaca et sur Tiahuanaco, sanctuaire de l'Empire préincaïque.

Le relevé mériterait d'être fait par un géographe, mais nos coordonnées, a priori, sont à peu près exactes.

Est-ce une coïncidence fortuite ou le résultat d'un calcul, nous n'osons pas nous prononcer, mais il est remarquable que ces trois points indiqués par le Trident : Paracas, Ica et Tiahuanaco soient sur une même ligne et correspondent aux endroits où sont situés les trois sanctuaires secrets des Andes !

En effet :

– Paracas : nécropole destinée aux *Etrangers* masculins, blancs, barbus, aux cheveux roux, dont on ne sait rigoureusement rien.

– Ica : crypte où les Ancêtres Supérieurs ont

enfoui l'histoire inconnue des hommes (les pierres du Dr Cabrera).

– Tiahuanaco, cité-temple énigmatique où, sur la Puerta del Sol, sont dessinés des machines étranges et des hommes à quatre doigts n'appartenant pas plus à notre race que les Ancêtres Supérieurs sans pouce des pierres du Dr Cabrera.

Etrange coïncidence, en vérité, si l'on y ajoute la pampa de Nazca, juste en bordure de la ligne, avec des milliers de *pistas* allant en tous sens, mais principalement en direction NO-SE(1), et le temple du Soleil de l'île la plus sacrée du lac Titicaca, là où, selon une tradition, la mère de l'humanité, Orejona, aurait débarqué « d'un astronef aussi brillant que le Soleil ».

D'autant qu'Orejona avait des mains à quatre doigts et un crâne allongé en pain de sucre, ce qui est en corrélation évidente avec les crânes géants et allongés de la même façon trouvés à Tiahuanaco et qui sont exposés actuellement dans un musée de La Paz!

Un aussi fantastique mystère évoque irrésistiblement une race d'être supérieurs, non originaires de notre Terre!

La logique la plus élémentaire nous oblige, avec les incertitudes que comportent les faits, à aiguiller notre imagination et nos tentatives d'explication vers l'hypothèse, audacieuse mais cernant parfaitement le problème, d'un message venu soit d'une autre planète, soit d'un peuple disparu depuis de longs millénaires.

Dans ce cas, le *Tridente de los Andes* serait un repère, un poteau indicateur destiné à orienter les investigations des archéologues éclairés de nos temps.

(1) Nous avons contrôlé des dizaines de grandes lignes en bordure du rio Ingenio. Un tiers de ces lignes avait la direction nord-ouest-sud-est, mais il ne s'agit que d'une observation extrêmement partielle.

Chromosomes-mémoires et dessins

Il s'est certainement déroulé dans le passé des événements extraordinaires qui ont impressionné les anciens Andins et ont laissé des traces persistantes dans leurs chromosomes-mémoires.

Ce n'est pas par hasard si, sur tout le trajet Lima-Paracas, à travers un désert de sable et de pierres, on voit sur les montagnes des dessins et des inscriptions très récents, mais qui donnent un avant-goût des *pistas* de Nazca.

Des cercles simples, des noms de famille, des slogans politiques, etc., tracés à grande échelle, souvent longs de plusieurs centaines de mètres, disent un message banal mais qui est assez typique du Pérou et de la Bolivie. Ces tracés sont constitués tantôt par de simples rangées de pierres brutes, tantôt par une variété de graminée des Andes, l'*ichu*, dont les racines ne se fixent pas dans le sol. L'ensemble est disposé avec une rigueur dans les lignes et les espacements qui démontre l'esprit fruste mais hautement mathématique des dessinateurs.

Aucun peuple au monde, vraisemblablement, ne serait capable de composer avec tant de perfection de telles lignes d'écriture.

Mais les Andins ont, au plus profond de leur subconscient, le sens de la géométrie et de cette technique de transmission d'idées. Et c'est une qualité qu'ils ont héritée des Incas et, plus loin dans le temps, d'aïeux qui ne sont pas ceux de l'Occident européen.

Pour eux, il est aussi naturel, instinctif et obligatoire de faire des dessins sur les montagnes que pour nos bergers de tailler un bâton ou de construire une borie.

Un legs ancestral les sollicite, les guide par l'intermédiaire de leurs chromosomes-mémoires de la même façon que les primitifs sont incités à graver des images sur les rochers.

Cette coutume, cette manie en quelque sorte, ne nous paraît pas étrangère aux motivations, peut-être inconscientes, qui ont présidé au tracement des lignes et des dessins de la pampa de Nazca.

Dans la pampa

Paracas est à 215 km de la petite cité de Nazca, perdue dans ses pampas désolées.

La route Panaméricaine, assez bonne jusqu'à Ica, l'est beaucoup moins passé cette ville.

Le paysage n'est pas riant : le désert, avec quelques méandres dans la montagne et le franchissement des deux vallées, celles du rio Grande et du rio Ingenio.

A l'entrée de Nazca, le rio qui porte le nom de la ville n'est qu'un petit torrent boueux sans profondeur et la cité est loin d'être affriolante.

Elle a une grande rue centrale triste et pauvre et des rues adjacentes, les « transversales », qui n'invitent guère à la flânerie.

Par contre, l'hôtel Turista, édifié par le gouvernement, est agréable et correct, les chambres ont un éclairage minimal, des douches froides, les repas sont sobres mais acceptables, les prix modestes.

L'établissement est construit autour d'un petit parc très exotique, fleuri de bougainvillées et de parterres qui entourent une piscine aux eaux bleutées mais peut-être pas dépourvues d'amibes comme il est de rigueur dans presque toute l'Amérique du Sud.

Après la traversée des pampas arides, l'hôtel Turista est une oasis de fraîcheur, de délassement et de fleurs, même si, le soir, les moustiques font une intempestive apparition.

De touristes point! Comme à Ica, d'ailleurs. Les grands itinéraires des agences ne s'aventurent pas en des parages où ne prolifèrent ni les sites classés, ni les quatre étoiles, ni les moyens de communication.

Pour aller de Lima à Nazca, il faut louer une voiture – solide et en bon état, si possible – avec un chauffeur habitué à la conduite sud-américaine, capable de se dépanner et de vous dépanner en de multiples cas.

Il faut tabler sur un voyage de quatre jours au moins pour aller de Lima à Nazca et pour explorer la pampa. Notons qu'à la sortie ouest de la ville, on peut voir quelques ruines incaïques intéressantes.

L'observatoire des quatre « Cerros »

Les premiers tracés sont à 16 km environ de la ville, en direction de Palpa, de part et d'autre de la route Panaméricaine. Leur relief est particulièrement accentué au lever et au coucher du soleil et discernable si on domine le site, ne serait-ce que de quelques mètres.

Du talus de la route, on peut voir les grandes *pistas* à condition qu'elles soient dans le sens perpendiculaire, mais il serait vain de chercher les dessins !

Ils ne peuvent être décelés, et de façon très partielle, que d'une distance de vingt à trente mètres. Au delà, ils se perdent dans la pierraille. Autrement dit, il faut être sur le dessin lui-même pour voir ses lignes dans un rayon d'une trentaine de mètres pour les perpendiculaires, de vingt mètres à peine pour les parallèles.

L'altitude moyenne de la pampa est de 485 mètres, mais la cordillère commence dès que l'on s'aventure à l'est, avec des sommets de 2000, de 3000 et de 4000 mètres.

Au kilomètre 425, à gauche en venant de Nazca, quatre petits *cerros* (collines), dont le sommet le plus élevé est de vingt mètres, offrent un observatoire idéal que nous n'avons pas négligé.

De là, la pampa aux *pistas* et aux *lineas* (1), coupée par la Panam, s'étend au nord jusqu'aux cerros Corados qui bordent le rio Ingenio, à l'ouest en une large évasée, et à l'est en une coulée étroite de 4 kilomètres environ où foisonnent les dessins.

Ils sont plus nombreux encore dans l'évasée, mais plus disséminés, si bien que la prospection s'avère

(1) Pour plus de facilité de lecture, nous n'imprimerons plus en italique les mots espagnols suivants : *cerro* : petit mont; *pista* : piste, tracé; *linea* : ligne.

beaucoup plus facile à gauche de la Panam, quand on vient de Lima. C'est là surtout que, durant plusieurs jours, nous avons effectué nos recherches. La marche est très pénible et il serait illusoire d'espérer, en cas de besoin, le plus minime coin d'ombre et le secours d'une gorgée d'eau.

La pampa est un véritable Sahara, coupé ici et là par de minuscules *barrancos* où coule une lampée d'eau à la courte saison des pluies (en fait, il ne pleut quasiment jamais), mais ce désert est fait de pierrailles dont la grosseur va de la bille au ballon de football.

De notre cerro part une ligne qui s'enfonce vers le nord-est, traverse la Panam et aboutit à un immense dessin ou pista que *nous ne pourrons jamais trouver.*

Trois fois, notre petite équipe – Edmond Wertenschlag, Alain Elias, Emilio l'Inca et Yvette Charroux – a suivi la linea sur deux ou trois kilomètres, en direction du dessin qui du cerro nous paraissait représenter un chiffre 4 géant ou une sorte de canne à lancer avec un moulinet; trois fois nous avons erré sans rien trouver.

Et voilà notre première surprise : ce 4, vu du ciel, est absolument parfait; vu de trois kilomètres, il est très perceptible; sur place il n'existe plus... Il s'efface comme par enchantement (1) !

Une pista vue de près

En bas de notre cerro, et à moins de 35 mètres, deux petites pistas démarrent à angle obtus.

Pour de bon, et de très près, nous pouvons alors examiner ces tracés rectilignes, ces aires claires et nettes quand on les voit du ciel, les fouler et les toucher.

Ce sont, dans ce cas particulier, des triangles très allongés, larges de 3 mètres à la base, dont les côtés partent en se rapprochant peu à peu pour opérer leur jonction un kilomètre plus loin.

(1) Tandis que nous approchions, le dessin s'estompait, se noyait dans la profusion des pierres. A l'endroit même où devait se trouver le 4, il devenait impossible de s'y retrouver dans un chaos analogue au reste de la pampa. C'est le seul dessin qui devint aussi insaisissable.

A cet endroit, comme d'ailleurs à peu près partout, le substrat de la pampa est une matière crayeuse, calcaire d'apparence, une poudre beaucoup plus fine que le plus fin des sables de plage, mais d'une compacité très grande, avoisinant celle du plâtre et ayant presque sa dureté. Ce substrat on ne le voit que sous la pellicule de gravier qui le recouvre et la multitude de petites et moyennes pierres rougeâtres, violacées et sombres qui le jonchent.

Les pistas sont des aires qui semblent avoir été balayées jadis pour faire apparaître le fond blanc.

De nos jours, ce fond est devenu gris parce que le vent et l'érosion l'ont saupoudré en foncé et ont oxydé le substrat, mais les lignes des dessins, larges de 12 à 15 centimètres, sont demeurées presques blanches, comme si elles avaient offert moins de prise à la dégradation.

Les amas pierreux qui devraient border les côtés des aires n'existent pas, ou à peine, preuve qu'il y a eu nettoyage et non balayage.

Voilà un point acquis aidant à la représentation de la pampa et de ses hiéroglyphes.

Kilomètre 419

A la suite de notre ami Alain Elias, qui est un familier des lieux, nous partons à la recherche de dessins.

Alain a un repère : la *Casita*, ou Restaurant San Jose, située exactement au kilomètre 419(1).

Dans un rayon de un kilomètre, parmi des pistas et les lineas, nous allons trouver et parfois identifier des spirales, le *picaflor* (colibri), le poussin, le perroquet,

(1) Des pistas et des dessins peuvent être vus tout au long de la route Panaméricaine entre le rio Ingenio et le rio Nazca. Nous recommandons particulièrement les points suivants signalés par les bornes de la Panam : kms 443, 441, 440, 425, 424, 419, notamment sur le côté gauche en allant de Palpa à Nazca. La *Casita* était un repère commode mais elle a brûlé entre 1973 et 1974 et il n'en reste plus que des ruines. La Panam subissant des corrections de tracés, les bornes kilométriques sont déplacées périodiquement !

des oiseaux si grands que nous ne pouvons en embrasser la vue entière ni en reconnaître la nature.

Pendant deux jours, nous explorerons la pampa, errant, nous égarant dans sa solitude désespérante.

Un dessin perdu ne peut guère être retrouvé que par hasard tant chaque mètre ressemble à tous les autres mètres. Les grandes pistes sont, pour la plupart, trente à quarante centimètres en contrebas du niveau général mais le bord s'est affaissé et n'offre pas la rectitude qui apparaît quand on regarde d'avion.

Des pierres ont glissé sur l'aire de dégagement dont la couleur est moins foncée que celle de la pampa, mais notablement moins claire que celle des lineas, le vent y ayant déposé une sorte de sédimentation grisée superficielle. En somme, si l'on balayait ces aires, on pourrait y tracer des lignes blanches et des dessins.

Autant on est frappé par l'aspect géométrique des pistes et des dessins vus du ciel, autant on est déconcerté, presque déçu quand on les examine au sol, où la magnifique ordonnance échappe aussi bien au regard qu'à l'esprit.

Par avion, la pampa est un tableau géant où l'on croit lire un message fantastique; au sol elle n'est plus qu'un désert banal dépouillé de sa magie et de son caractère grandiose.

En fait, ce n'est pas une déception que l'on éprouve mais plutôt le sentiment, la quasi-certitude que *les tracés de la Nazca doivent être vus du ciel.*

Les lignes blanches : oiseaux, singe, spirales

A part les grandes pistas qui semblent avoir été creusées, tous les tracés sont à fleur de sol.

Les lignes qui délimitent les contours des oiseaux, du perroquet, du poussin, des spirales, du singe, etc., ont, en moyenne, 12 à 15 centimètres de largeur.

Elles sont blanches, un peu ocrées et légèrement parsemées de petites pierres brunes qui ne nuisent pas à leur intégrité.

Nous avons longuement étudié le perroquet (plus de 50 mètres de longueur); l'identification a pu se faire grâce à la forme particulière du bec.

Le *picaflor* est trop grand pour être reconnaissable, sauf pour Alain et les quelques autochtones familiers des lieux.

Il est facile de tracer une piste avec le pied ou avec la main, il suffit de râcler légèrement le sol et le substrat blanc apparaît aussitôt.

Nous avons fait des prélèvements de pierres sans en apprendre davantage. Il a fallu creuser avec un caillou tranchant pour recueillir des échantillons de sable, tant il est compact et dur, ce qui explique la conservation des lignes.

De-ci de-là, ou assemblées sur de petites surfaces, des pierres entassées forment des cairns dont plusieurs comportent un orifice au sommet.

Les indigènes assurent que, jadis, des poteaux en bois étaient fichés dans ces monticules mais qu'ils furent brûlés vers 1929 ou emportés pour faire du feu.

Enfin, à peu près partout, on trouve des débris de poteries rouges du type des céramiques de Nazca 3 et 4 à peinture polychrome datant, selon les Prs Rowe et Menzel, de quelque 2000 ans.

Avec quelque exagération, on a estimé à 225000 le nombre des vases brisés (quelques-uns étaient intacts), ce qui impliquerait que la pampa aurait été jadis une vaste nécropole, mais les sondages faits en 1948 par le Dr Rossel Castro ne mirent au jour que les rares ossements de petits animaux sauvages. Incontestablement, le site a été abondamment pourvu en poteries mais on ignore dans quel but et si elles ont été déposées intactes ou brisées sur place en symbole de mort. Elles sont ornées de dessins peints, exactement comme les *huacos* des musées de Lima et d'Ica, mais il est très possible qu'elles soient très postérieures aux pistas.

Le chef-d'œuvre d'un inconscient collectif

Voilà ce que nous avons vu sur la Nazca : sur le paysage quasi lunaire où descend la paix du soleil couchant, les ombres des grosses pierres s'allongent, et un silence impressionnant appesantit l'atmosphère. Pas un oiseau ne vole dans le ciel, pas un seul animal ne paraît vouloir vivre dans ce désert plus aride et hostile que le Sahara.

Nous songeons aux landes de Bretagne et de l'île de Pâques où, au crépuscule, les grandes ombres des mégalithes et des statues semblent s'animer et hanter le décor comme pour chuchoter une légende ou murmurer un appel.

Dans la Nazca du soir, les mânes des Grands Ancêtres sont absents ou terrés sous le sable blanc; les fantômes sont invisibles, muets, morts peut-être et ne suggèrent aucune explication au grand mystère qui nous environne.

Pourtant, là, il y a des siècles, voire des millénaires, tout un peuple énigmatique a œuvré lentement, patiemment à un immense travail de fourmis laborieuses.

Ce peuple avait-il un plan, une mission? Qui saurait le dire?

Peut-être, parce que la pampa était un immense tableau noir où il était facile de tracer des signes, des hommes ont-ils éprouvé le besoin d'écrire un message suscité par leur subconscient.

On imagine des masses mues par un inconscient collectif étranger à la raison(1) accomplissant une obscure tâche géométrique, comme les araignées tissent leurs toiles admirables.

Une multitude tendant un piège aux intellectuels trop évolués pour appréhender les raisons profondes

(1) Dans les grands vols en ligne de front des oiseaux migrateurs, il arrive qu'instantanément tout le vol change de direction, comme si la masse entière était soudée, une, et obéissait à un seul cerveau, à un conscient – ou inconscient – collectif.

du mystère, trop hérétiques pour avoir le droit d'en percer les arcanes. Et pourtant, il y a de l'intelligence dans cette fantasmagorie, mais le silence de la pampa semble vouloir réprouver la curiosité profane des non-initiés que nous sommes.

La plus grande énigme archéologique du globe

Les momies de Paracas, les *piedras* du Dr Cabrera, les pistas de la Nazca constituent à notre point de vue la plus grande énigme archéologique du globe, « le plus important message de l'histoire humaine », assurent certains archéologues. Ce qui est vrai sur le plan de la superficie.

L'homme est curieux par nature et veut savoir, tenter des explications avec les élements nombreux mais muets qu'il a collectés.

Pour le Pr Kosok et pour Maria Reiche, la Nazca est un calendrier astronomique que les anciens peuples utilisaient pour connaître les dates d'équinoxes, d'éclipses, le moment des semailles, etc.

L'astronome Gérard S. Hawkins du Smithsonian Astrophysical Observatory pense, comme Paul Kosok, à un calendrier astronomique dont il évalue le tracé entre 100 avant ou 100 après J.-C.

Ces hypothèses ne sont nullement convaincantes (1), les lignes étant orientées dans trop de directions et dans un désert où depuis des millénaires aucune culture n'est possible.

Un grand cimetière? Pourquoi serait-il si loin de toute agglomération?

Certes, aucune fouille systématique n'a été faite sauf par les inévitables chercheurs de trésors qui en furent

(1) Le Pr Kosok a vu, le 22 juin 1949, date solsticiale, le soleil se lever dans le prolongement exact d'une ligne. Mais il y a tellement de lignes! De plus, les astronomes ont fait remarquer que la position du Soleil en 1949 n'était pas valable pour une date antérieure.

pour leurs frais, mais on a trouvé, en deux endroits, de grosses pierres comportant des gravures.

L'une d'elles représente une tête de serpent et une tête humaine « de petit trophée » comme on en voit sur les textiles et les poteries incaïques. De couleur rouge, elle se voyait de loin surtout quand le soleil la frappait obliquement.

En 1946, elle fut mise debout; des *huaqueros* la firent tomber, si bien que pour la préserver elle fut emportée et entreposée dans un musée où elle sera inéluctablement volée. Sur d'autres pierres, des anneaux ont été peints.

Les « Mound Builders »

Il nous paraît intéressant de confronter le mystère de la Nazca à celui des *mounds* de l'Ohio, de l'Illinois, du Mississippi et du Wisconsin, aux USA.

Sur la Nazca, un peuple a eu l'idée de tracer des pistas immenses; aux USA, un autre peuple a construit, en terre, des serpents géants, des spirales, des tertres et des remblais à formes géométriques.

On sait fort peu sur les *mound builders* ou constructeurs de tertres. Leurs constructions sont circulaires, elliptiques ou diversement contournées; elles affectent des formes d'ours, de loutre, d'élan, de buffle, de renard, de glouton, de lézard et, parfois, d'homme.

Le *Tertre de l'Alligator* (75 mètres de longueur) celui du *Grand Serpent* dans la vallée du Mississipi et le *Serpent* du comté d'Adam (Ohio) sont typiques du genre.

Le *Serpent d'Adam* mesure plus de 300 mètres de longueur et sa gueule est ouverte comme pour avaler un œuf, en pierraille recouverte de terre argileuse, d'un diamètre de 33 mètres.

Des traditions, que nous considérons comme plus authentiques que les thèses officielles, attribuent la construction de ces tumulus et de ces figurations en terre à des hommes de race inconnue venus de « l'autre côté de l'océan », donc l'Europe(1), et dont la civilisation fut anéantie par les autochtones américains.

Le poète William Cullen Bryant a écrit à ce sujet :

« Des hommes qui depuis longtemps ont disparu
Ont édifié ces monuments. Ils appartenaient à une
[race
Prospère et disciplinée...
Puis vint l'homme rouge (les Indiens), et avec lui les
[tribus
Guerrières et féroces de chasseurs.
Alors les mound builders disparurent de la surface de
[la planète. »

Ces *mound builders* furent nommés « Adenas » par les préhistoriens, mais en fait, il s'agissait de Préceltes émigrés en Amérique peu après le Déluge (il y a 8000 à 10000 ans).

Leurs constructions, leurs tertres et leur remblais de terre semblent avoir été voués à des rites religieux et funèbres. L'archéologie classique situe leur existence juste avant notre ère, mais nous l'estimons beaucoup plus ancienne.

Bien que les techniques soient différentes, peut-être parce qu'elles étaient commandées par la nature des sols (argile aux USA, tableau noir et substrat blanc au Pérou), les *mound builders* pourraient avoir une certaine parenté avec les dessinateurs géomètres de la Nazca.

(1) Cette tradition est sérieuse et fondée. Les manuscrits irlandais content qu'il y a 3700 ans, les Tuatha Dé Danann, venus des « îles de l'Ouest » et du « pays des tertres » débarquèrent en Irlande où ils apportèrent leur civilisation.

Ces envahisseurs étaient de race divine et, avant de regagner leur pays situé « au delà de l'océan et des îles des brumes » (Terre-Neuve, Prince-Edouard, Anticosti), ils construisirent des tertres en Celtie et des monuments pyramidaux analogues à ceux du Mexique.

A n'en pas douter, les Tuatha Dé Danann étaient d'anciens Européens émigrés en Amérique et qui revenaient au pays des « premiers pères » comme ils l'attestaient eux-mêmes et comme l'affirme le *Popol-Vuh* des Mayas-Quichés.

Monuments et pistas d'origine inconnue

Cette relation est renforcée par de nombreuses observations à caractère archéologique faites aussi bien dans les Amériques qu'en Europe.

On connaît les dessins blancs sur fond de craies des collines du Dorset, les *Géants* délimités par des fossés en Angleterre et au Pérou près d'Arequipa, les alignements géométriques de Carnac dont les menhirs sont sans doute l'archaïque phallus, les étangs artificiels du Canada creusés en forme de canard sur les lignes de migration de ce volatile, les tertres et « pyramides » de Bretagne, des USA, du Mexique, du Pérou, de Patagonie, les *mounds* des Etats-Unis, les forts vitrifiés d'Ecosse, de France et du Dakota, les « boutons de variole » des Andes, mais aussi des USA, les cupules du Morbihan, etc.

Ces monuments, ces dessins, même si les techniques sont différentes, relèvent d'un gigantisme qui suppose une idée identique avec un dénominateur commun : race inconnue de constructeurs.

Certains auteurs, tel l'écrivain péruvien Manuel Scorza, n'ont pas hésité à écrire que ces travaux mystérieux, et notamment la Nazca, étaient l'œuvre d'un peuple de l'espace...

Par ailleurs, on a rapproché les pistas des traînées brillantes, longues de 2400 km pour une largeur de 8 à 16 km, observées sur la surface de la Lune.

Ces traînées partent généralement du bord des criques de notre satellite et franchissent, *sans dévier*, les vallées, les pics, les plaines, les crevasses. Elles s'élèvent de la même façon le long des montagnes abruptes (1).

(1) Relevé dans *Reader's Digest* de juin 1957.

Réalité, délire ou égrégore massique

Les Initiateurs venus de quelque planète de notre galaxie (Vénus, probablement) ont eu une existence réelle, du moins beaucoup le pensent.

A partir de cette thèse, des foules assoiffées de merveilleux se sont asservies à des chimères et à des fantômes prématurés qui, au mieux, ne prendront consistance que dans un futur conjectural.

Le problème des relations interplanétaires mérite la plus grande attention pour la raison bien simple que si les OVNI (Objets Volants Non Identifiés) sont presque toujours des météorites, des météores, des ballons-sondes, des émissions terrestres ou des formations de nuages d'électrons en provenance du Soleil ou de la Lune, ou peut-être des engins volants expérimentaux essayés par une puissance dont on ne soupçonne pas les possibilités, il n'est pas exclu que des appareils volants extraterrestres non habités apparaissent parfois dans notre ciel, soit en tant qu'observatoires, soit comme messages dont nous comprenons mal le sens.

Malheureusement, l'étude du phénomène est rendue difficile, non pas par la politique des pouvoirs publics et des scientifiques, mais par le délire des masses qui prennent des vessies pour des soucoupes et leurs images-désirs pour des réalités !

Après cela, allez savoir si un témoignage est authentique ou faux, s'il correspond à une vision réelle, à un fantôme ou à une pensée créatrice matérialisée par la volonté d'un médium !

Allez donc savoir si les hallucinations des masses voyantes n'appartiennent pas à un système d'univers autre que notre système conventionnel, et sont aussi réelles que *Concorde* et que *Skylab* !

Nous avons émis l'hypothèse que les tracés de la Nazca étaient l'œuvre d'un peuple (intelligent, cultivé) « agi » (commandé) par les intelligences extérieures à la Terre, ou mû par un fantastique inconscient collectif.

Pour les mêmes raisons, le peuple des soucoupistes est peut-être l'agent inconscient, le médium ou l'égrégore d'une puissance supérieure extraterrestre qui lui donne, à certains moments, une âme unique, une inspiration et des qualités de voyance qui ont peu de chances d'être acceptées et comprises par les rationalistes (1).

Mais comment distinguer le voyant authentique du farceur, de celui qui est abusé et de la foule de minus qui *veulent* voir des soucoupes volantes pour justifier leur existence ?

La télévision est-elle parasitée, les pannes d'électricité se font-elles plus fréquentes ? Ce sont les soucoupes volantes qui en sont la cause !

Y a-t-il un tremblement de terre quelque part ? Les soucoupes volantes !

Un crime énigmatique, une disparition de savant, un éclatement de météorite, un B 52 qui s'écrase quelque part avec une bombe atomique... Mais voyons... c'est l'œuvre des Extraterrestres !

Aussi, vous pensez bien que du fait même de leur renommée, depuis que *Le Livre du Mystérieux Inconnu* (1969), et *Le Livre des Mondes Oubliés* (1971) les ont fait connaître au grand public, la pampa et la ville de Nazca sont devenues le rendez-vous favori des OVNI, des soucoupes volantes, des Martiens et autres petits hommes verts en voyage touristique sur notre bonne vieille Terre !

(1) Un rationaliste, en définition bien comprise, est un individu borné, sous-évolué et physiquement dégénéré qui a tout de même assez d'astuce pour se revaloriser avec la théorie abusive du critérium de la raison.

Or, il est incontestable que notre raison est limitée, imparfaite et qu'elle nous trompe souvent.

Le rationaliste est donc borné par l'imperfection de sa raison et de ses sens, étranger à l'évolution des idées et des nouvelles formes de pensée, dégénéré parce que, plus que tout autre, il a perdu l'éclat de sa naissance, ses pouvoirs de perception extra-sensorielle qui, alliés aux pouvoirs de la raison, lui permettraient de mieux appréhender la vérité. En fait, le rationaliste est un empirique qui s'ignore.

Un transistor en oxyde de titanium !

Nous ne prendrons pas le risque de garantir le bien-fondé des relations suivantes qui appartiennent sinon à l'histoire, du moins à la légende de la Nazca.

En 1972, un journaliste de la télévision polonaise, Will Roczinsky, alla à Los Angeles, aux Etats-Unis, et de là se rendit au Pérou en compagnie d'un archéologue suédois.

Ils survolèrent la pampa aux pistas et, près de la ville de Nazca, virent une soucoupe volante.

Roczinsky fit faire demi-tour à son avion, c'est-à-dire qu'il revint à Pisco et de là repartit en auto à l'endroit où il avait repéré l'engin extraterrestre.

Là, gisant sur le sol, il vit « un être de couleur blafarde, chauve, possédant de très longues dents » et il filma son étrange découverte(1).

Sur le mort ou à ses côtés, il trouva un « tétraèdre en polyester contenant un transistor en oxyde de titanium » (*sic*) fonctionnant sur 400 mégahertz avec lequel il essaya d'entrer en communication avec des peuples de l'espace.

Il aurait reçu des signaux en provenance de Véga, mais aucune liaison véritable ne put être effectuée.

Un jour, découragé, il jeta le tétraèdre et son contenu dans l'océan Pacifique !

Le 11 novembre 1972, Roczinsky (il avait 42 ans) trouva la mort dans un accident sur l'autoroute de San Diego à Los Angeles.

(1) Voilà qui est déjà bien étrange et douteux !

Les piper-cubs que l'on peut louer à Pisco ne sont libres (sauf exception très rare) que l'après-midi et n'effectuent les reconnaissances sur la pampa que de 15 h 30 à 17 h 30.

Ils ne vont *jamais* jusqu'à Nazca et ne dépassent le rio Ingenio que de dix kilomètres environ. D'ailleurs, leur rayon d'action limite de lui-même le champ de leurs investigations.

En admettant que Roczinsky soit revenu au plus vite à Pisco, qu'une auto ait été immédiatement mise à sa disposition, il aurait été surpris par la nuit aux alentours de Palpa, soit à 50 km de Nazca. En conséquence, il n'aurait pas eu assez de lumière pour impressionner un film !

Des débris de sa voiture on retira des photos, des bandes magnétiques et onze bobines de films.

L'ensemble constituait une sorte de reportage fantastique fait de fragments, d'interviews et de séquences dont il fallait assembler les morceaux et inventer l'unité. C'est ce que fit le magazine *Das aktuelle Forum* à l'intention de la télévision.

Il est bien évident qu'on ne peut accorder de crédit à cette invraisemblable histoire dans laquelle, comme dans toutes les aventures de ce genre, les pièces à conviction sont « jetées à la mer » ou ont disparu comme par enchantement !

Le Pérou, terre d'OVNI

Le 3 février 1972, deux habitants honorablement connus de la ville de Nazca (ils vendent des produits alimentaires pour les animaux) passaient dans la pampa de Carbonera quand ils virent une soucoupe volante posée sur le sol.

Auprès de l'appareil s'affairait un être « de taille moyenne vêtu de vert dans un scaphandre transparent ».

Selon le journal de Nazca, la rencontre aurait eu lieu dans la pampa de la Calera, à 8 kilomètres au sud de la ville, où se trouve la plus importante réserve de vigognes du Pérou.

M. Tito Rojas, inspecteur des spectacles de la commune de Nazca, et M. Adolfo Penafiel, tailleur, se rendirent sur les lieux pour accueillir l'étrange visiteur qui, dès qu'il les vit, renonça à inspecter la pampa et décolla immédiatement.

La soucoupe s'éleva en produisant un bruit métallique vibrant et aigu qui est – paraît-il – familier aux habitants de la pampa Calera, ce qui laisserait supposer que l'endroit est une piste d'atterrissage pour les Extraterrestres.

Partout, au Pérou, on voit maintenant des soucoupes volantes.

Les « experts » en ont compté 214 en 1973 dont « l'authenticité ne serait pas douteuse » !

Dans ce chiffre, 95,8% sont conduites par des êtres semblables à nous, à la seule différence de leur stature et de la couleur de leur peau !

On estime à 4,2% les Extraterrestres n'ayant pas forme humaine, et à dix-huit cas les pilotes qui sont des robots !

Cette relation comporte plusieurs points douteux, mais les Péruviens sont d'autant plus convaincus de la prédestination de leur pays à des visites d'êtres extraplanétaires que sur des *mantos* (sacs de toile peinte enfermant les momies) de Paracas, sur des pétroglyphes et des bas-reliefs de monuments, on croit reconnaître des personnages vêtus de scaphandres ou la tête coiffée de bizarres appareils ressemblant à des casques de cosmonautes.

Impossible d'éliminer les Extraterrestres

De nombreuses observations auraient permis de constater que les peuples anciens avaient une acuité de vue très supérieure à celle des hommes civilisés de nos temps.

C'est également le cas des primitifs, des bergers et des montagnards de la cordillère des Andes.

Il est certain que les autochtones américains ont des systèmes d'associations et de perceptions mentales très différents des nôtres.

Pour expliquer la Nazca, on doit tenir compte de ces deux phénomènes et aussi du fait que les dessins ont été tracés pour être vus du ciel et non au sol.

Incontestablement, ils avaient une destination céleste, s'adressaient à des observateurs supposés ou existants qui habitaient le ciel et étaient censés venir par la voie des airs.

Au Moyen Age, on eût songé à Dieu, à des dieux ou à des anges. Ces entités sont périmées et l'homme du XXe siècle est obligé de leur substituer, en bonne logique

– ce qui est une façon de parler – des aviateurs ou des voyageurs venus d'une autre planète, c'est-à-dire : des Extraterrestres.

C'est une thèse qui heurte maints esprits timorés mais qu'on ne saurait écarter sans éliminer du même coup *la seule explication raisonnable et possible.*

Thèse incroyable ? Mais les pistas répondent-elles à un concept conventionnellement admissible ? Certes non !

L'explication d'un phénomène fantastique est obligatoirement fantastique par nature.

On sait déjà pourquoi les lignes blanches ne s'effacent pas : le climat de la Nazca est terriblement sec et le soleil y brille plus de dix mois par an. Les pierres emmagasinent une chaleur intense et provoquent la formation quasi permanente d'une sorte de bourrelet d'air chaud, épais de 30 cm environ, qui protège les dessins contre les vents de Paracas.

On a pensé que la pampa était une vaste nécropole en raison des milliers de poteries brisées qu'on y trouve et des totems : singe, araignée, oiseaux, fleurs, etc., qui délimiteraient les tribus.

Mais on ne trouve pas d'ossements humains ! Et quelle signification donnerait-on aux dessins ?

Incontestablement, les constructeurs des pistas avaient un sens aigu de la géométrie car les déviations observées dans les lignes n'excèdent par 10" d'arc, ce qui est insignifiant sur de grandes distances. On ne saurait mieux faire de nos jours.

Sur le plan de la technique, on a souvent avancé que cette rectitude dans la vue d'ensemble ne pouvait s'expliquer que si le directeur des travaux se trouvait placé au sommet d'un mont ou sur un engin volant au-dessus de la pampa.

C'est, en effet, une idée qui vient immédiatement à l'esprit, mais nous croyons désormais que le plan général des dessins a pu être respecté avec tant de minutie en raison des structures mentales particulières des constructeurs.

Par ailleurs, il faut noter que les pistas ne sont

jamais, ou presque jamais, à proximité d'une dénivellation importante.

Des journaux ont écrit que « près de chaque dessin géant on avait trouvé une miniature qui en était la représentation exacte ». Cette information est dénuée de tout fondement.

Une partie du problème se trouve ainsi résolue : les tracés de la Nazca sont l'œuvre d'un peuple remarquablement civilisé, ayant un esprit géométrique d'une exceptionnelle qualité.

De plus, ce peuple est très ancien, antérieur aux Incas et probablement de même race que les constructeurs de la Puerta del Sol en Bolivie et des observatoires solaires d'où ils savaient et pouvaient étudier l'explosion de la nova qui détermina la création de la nébuleuse de Gum.

Ces Andins préinca, c'est la logique même, avaient connu des Initiateurs dont font état les traditions ou, du moins, ils en avaient conservé le souvenir.

Sur leurs indications ou pour perpétuer l'enseignement reçu, à une date imprécise mais qui remonte certainement à des milliers d'années, ils gravèrent les rudiments de la science antique conservés sur les pierres du Dr Cabrera et confectionnèrent l'immense page d'écriture de la Nazca.

Visites d'Extraterrestres scientifiquement admises

La possibilité, à défaut de certitude, des visites sur Terre de peuples de l'espace est admise par de nombreux physiciens et astronomes.

M. Pierre Guérin, maître de recherches à l'Institut d'astrophysique de Paris (CNRS) n'accrédite pas l'existence de tels contacts mais écrit(1) : « S'il existe, sur d'autres systèmes planétaires, des Extraterrestres ayant développé une civilisation intelligente, il y a tou-

(1) P. Guérin, *Planètes et Satellites* (Ed. Larousse).

tes chances que ces êtres — fruit d'une évolution biologique immensément plus longue que celle qui a mené jusqu'à l'homme — utilisent pour étudier l'Univers des techniques complètement inconnues de nous et peut-être, dans certains cas, fondamentalement inaccessibles à notre raison. »

La revue *La Recherche*(1), sous le titre « Les Extraterrestres intéressent maintenant les astrophysiciens », estime à 5% le nombre des étoiles ayant une planète *habitable.*

Le physicien Sebastian von Hoerner donne la statistique suivante concernant la longévité des civilisations technologiques :

— 5 % détruisent toute vie sur leur planète au bout de 100 ans.

— 60 % disparaissent en 30 ans quand elles ont une vie supérieure.

— 15 % dégénèrent après 30000 ans d'existence.

— 20 % perdent tout intérêt technologique après 10000 ans.

Il en découle après calcul que, compte tenu des distances qui les séparent et de la durée de leurs civilisations respectives, les habitants supérieurs des planètes ne peuvent envisager durant leur cycle que trois échanges possibles entre eux.

Et encore ne s'agit-il que de messages !

D'autres physiciens sont plus optimistes.

Carl Sagan envisage l'existence d'un million de civilisations avancées dans notre galaxie.

G.V. Forster estime que si les Extraterrestres sont capables de franchir l'espace équivalant à 10 années-lumière, notre système solaire a probablement reçu des visiteurs durant ses 5 milliards d'années d'existence.

Ces visites passeraient au chiffre de 400 si les engins interstellaires de civilisations très avancées pouvaient avoir un rayon d'action de 50 années-lumière.

Or, Conley Powell a calculé que la technologie nécessaire pour aboutir à une telle performance devrait être à la portée de quelques supercivilisations du cosmos.

(1) La Recherche, n° 40, décembre 1973.

Une planète mère dans le cosmos

Ces thèses et ces conjectures remettent en question le problème de l'apparition de la vie sur notre planète Terre.

Elle ne serait peut-être pas apparue spontanément, comme l'avancent Oparine et Miller, par le système des acides aminés et de l'eau, mais aurait pu être apportée par une sorte de *panspermie* ou, mieux encore, par des Extraterrestres eux-mêmes, à partir d'une *civilisation mère* qui existerait dans l'Univers depuis des milliards d'années.

L'homme, dans ce cas, serait un authentique Extraterrestre, ce qui est en accord avec les traditions les plus lointaines, et notamment avec celles des Hindous dont les ancêtres seraient venus sur la Terre « par le chemin d'Aryaman, qui part d'une étoile ».

Le *Nouveau Testament* appuie cette mythologie à propos des saints « tous morts dans la foi... confessant qu'ils étaient étrangers et voyageurs sur la Terre ». (Hébreux, chap. XI, vers. 13).

Il est utile de remarquer que les astrophysiciens sont, généralement, assez peu versés en mythologie et que les mythologistes ignorent souvent l'astrophysique.

La synthèse que l'on peut faire avec la totalité de ces connaissances permettrait, pensons-nous, une meilleure étude du problème.

Les pierres de Nazca, les cosmographies de Bolivie et de Californie, additionnées aux observations et aux études des astronomes, forment un corps d'éléments sérieux permettant aux esprits les plus raisonnables d'envisager comme hautement possible sinon probable la venue sur notre globe, il y a quelques milliers d'années, d'Initiateurs d'origine extraterrestre.

De plus, des phénomènes sociaux, en plein XXe siècle, non seulement appuient cette éventualité, mais l'expliquent de façon curieuse et convaincante.

Jadis, les dieux blancs venaient du ciel

Durant la guerre de 1940-1945, des commandos américains débarquèrent sur des îles de l'océan Pacifique et en Nouvelle-Guinée.

Avec eux, ils amenèrent un énorme matériel de tracteurs, de bennes pelleteuses, de bulldozers et aménagèrent en un temps record des pistes d'atterrissage longues de deux kilomètres qu'ils balisèrent de projecteurs alimentés par de puissants groupes électrogènes.

Puis, venant du ciel, des chasseurs à réaction et des B 52 atterrirent sur ces pistes.

Les soldats, pour se concilier les bonnes grâces des indigènes et des Papous, distribuèrent des cigarettes, du chewing-gum, des couteaux, des haches et des photos de Rita Hayworth.

Ce fut comme un Noël permanent, les cadeaux tombant du ciel avec les gros oiseaux de métal brillant.

Et puis, la guerre se porta plus loin, et les B 52 émigrèrent sur des bases plus propices : Guam et Tinian dans les Mariannes.

Les années passèrent au grand désespoir des Papous qui ne virent jamais revenir les oiseaux porteurs de la manne céleste.

Peu à peu, avec la nostalgie des temps heureux, avec, aussi, la nouvelle génération d'autochtones qui n'avaient jamais connu la manne sauf par ouï-dire, naquit une tradition.

« Dans le temps, disaient les Anciens, des hommes venaient du ciel et apportaient des cadeaux. »

Peu à peu, une image-désir s'implanta dans l'esprit des Papous. Ils avaient remarqué que, pour faire venir les grands oiseaux de métal, il fallait accomplir un rite : débroussailler, niveler le terrain et faire éclater de grandes lumières qui, certainement, avaient la propriété d'attirer les voyageurs du ciel.

En 1965, plus de vingt années après le grand événement des temps passés, les visiteurs aussi bien que leurs machines volantes, vrombissantes, fantastiques, étaient devenus des dieux dispensateurs de toutes les félicités.

Sans doute suffirait-il de ressusciter le rite des pistes déblayées et des grandes lumières pour les inciter à revenir. C'est ce que firent les Papous.

La jungle avait envahi les anciennes pistes, mais sur leur emplacement, et ailleurs aussi, ils débroussaillèrent, aplanirent la terre et firent de grands feux de bois.

Ils construisirent même les effigies des machines volantes qui crachaient le feu et les firent brûler, rituellement, en inventant des danses, des chants et toute une cérémonie cultuelle.

Les grands oiseaux et les dieux blancs ne revinrent pas mais, durant des siècles probablement, le culte se perpétuera et l'on peut penser qu'un jour, les Papous auront oublié les raisons profondes de la tradition.

Alors, ils inventeront une mythologie, comme les Andins en ont inventé une pour l'anniversaire lointain de la nébuleuse de Gum.

La Nazca : un appel aux dieux

L'existence, jadis, dans la région d'Ica d'Ancêtres Supérieurs à haute civilisation est attestée par les 11000 pierres du Dr Cabrera.

Ces Initiateurs, chirurgiens, géographes, physiciens, astronomes repartirent ou disparurent probablement peu de temps après leur venue, puisqu'ils ne laissèrent aucun monument durable de leur passage, sinon un enseignement dont on retrouve les traces, édulcorées mais probantes.

Après le départ des Tuatha Dé Dannan, les Initiateurs divins de l'Irlande, et des Yankees, les dieux volants de Papouasie, les peuples contactés leur vouèrent un culte qui trouve son expression particulière en Europe dans les menhirs et les dolmens, en Mélanésie dans des feux de pistes.

De même, il y a lieu de croire que les peuples de

Bolivie et du Pérou perpétuèrent la visite des êtres de sang divin par les traditions relatives à Orejona et à son astronef vénusien, par les bas-reliefs de la Puerta del Sol, les *grabados* d'Ica et les dessins de la Nazca.

C'est sans doute ce que dirait un Nazqueño si la civilisation hispano-chrétienne n'avait effacé de sa mémoire le souvenir des grands événements dont ses aïeux avaient été les témoins.

La Nazca, en elle-même, est une énigme impénétrable mais qui se dévoile, s'éclaire jusqu'à devenir lumineuse quand on la replace dans son contexte : les mystérieux personnages blancs barbus, aux cheveux roux, somptueusement inhumés dans la nécropole insolite de Paracas; les hommes géants, à tête énorme de Tiahuanaco et les hommes d'une race extraterrienne, à quatre doigts, ciselés sur la Puerta del Sol; les grottes secrètes à révélations scientifiques d'Ocucaje; le Chandelier des Andes, surgi de la mer du dieu Poséidon et pointé vers le ciel (1)...

La « ligne sacrée » Tiahuanaco-Paracas

Incontestablement, une lueur jaillit dans le sens nord-ouest-sud-est donné par la majorité des tracés de la Nazca, par l'axe du *Candelabro* et par la ligne incroyablement droite où se situent la *nécropole de Paracas*, les *grottes à pierres* du docteur Cabrera, la *Nazca* et la fascinante *Puerta del Sol*, toute grande ouverte sur le chemin des sanctuaires.

La « Porte du Soleil » de Tiahuanaco a été orientée de façon à ce que le soleil du solstice qui se lève le matin pour l'éclairer en pleine face passe ensuite par son ouverture pour aller se poser sur la Nazca, Ica et Paracas.

(1) Poséidon, dieu de l'océan était roi de l'Atlantide selon les traditions. Les symboles des Atlantes étaient le trident et le cheval marin. Le « Trident des Andes », comme on l'appelle à Paracas, serait-il une signature des rescapés de l'Atlantide?

Quant à l'énigmatique *Tridente*, terminus de la « ligne sacrée », il est gravé sur une colline dont la pente moyenne est de 38°, de telle sorte que ses trois sommets pointent vers le ciel dans une direction bien déterminée.

Que désigne donc la fourche symbolique du dieu Océan ?

L'axe Chandelier des Andes-Ica-Nazca-Tiahuanaco.
Ces quatre sites-sanctuaires sont placés sur une ligne rigoureusement droite qui exclut la coïncidence.
Photo Dictionnaire Larousse/Contretype Charroux

La Terre de Mu, qui dans des temps lointains émergeait vers l'autre bord du Pacifique ?

Il est difficile de retenir une telle suggestion si l'on veut – et on le doit – tenir compte de l'inclinaison des collines de Paracas.

Ce n'est pas par hasard que la « ligne sacrée » Tiahuanaco-Nazca-Ica s'élève brusquement comme pour indiquer un point du ciel très probablement en relation avec les Grands Ancêtres qui fondèrent les sanctuaires ou en mémoire de qui ils furent édifiés.

Or, précisément, dans la direction donnée, à quelque 40 millions de kilomètres, Vénus la Verte, la Divine, étincelle chaque soir et pare le firmament de son émeraude incomparable.

Vénus, patrie de Chasca, de Viracocha, d'Orejona, selon les traditions !

Patrie aussi, peut-être, des Initiateurs de la science terrestre !

Et quand Vénus, en courtisane soumise, accompagne Inti, le Dieu-Soleil, en décrivant une révérence de 180°, le Trident des Andes, alors, pointe en direction de Sirius, la *Sothis* des Egyptiens, la mère de notre système solaire d'après les Dogons d'Afrique.

Or, Sirius occupe une place primordiale, non seulement dans la mythologie des peuples, mais aussi dans leur astronomie opérative.

Le chemin qui mène à l'étoile

Sur le site néolithique de Medzamor, en Arménie soviétique, les archéologues russes ont mis au jour une véritable usine à bronze où l'on fabriquait, il y a 8 à 10000 ans, dix-huit variétés de cet alliage.

Sur les bords de la rivière qui longe le site, Mlle E.S. Parsamian, de l'observatoire de Burakan, a identifié trois observatoires antiques de forme triangulaire d'où les hommes du néolithique devaient – selon les calculs qui ont été faits – observer le lever de Sirius, vers 4 heures du matin, le 22 juin de l'an 2800 av. J.-C.

Il se trouve aussi que le premier mois de l'année égyptienne qui s'appelait Thot (l'Initiateur) commençait avec l'apparition de l'étoile d'Isis : Sirius ou Sothis.

Des astronomes éclairés diront peut-être un jour si la nébuleuse de Gum ne résidait pas, elle aussi, dans cet azimut qui intriguait tant, il y a quarante mille années, les physiciens du plateau des Andes.

On trouverait alors une singulière association d'indices qui pourrait donner une explication aux mystères de la cordillère.

Encore une coïncidence exagérée : la perpendiculaire élevée juste au milieu de la « ligne sacrée », c'est-à-dire à 450 km de chacun des points, passe exactement sur Cuzco et Sacsahuaman, cité sainte et forteresse des Incas !

Autant se laisser convertir tout de bon, sans réticence déshonnête à la vérité probable qui veut sortir de son puits : c'est pour rendre hommage aux grands oiseaux venus du ciel il y a des milliers d'années, pour honorer les dieux qui leur avaient apporté de leur planète l'art de remplacer un cœur malade, de voir de près les étoiles, d'écrire, de fondre des métaux, que les pré-Incas avaient eu l'idée de dessiner sur le sol noir et pierreux, mais à substrat blanc, de la pampa de Nazca ces dessins et ces pistas, ces fleurs, ces animaux et les oiseaux immenses qui ressemblaient à ceux des Initiateurs.

Si les secrets du télescope et de la loupe se rapportent aux Ancêtres Supérieurs venus il y a 10000 ou 40000 ans, on peut penser que les derniers commandos célestes étaient composés d'Extraplanétaires – Vénusiens à notre point de vue – comme l'affirment les traditions (1).

Dans cette hypothèse, les oiseaux et les dieux étaient des symboles, les spirales, les lignes, les tracés géomé-

(1) Il ne faut pas oublier que les dieux des Mexicains et des Incas, tout comme ceux des Assyro-Babyloniens et des Phéniciens, étaient des représentants de la planète Vénus. On peut en inférer que les derniers dieux (les Extraterrestres) atterrirent sur la Nazca il y a 5000 ans. Mais avant eux, il y a 10000 et 40000 ans, d'autres Extraterrestres étaient aussi venus visiter les Terriens.

triques étaient la figuration géométrique des antiques cosmodromes, les fleurs représentaient une offrande et les animaux le sacrifice rituel du sang que les primitifs ont toujours cru devoir aux dieux.

Un culte, mais aussi un appel aux antiques visiteurs, une invitation à les faire revenir.

Toutes les prières des hommes, des Indes aux Amériques, de l'Afrique du Sud au Groenland, ne montent-elles pas vers les étoiles ?

Une cathédrale, une flèche d'église, de temple, un obélisque, sont à la verticale ce que les pistas et les dessins andins sont sur un plan horizontal géologiquement explicable : les termes d'un dialogue que les Terrestres tentent d'engager avec les dieux du ciel.

Au XXe siècle, les essais de contact ont nécessairement pris une forme moins archaïque, plus scientifique, mais ils ne sont que le prolongement d'une très ancienne coutume et l'annonce que, dans les temps futurs, le voyage de planète à planète redeviendra une réalité.

A n'en pas douter, les Terriens iront visiter des peuples du cosmos, de la même façon que ces derniers sont venus sur la Terre.

9

LES TEMPS D'APOCALYPSE

A propos des Extraterrestres et de la possibilité de leurs incursions sur la Terre, nous avons fait état des travaux de l'astrophysicien Sebastian von Hoerner sur la durée des civilisations technologiques et de leur détérioration inéluctable et accélérée en corrélation directe avec la grandeur de leur développement.

Selon von Hoerner, 5 % de ces civilisations détruisent toute vie sur leur planète au bout d'un siècle et 60 % disparaissent après trente ans si leur technologie est extrêmement avancée. Il devient alors intéressant, sinon primordial, d'estimer à quel stade en sont les Terriens et quel destin ils se préparent.

Le XXIe siècle pour les Chinois

De prime abord, on pourrait croire que les progrès enregistrés depuis la fin du XIXe siècle et les réalisations techniques qui en ont découlé nous ont conduits au bord d'un abîme où nous allons prochainement être précipités.

Ce ne serait pas une erreur en ce qui concerne un cinquième environ du globe, mais il est hors de doute que les nations faiblement évoluées échappent à ces perspectives.

Reste à savoir si le terme de civilisation s'adresse à

une ethnie, une nation, un continent ou à la planète tout entière.

Durant les quatre derniers millénaires, de nombreuses civilisations ont éclos et disparu, parfois sans laisser de trace, le plus souvent en léguant des vestiges peu en rapport avec leur rayonnement.

A Tiahuanaco, à Ica, au Hoggar, au Yucatan olmèque, au Groenland sans doute, rien ou presque n'a subsisté. En Egypte, en Phénicie en Assyro-Babylonie, à Mohenjo-Daro, en Grèce, à Pétra, des témoignages demeurent, mais les grandes périodes de ces nations ou de ces cités semblent à jamais révolues.

Pourtant notre monde planétaire a continué son évolution, le flambeau du progrès se transmettant selon des voies historiques et géographiques relativement mystérieuses.

Nous devons donc en inférer que, si les civilisations de la France, de l'Allemagne, de la Russie, de l'Angleterre, de l'Italie, du Canada, des Etats-Unis, etc., sont de nos jours en plein épanouissement, et, par voie de conséquence, inéluctablement condamnées, d'autres nations – la Chine en particulier – sont déjà prêtes à assurer la relève.

Jadis, les idées, et surtout les techniques, étaient à un niveau relativement peu élevé et leur propagation difficile et lente.

Au XXe siècle, tout est différent avec la progression arithmétique du progrès. A n'en pas douter, la Chine d'abord, le Mexique, le Brésil, l'Islam et les Etats noirs d'Afrique accéderont en moins d'un siècle à la technologie que l'Europe a mis deux millénaires à acquérir (1).

C'est donc au XXIe siècle que la thèse de von Hoerner, si elle est exacte, trouverait sa justification.

(1) On peut penser que la civilisation des Terriens ne s'applique pas à tous les peuples, certains, comme l'assurent le psychologue suisse Jean Piaget et l'archéologue Alexander Marshack, étant des primitifs attardés en voie de régression, pourvus d'un système mental incapable d'évoluer. Ce serait le cas pour les Papous et quelques tribus d'Afrique et d'Australie. Dans ce sens, les « hommes de la Terre » sont ceux qui ont atteint ou qui atteindront un développement intellectuel supérieur; les autres ne compteraient pas et ne seraient que de simples figurants de la grande aventure humaine.

La conjuration de Pugwash

Les signes avant-coureurs d'une proche fin du monde hantent l'esprit des hommes lucides.

Ces signes affectent la plupart des activités sociales, industrielles, politiques, morales, religieuses et se traduisent par la prolifération des crimes, des hold-up, de l'immoralité, l'anesthésie des sens du devoir, du travail(1), du civisme, la contestation élevée au rang de principe (mais souvent justifiée), le besoin de jouissance, les scandales de la justice, l'inégalité fondée sur un racisme criminel, sur des privilèges insensés, l'égoïsme, le manque de fraternité, la dictature de l'argent et la politique de conditionnement, d'abêtissement général par le truchement de la télévision, de la radio, de la presse, du disque... enfin, la technologie avancée, insensée, pratiquée par les politiciens et les affairistes avec le concours plus ou moins conscient de ceux que l'on appelle les savants(2).

Certains d'entre eux, pourtant, physiciens, astrophysiciens, sociologues, biologistes, chimistes, philosophes, géologues, psychologues, mathématiciens, etc., ont éprouvé des inquiétudes justifiées sur le destin de notre planète.

En 1957, à l'instigation du mécène Cyrus Eaton, les plus éminents penseurs du monde entier, Russes, Américains, Allemands, Français, etc., à l'exception des Chinois se sont réunis à Pugwash, petite cité de la Nouvelle-Ecosse, pour étudier ce qu'ils pouvaient entreprendre pour sauver notre civilisation.

Ces savants, incontestablement, ont un idéal respectable, ils sont désintéressés et ne postulent qu'à être

(1) Les bons ouvriers sont de plus en plus rares, à l'exception, bien entendu, des derniers héritiers du travail honnête, aimé et bien fait : les « Compagons du Devoir », ultime rempart de la haute franc-maçonnerie.

(2) Les grands responsables de la contamination, de la perversion et de la destruction des principes sociaux sont les Américains avec leur cinéma, leurs gangsters, leur société de consommation et leur système d'éducation des enfants.

des hommes de bonne volonté au service de la fraternité terrienne.

Mais ils ont du mal à remonter la pente, à vaincre la légitime suspicion des ethnies conscientes à l'encontre des inventeurs d'explosifs, de canons, de gaz asphyxiants et de bombes atomiques.

Freud a cru que Dieu et la religion étaient à la base des névroses obsessionnelles profondes de l'humanité, ce qui était sans doute vrai au Moyen Age, mais nous pensons que, depuis la fin du XIXe siècle, le « stress » des hommes (1) est provoqué par la peur de la science et de son officiant à figure souvent satanique : le savant !

Le vieux mythe de la perte du Paradis terrestre et de l'arbre de la connaissance du bien et du mal resurgit de nos jours comme un avertissement solennel et terrible.

Ceux qui le perçoivent – les êtres lucides – en sont épouvantés et commencent à croire à des lois supérieures, à une conscience et à une morale universelles qui ne sauraient être violées impunément.

En travaillant à la fabrication des bombes atomiques d'Hiroshima et de Nagasaki, les physiciens se sont engagés délibérément dans la voie du crime.

Ces hommes, dont les noms sont aujourd'hui honorés, seront demain mis au ban de l'humanité et considérés comme des monstres et peut-être des sadiques.

Le plus coupable des criminels de guerre fut sans doute Albert Einstein qui convainquit les présidents des USA Roosevelt et Truman de faire usage de la puissance nucléaire contre le Japon et, au besoin, contre l'Allemagne.

Les buts : détruire le nazisme et fonder l'Etat d'Israël.

C'était payer cher pour des idéaux sociaux, politiques et religieux, sans compter qu'un tel précédent

(1) Le *stress,* mot anglais, désigne les troubles de nature variée qui perturbent l'état physique et psychique des individus : peur de l'avenir, traumatismes, choc chirurgical, émotivité, détresse, dérèglement des fonctions biologiques, etc.

pouvait et *devait même* entraîner l'anéantissement de la civilisation occidentale.

Albert Einstein ne tarda pas à comprendre quelles conséquences allaient découler de sa collaboration à une œuvre aussi insensée. Il se déjugea et lança son fameux cri d'alarme : Alerte à la bombe atomique... les peuples de la Terre sont en danger de mort ! En signe de protestation dernière, Einstein, qui était juif, se fit protestant mais, aussi bien, il aurait embrassé (sans conviction) le bouddhisme ou une autre religion !

Le physicien Leo Szilard, le chimiste Linus Pauling (prix Nobel de la Paix), le biologiste Gregory Pincus, le pape Jean XXIII, le Dr Schweitzer, l'illustre professeur Konrad Lorenz et Jean Rostand sont les savants, parmi les plus connus, qui prirent position contre l'armement atomique.

« Le monde finira dans une conflagration nucléaire, déclara Gregory Pincus. J'espère que les gouvernements entendront notre avertissement. »

Parallèlement au congrès de Pugwash, Jean Rostand, le Pr Marois, M. François de Clermont-Tonnerre et des biologistes de renommée mondiale, soutenus par Mme Nina Khrouchtcheva, se réunirent le 4 février 1962 au Château de la Muette, à Paris et fondèrent *l'Institut de la Vie*(1).

Le chef, le sorcier, le prêtre, le savant

La prospective est une science qui a pour objet d'une part l'étude des causes techniques qui accélèrent l'évolution du monde moderne et, d'autre part, la prévision des situations qui pourraient découler de leurs influences conjuguées (définition du Larousse).

L'homme lucide, celui qui désire se situer dans le présent pour savoir où il va, doit également connaître le chemin qu'il a parcouru.

(1) Nous avons relaté les buts de cet institut dans *Histoire Inconnue des Hommes depuis 100000 ans*, op. cit.

La prospective commence donc avec les premiers âges de l'humanité, quand nos ancêtres préhistoriques commencèrent à fonder une société.

Ils surent très vite que leur existence était précaire, impossible sur le plan individuel, possible s'ils se groupaient pour mieux affronter les périls et le problème de la subsistance.

La première société organisée fut le clan.

D'après un spécialiste de la question, le sociologue Lévy-Bruhl (1), le clan pour avoir le maximum d'efficacité doit se composer d'une trentaine d'individus.

S'il en compte notablement moins, il devient vulnérable, n'a pas de force défensive, mais au delà de trente, il entre dans le risque de raréfaction des ressources dans les zones exploitées de chasse et de pêche. Il est indispensable que le clan soit dirigé par l'homme le plus fort et le plus intelligent. Le plus fort pour qu'il puisse imposer sa loi; le plus intelligent parce qu'il ne doit pas se tromper, la moindre erreur de sa part pouvant entraîner la disparition du groupe.

C'est une question de survie qui a force de loi naturelle et va déterminer une nécessité de sélection et de transmission génétique des qualités acquises. En particulier par la voie du sang.

Le chef doit avoir des enfants. Ses fils et ses filles doivent se marier avec les individus supérieurs du groupe, ou, éventuellement, avec les enfants d'un autre chef, afin que soit préservé le patrimoine héréditaire.

Il serait néfaste pour le clan, criminel même, que le responsable de sa survie contracte un mariage avec une femme tarée, en mauvaise santé ou ne jouissant pas de facultés intellectuelles et physiques du plus haut niveau.

Au début, il est possible que les premiers embryons de sociétés aient eu comme chef de clan la mère, la *Mater,* matrice sacrée qui devait engendrer la meilleure progéniture possible. Il est certain que le patriar-

(1) M. Lucien Lévy-Bruhl, professeur à la Sorbonne, a étudié les civilisations primitives de Nouvelle-Guinée et d'Amazonie. Son ouvrage principal s'intitule *La Mentalité primitive* (1922).

cat détrôna vite la domination féminine avec une distribution du pouvoir entre l'individu le plus fort – le chef – et le plus sage – le Père, le vieillard ou un groupe de vieillards – à l'expérience confirmée.

Le patriarche indiquait l'action que le chef avait pour mission de commander.

L'un et l'autre savaient où était le gibier, comment pêcher le poisson, découper l'écorce d'un arbre, tailler la pierre, construire une habitation, choisir le lieu de campement.

Puis, par une véritable utilisation du savoir, la spécialisation fit franchir un premier pas vers une civilisation plus complexifiée. Il y eut le sorcier qui connaissait les plantes-remèdes, les secrets de la nature. Savant, âme consciente de la société primitive, il ne tarda pas à imposer sa loi, à inventer des cadres, une morale, des obligations, des rites et, enfin, une religion.

Devenu prêtre, le sorcier officia dès lors auprès du chef ou roi traditionnel accepté par privilège du sang.

Le roi lui-même, en Egypte ancienne par exemple, était considéré comme prêtre.

Durant des millénaires, le prêtre joua le rôle d'initiateur puis, de même que la religion s'était ajoutée à la sorcellerie, la science s'associa à la théologie pour s'en séparer finalement quand les dogmes s'opposèrent de façon trop criante aux lois expérimentales.

A dater de cette scission, le prêtre se cantonna dans le sacerdoce, avec de timides incursions dans les laboratoires, et le savant prit le large en libérant peu à peu la connaissance authentique des superstitions et des pseudo-vérités religieuses.

Le développement et les progrès dans l'industrie et dans la vie quotidienne, la technologie extrêmement poussée en matière de guerre et de conquête spatiale, achevèrent de projeter le savant au sommet de la hiérarchie sociale.

De nos jours, il est le *deus ex machina* de la civilisation.

La chose désirée et celle qui ne l'est pas

Nous avons désormais un besoin si impérieux du savant avec son grimoire magique, l'ordinateur, que, s'il disparaissait, ce serait peut-être la fin du monde. Hélas, ce sera sans doute aussi la fin du monde *par* le savant, car ce qu'il apporte en bien à l'humanité est toujours compensé par un apport mauvais.

L'homme du xxe siècle est assoiffé de bonheur facile, mais, au lieu de le mériter et de le chercher lui-même dans le travail patient et dans la vertu, il l'exige par *n'importe quel moyen* et dans les plus brefs délais de ceux dont les connaissances peuvent réaliser des miracles : le physicien, le chimiste, le biologiste, le mathématicien.

Pétri d'orgueil, souvent inconscient de ses responsabilités, le savant, moyennant finance et honneurs mondains, travaille, étudie et finit par trouver la chose désirée.

Mais sa découverte amène inéluctablement celle d'une contrepartie non désirée.

On demande au médecin un vaccin ou un remède contre telle maladie, mais le vaccin ou le remède provoque une accoutumance qui rend l'organisme plus vulnérable à d'autres affections qui auparavant ne parvenaient pas à se déclarer.

L'homme demande au savant un moyen de locomotion rapide et le savant invente la bicyclette, puis l'auto, laquelle exige la construction de routes planes, unies qui provoquent la nécessité de vitesse, laquelle aboutit à la fabrication de bolides roulant à deux cents kilomètres/heure.

Le résultat final est une hécatombe : 17000 morts et 390000 blessés chaque année en France, dont 150000 demeureront invalides ou handicapés toute leur vie (1), sans compter le pire de tout : la détérioration morale complète chez tous les automobilistes, l'annihilation de

(1) Aux Etats-Unis : 55500 morts en 1968 et 2300000 blessés; la route est beaucoup plus meurtrière que ne le fut la guerre du Viêt-nam.

tout esprit chevaleresque, l'institution en dogme de la muflerie, du sans-gêne et du mépris de la vie d'autrui.

Jadis, nous avions besoin de bois pour nous chauffer, mais le savant nous a fait cadeau du pétrole et du gaz d'éclairage, puis d'une énergie pratique et meurtrière : l'essence qui a apporté la pollution tous azimuts.

Pour juguler ce fléau, le savant a inventé l'énergie thermonucléaire qui bientôt chauffera nos appartements et fera rouler nos voitures.

Plus d'émanations d'oxyde de carbone dans les villes et les campagnes, mais des irradiations de rayons gamma et de la libération de cæsium qui provoqueront des leucémies, des mutations dans les organes de reproduction. Les hommes deviendront impuissants, chauves, engendreront des enfants monstrueux à trois yeux et à cinq jambes, les plantes reproduiront au même rythme des espèces hybrides, souvent vénéneuses, toujours inattendues.

Que pourra faire le savant en dernier ressort ?

Il fera sauter la planète et ce sera la fin de son apprentissage de sorcier.

Sera-ce l'ultime aventure de « l'animal doué de raison », comme l'écrivait un humoriste ? On peut le redouter car, d'expériences en expériences, de choses désirées en solutions à double tranchant les hommes, solliciteurs inconditionnels, ont abouti à une situation de déséquilibre, de troubles sociaux et psychiques.

Et le savant, devenu lucide, par force, commence à comprendre que, dans sa lutte insensée, il finira bien un jour par ne plus pouvoir l'emporter sur les inépuisables ressources d'invention de la Nature.

La qualité de la vie ou la mort

En 1973, au cours d'une réunion, à Paris, chez M. Bertrand de Jouvenel, les savants du Comité de Pugwash examinèrent publiquement la situation en vue de freiner, si possible, la décadence de la civilisation occidentale.

Un des plus importants périls est celui de la démographie.

En l'an 2000, la Terre aura une population de 6 à 7 milliards d'individus qui se trouveront aux prises avec des difficultés insurmontables.

Il y aura 3 milliards d'hommes en trop, qui devront disparaître d'une façon ou d'une autre. On n'ose pas envisager par quel moyen, naturel ou artificiel.

La sélection naturelle n'opère plus. Au contraire, les nations les plus évoluées s'acharnent à sauver des bébés qui normalement ne devraient pas vivre.

Ces enfants, prématurés, mongoliens, phocomèles, etc., dans la meilleure des solutions, seront à la charge de la société durant toute leur enfance, sinon toute leur vie. S'ils arrivent à s'intégrer, à travailler, ce sera imparfaitement et, bien avant l'âge de la retraite normale, ils retomberont à la charge de l'humanité viable et travailleuse.

Actuellement, on estime qu'un homme travaille pour faire vivre quatre personnes trop jeunes, trop vieilles, malades ou invalides.

En l'an 2000, un homme devra travailler pour huit ou dix oisifs forcés.

S'il survient une guerre, elle épargnera 90 % de ces indisponibles, tuera 30 à 40 % des hommes valides et la situation deviendra désespérée, en particulier pour l'Occident civilisé.

Les biologistes ont calculé que 80 % du budget mondial de la médecine sociale était consacré à sauver des enfants nés dans des conditions désastreuses, à assurer la longévité de vieillards condamnés au grabat de la souffrance, à la déchéance ou à une existence inconsciente et végétative, plus affreuse encore pour leur famille que pour eux.

C'est de la trahison envers les vivants. Les médecins sont louables quand ils jugulent la maladie curable, mais ils sont criminels quand ils maintiennent en survie dans des couveuses, des poumons artificiels, au lit, en chaise roulante, sous tente d'oxygène, en chambre stérilisée ou en bulle, *des dizaines de millions d'êtres irrémédiablement voués à une fin prochaine et misérable.*

Le médecin, trop souvent hélas, ne prolonge pas la vie : *il prolonge les douleurs.*

Et qui paie les couveuses, les poumons d'acier, les cœurs artificiels, les appareils coûteux, les centres de sauvetage, de rééducation, etc. ? Les bien-portants, que l'on prive de vacances, de repos et de joie nécessaires et méritées, au profit de moribonds, d'anormaux ou de condamnés à la stagnation végétative.

De plus, une grande partie des milliards dilapidés va aussi en soins à tout un peuple d'oisifs volontaires, de drogués, d'alcooliques, etc., à une humanité animale vouée à la suralimentation, à la « grande bouffe » pour employer une expression désormais à la mode.

Car cette « grande bouffe » abrège dans notre pays 50 % des vies, soit par l'alcoolisme, soit par les maladies de foie, l'artériosclérose, l'infarctus du myocarde, la congestion, le diabète, etc.

Il n'y a pratiquement pas de remède applicable(1).

Peut-être faudrait-il laisser faire la sélection naturelle ou éliminer les mal conformés, les épaves, mais qui oserait se charger d'une besogne si horrible, même si elle s'avère un jour nécessaire à la sauvegarde des peuples ?

Bien entendu, il n'entre pas dans les vues des savants de Pugwash de priver l'homme admis à la retraite de la récompense de ses années de labeur. Au contraire, c'est le devoir et l'honneur de la société d'assurer au travailleur accidenté, malade ou retraité, la sécurité et le bonheur auquel il a droit.

Assurance de bonheur, oui, mais non de souffrance dans la pire des décrépitudes physiques et mentales.

(1) Les soins médicaux pourraient être quasi gratuits. Il semble que les maladies et les carences soient le résultat d'un déséquilibre du métabolisme. Un chercheur canadien-français, Roland Pigeon, assure l'équilibre par un contrôle de la microbiologie notamment en supprimant le phosphore dans la nutrition végétale, animale et humaine. Des guérisons spectaculaires (leucémie, cancer, arthrose, etc.) auraient ainsi été constatées.

L'expérimentation en agriculture se fait à l'abbaye de Timadeuc par Bréhan-Loudéac (Finistère).

Le problème et ses solutions éventuelles défient notre sens humain, épouvantent notre sensiblerie la plus élémentaire.

L'idéal, bien sûr, serait de promouvoir des générations d'êtres sains, forts, aptes à profiter d'une vie heureuse et d'une civilisation réellement paradisiaque.

A quel prix ?

Le Comité de Pugwash a dû censurer ses études sur ce point, tant elles évoquaient les thèses et les expériences qu'Adolf Hitler avait rendues si impopulaires de 1940 à 1945.

L'impossible solution

Et pourtant, ce malaise, ces solutions de désespoir, l'humanité sera sans doute amenée à les envisager avant la date fatidique de l'an 2000.

Ou bien, par une politique machiavélique, perfide et insensée, elle préférera le choix d'une guerre, d'un génocide abominable, qui, en définitive, n'amènerait aucun résultat positif.

Les peuples primitifs, de tout temps, ont eu à résoudre une situation aussi désespérée, mais le problème de leur survie ne leur laissait aucun choix.

Dans le Grand Nord, quand un vieillard n'est plus apte à vivre, on l'emmène, rituellement, avec une résolution grave et affectueuse, faire la promenade du « grand sommeil ».

Abandonné dans la toundra glacée, le malheureux s'engourdit très vite et passe sans souffrance dans le monde du silence.

Chez les peuplades nomades d'Australie, quand l'habitat steppique est vide de ses ressources, le clan doit partir, souvent très loin, à la recherche d'une zone fertile. Alors, en cours de route, quand la situation devient inextricable, on abandonne avec quelques jours de provisions le vieillard ou l'infirme qui ne peut suivre.

En Berry, et dans certaines provinces de France, il

était de coutume, il n'y a pas tellement longtemps, de faire « la bonne vie » au vieillard non récupérable...

Le comité de Pugwash est perplexe sur la politique qu'il doit adopter : est-il séant de révéler au monde de l'Occident que ses jours sont comptés ? Une propagande, une information publique dans ce sens ne risquerait-elle pas de hâter la dégringolade et d'ajouter au désespoir des hommes conscients mais qui n'auraient pas assez de courage pour faire face au péril inéluctable(1) ?

Signes avant-coureurs peu rassurants

Le bilan de notre civilisation ne porte pas uniquement sur ces points noirs mais s'aggrave de nombreuses autres constatations.

Nous vivons en plein déséquilibre avec la Nature que nous maltraitons, dans un environnement de plus en plus rendu hostile et froid(2). Des millions d'êtres humains souffrent de malnutrition ou de sous-alimentation; la folie fait des ravages sans cesse croissants, principalement dans les nations les plus riches; la contraception n'est pas observée par les peuples qu'elle pourrait soulager; le péril atomique, l'irradiation, la course aux armes offensives les plus meurtrières, l'épuisement des ressources naturelles minérales, la pollution, etc., engagent gravement notre avenir.

Signe avant-coureur d'involution, les hommes et les

(1) Nous-même avons beaucoup hésité à écrire ce chapitre. Nous pensons et espérons que ce cri d'alarme ne sera pas accueilli comme une prophétie de malheur, mais au contraire, comme une invitation à redresser la barre, à préserver autant que possible notre patrimoine de bonheur en limitant les pouvoirs des savants et en détruisant jusqu'à la racine les maléfices des religions. L'exposé de la plupart de ces thèses a été télévisé à l'ex-ORTF, chaîne 1, le 18 mars 1973 à 22 h 10, sous le titre : *Le Grand Virage.* Participaient au débat : MM. Bertrand de Jouvenel, Paul Ehrlich, Aurelio Peccei, Ivan Illich et Joël de Rosnay.

(2) Il y a dégradation de la nature parce qu'il y a chez l'homme dégradation des sentiments du cœur et de l'amour. Nous avons rompu le pacte qui nous unissait au minéral, au végétal et à nos frères animaux.

femmes ne peuvent souvent plus être distingués : la femme se masculinise à outrance et son compagnon porte bagues, cheveux longs et vêtements « unisexes ».

A cette confusion des sexes, qui évoque l'hermaphrodisme originel, correspond la fin du culte de la Mater, déjà sapé par l'avènement du pseudo- « fils unique de Dieu ».

La femme dite civilisée n'ayant plus à faire d'enfants et ne craignant plus la grossesse grâce à la pilule, porte ses efforts physiques et imaginatifs dans l'accouplement vers l'érotisme, le morbide, la recherche d'une jouissance exacerbée par les subtilités les plus dangereuses, les plus perverses.

Confusion des langues et des langages, des corps et des sexes. La Tour de Babel de l'an 2000 s'élève peu à peu sur les ruines des temples, des morales, des servages et des palais des potentats de la politique et de la croyance.

La contestation, les revendications parfois insensées de ceux qui travaillent, l'obstination stupide et criminelle de ceux qui exploitent ajoutent l'inextricable au confus.

Il y a trente ans, un père pouvait dire à son fils : « Travaille bien, réussis tes examens, et plus tard, tu auras une belle situation. »

De nos jours, des centaines de milliers de jeunes bacheliers, de secrétaires, de maîtres enseignants, bien que connaissant parfaitement leur métier, ne peuvent trouver d'emploi.

Quelle sera la situation dans vingt ans?

Les conclusions du Comité de Pugwash sont les suivantes : le monde civilisé a encore vingt-cinq ans de survie assurée. Après... à la grâce de Dieu!

La nature se sauvera elle-même

Il reste un espoir qui, en fait, est loin d'être négligeable : les savants peuvent se tromper!

Certes, le bilan qu'ils ont dressé est à peu près inattaquable dans le principe et dans les chiffres, mais l'homme propose et Dieu dispose!

Dieu, c'est-à-dire l'inconnaissable Intelligence de l'Univers dont les desseins sont à peine effleurés par l'intellect humain.

La pollution, les bombes atomiques, l'agression perpétrée contre la nature, la surpopulation sont des maux et des périls menaçants mais qui peuvent être balayés par un simple grand tremblement de terre, un déluge ou un cataclysme cosmique.

Les peuples anciens, les Ancêtres Supérieurs ont probablement vécu des situations analogues à la nôtre, et la Nature, souveraine et sage, y a porté un remède par le fer rouge.

Ce qui était gangrène a été anéanti et l'humanité, même décimée, a pu reprendre de plus belle.

Quand les temps d'apocalypse seront à leur volume critique, on peut espérer que les savants ou que les Sages du globe sauront prendre les mesures salvatrices nécessaires.

Car ils viendront les jours où les opérations chirurgicales les plus cruelles ne seront plus tentées sur des populations craintives et veules. Rien n'est impossible à l'homme pour le meilleur comme pour le pire.

La sélection naturelle éliminait les tares

Qui oserait nier que les hommes de l'Occident et des autres pays civilisés sont, pour la plupart, odieux et méritent une juste punition?

Pourtant, il faut tenir compte, pour en juger, de nos faibles capacités à définir, à la fois, la justice et l'importance de nos turpitudes à l'échelle universelle.

Bref, les savants eux-mêmes, considérant que la société est corrompue mais qu'il est illusoire de vouloir changer ses structures, ses cadres et la nature de sa civilisation, pensent que le remède serait de refaçonner l'homme.

En 1973, des biologistes, parmi les plus célèbres, ont

examiné le problème au cours d'une conversation dont nous allons donner des extraits.

Participaient aux débats : MM. Jean Rostand, le généticien suisse Muller, prix Nobel 1969, le Pr Pincus, inventeur de la pilule contraceptive, les Prs Lhéritier, Medawar et Dobshansky.

Jean Rostand : Le plus grand ennemi de l'homme est lui-même. Toute découverte scientifique a des conséquences négatives, maléfiques.

Pr Pincus : Je décline toute responsabilité; je suis seulement un chercheur. Ceux qui appliquent sont responsables. L'Eglise a tort d'être contre la pilule. La biologie ne peut résoudre le problème moral.

Pr Dobshansky : Il faudrait fabriquer des hommes sur mesure; mais sur quelle mesure ?

Pr Lhéritier : L'idéal n'est pas de changer, mais de défendre le patrimoine héréditaire de l'homme. Quand elle est en dehors de cette loi, la biologie est criminelle. Le mouvement naturel de la vie tend à détériorer l'espèce et c'est pour cela qu'il faut nous entourer de conditions matérielles et psychiques *capables d'éliminer toute nouveauté* qui est nocive au fur et à mesure qu'elle fait son apparition.

Jean Rostand : La sélection de Darwin élimine l'augmentation des mauvais gènes, provoque une épuration génétique qui conserve l'espèce. Malheureusement, l'homme a enrayé la sélection en protégeant inconsidérément les vies mauvaises.

C'est le cas pour les médecins, les chirurgiens, les hygiénistes, les assistantes sociales, philanthropes inconscients qui assurent la vie et la perpétuation des individus tarés que la nature, plus intelligente, aurait voulu éliminer.

Pr Muller : C'est le médecin qui cultive les maladies, les tares. Notre plus grand ennemi nous guette à l'intérieur du patrimoine héréditaire.

Jean Rostand : La sélection artificielle peut-elle améliorer la semence humaine ?

L'homme idéal en éprouvette

Pr Muller : Il y a deux façons de résoudre le problème :

1) par la sélection négative : élimination des tarés;

2) par la sélection positive : reproduction par étalons.

Dans les deux cas, on criera au fascisme! Ce problème est beaucoup plus angoissant que celui de la bombe atomique. Je propose quand même la sélection positive par des banques de sperme. En 1970, 10000 Américaines ont été fécondées artificiellement. Il faut orienter la sélection dans un sens moral.

D'après le Pr Muller, la transmission parallèle des caractères physiques et intellectuels est évidente. M. Jean Rostand fait des réserves : le génie mathématique est peut-être héréditaire, mais pas le génie artistique, qui éclorait de chocs affectifs et non de mélanges spéciaux d'éléments biochimiques.

Jean Rostand : A choisir, il vaut mieux faire des Einstein mathématiciens que des Rembrandt ou des Van Gogh névrosés.

Pr Muller : Je suis partisan pour le futur de l'homme sur mesure...(1) extrait des particules germinales d'un père supérieur qui le représenteront intégralement et seront cultivées en éprouvettes.

Ces cultures chromosomiques de l'individu supérieur (46 chromosomes du père et non 23 H + 23 F) entreront en jeu pour reproduire génétiquement, d'une façon totale, le modèle.

Théoriquement, on peut peupler le monde d'Einstein

(1) En 1940, Adolf Hitler, dans le but cherché par les savants de Pugwash, avait chargé des biologistes allemands d'effectuer des expériences dans ce sens. Son initiative avait été sévèrement critiquée.

Jadis, aux XIVe, XVe et XVIe siècles, une croyance qui fut expérimentée et donna des résultats heureux, voulait que la procréation d'un individu d'élite fût faite par un couple à cheval, la femme « estant cul nu sur l'écusson et sous l'étendard »!

Les Hébreux esséniens ne croyaient pas à l'homme valable et aspiraient, soit à sa disparition, soit à l'avènement d'un être hermaphrodite.

et de Pasteur pour créer l'Age d'Or. Mais avec quelles surprises en perspective?

Jean Rostand : Ce raisonnement va contre la morale, la dignité de l'homme et son individualité. Ce ne serait pas drôle de peupler le monde de supergénies!

La grande peur de l'an 2000

La crainte d'un cataclysme universel est aussi vieille que le monde! Et pourtant, s'il y a eu des fins de civilisations, jamais l'espèce humaine n'a essuyé de revers irrémédiables, même par le Déluge.

Le prochain cataclysme prévu par le Comité de Pugwash ne touchera, en fait, que l'Europe et les Etats-Unis d'Amérique. Ce sera la fin de l'Occident, le « crépuscule des dieux » dont la réalité profonde sera enfin révélée (apocalypse) par les événements vécus(1).

Il est probable que, telle une maladie contagieuse, la peur de l'an 2000 sévisse bientôt avec son cortège de terreurs ancestrales et d'abus de confiance.

C'est ce qui se passa juste avant l'an 1000 de notre ère où toute la chrétienté, de bonne foi, attendait la fin du monde. Il est vrai que l'Eglise, de tout son pouvoir qui était grand, fortifia cette croyance qui lui fut éminemment profitable.

Dans les cathédrales, les évêques annonçaient les temps prédits dans l'*Apocalypse* de Jean :

« Elle approche, l'arrivée de Dieu dans sa majesté terrible, du pasteur éternel devant lequel vont comparaître tous les pasteurs et leurs troupeaux! »

En chaire, les prêtres conditionnaient à qui mieux mieux les fidèles crédules dont l'imagination enfantait des images ardentes et sinistres d'enfer et de punition.

(1) La fin du monde (occidental) se fera sous le signe essénien de la purification qui motivera la venue des agents destructeurs ou Anges exterminateurs. Face à l'Occident corrompu se dressent déjà les justiciers : chevaliers sans peur et sans reproche, les héros au cœur pur de l'Armée Rouge chinoise, les Maoïstes vertueux, altruistes, prêts à tous les sacrifices et les Fedayin palestiniens, désespérés, volontaires de la mort pour recouvrer leur patrie.

Le clergé croyait-il à ces fausses prédictions ? On ne saurait le dire avec certitude mais les pauvres gens apeurés faisaient don à l'Eglise de leurs derniers liards, et les riches bourgeois, les seigneurs, pour faire pencher en leur faveur la balance du jugement divin se dépouillaient, qui d'une métairie, qui d'un fief, qui d'un château et de tout l'argent, de tout l'or qui, évidemment, ne pouvaient qu'alourdir les péchés.

Comme on peut s'y attendre pour l'an 2000, avec les fléaux de la pollution, des épidémies et des cataclysmes divers, la nature il y a dix siècles parut vouloir précipiter la fin du genre humain : il y eut des famines, la peste, le mal des ardents.

Les chartes de l'époque comportaient cette mention funèbre : *Mundi fine appropinquante !*

Epidémie de visions et de miracles

Une épidémie de visions, d'hallucinations accentua encore le désarroi; les bonnes gens en arrivèrent à voir le Diable partout, se sentirent harcelés par lui dans leur travail, dans leur sommeil. Le moindre incident fâcheux lui était attribué(1).

Comme pour accréditer les prémonitions, il se produisit des événements inouïs et miraculeux.

Le chroniqueur Raoul Glabert relate ceux dont la foule fut témoin à la cathédrale d'Orléans : le Christ en marbre se mit à pleurer; un matin un loup de taille monstrueuse pénétra sous le porche et saisissant une corde du clocher entre ses crocs sonna matines; un incendie détruisit la moitié de la ville.

Par tout le monde on assista à des prodiges : des pluies de cailloux, de sang et de pierres de bornage; une baleine émergea de l'océan, si grande que sa tête étant apparue de bonne heure le matin, il fallut attendre 3 heures de l'après-midi pour en voir la queue ! Des bateaux volants sillonnaient le ciel, le Vésuve se mit à

(1) Cette épidémie d'hallucinations a sa correspondance, de nos jours, avec les soucoupes volantes et les débarquements de Martiens.

vomir de façon épouvantable des laves et des gaz fétides; une comète « horrible » parut dans le ciel...

Au fil des mois, des semaines, la peur panique s'accentuait sur tous les visages et chacun se voyait damné, condamné aux tourments éternels.

Et puis la date fatidique arriva.

Les croyants prosternés dans les églises attendaient le coup de grâce... Mais rien ne se passa de remarquable, alors subjugués d'amour et de reconnaissance pour ce Dieu de miséricorde qui n'avait pas anéanti la planète, ils se répandirent en cris de joie, en prières et en pèlerinages.

Il y eut bien quelques grincements de dents chez ceux qui s'étaient follement dépouillés, mais l'euphorie de la miraculeuse survie surpassa les déceptions.

Dans leurs monastères aux panses rebondies, dans leurs églises embellies, les moines et les curés louaient le Bon Dieu et comptaient leurs ducats.

Seuls les Musulmans et les Juifs ne s'étaient pas laissé contaminer par la maladie.

En définitive, l'opération s'avéra rentable et bénéfique : les pauvres n'y perdirent pas grand-chose et les riches payèrent l'impôt de leurs injustes privilèges.

De même, on peut espérer que, dans dix-sept ans, l'humanité, après les affres de la terreur, se sentira soulagée et opérera un salutaire renversement de son comportement social.

Gourous, fumistes et Cie

Autre phénomène toujours lié à l'approche des temps troubles, toute une faune de charlatans commence à s'abattre *sur les pays à ressources monétaires valables :* mages, maîtres à penser, yogi et gourous.

Le yoga, en particulier, étend sa toile d'araignée partout où fleurissent les dollars, les Marks, les florins et les francs.

Mais les bons yogi spiritualistes et générateurs de philosophies absconses ne songent jamais à aller répandre leur sagesse sur les Tunisiens, les Egyptiens, les Esquimaux et les Indiens de l'Altiplano.

Il est vrai que ces gens-là ne sont pas tout à fait stupides et que leur monnaie nationale n'est pas cotée en bourse !

Un immeuble cossu de la Trente-cinquième Avenue, à New York, ou un château en France, avec une humanité riche, ignorante mais avide de « vérité » tente beaucoup plus les bons apôtres hindouisants.

Car, bien entendu, le salut est en Inde !

Vous pensez ! L'Inde, archétype et miroir où le monde entier devrait se mirer : 800 millions de sous-alimentés, de sous-lavés, de sous-instruits, de sans-travail, de pauvres bougres voués à une superstition dévorante et dévorés en plus par les maladies, la vermine et la bilharziose.

Des centaines de millions de sans-abri, couchant au bord des routes et des rues, dans leur fange, buvant l'eau croupie, infectée, puante des mares où les buffles font leurs excréments !

Car c'est cela l'Inde « terre des merveilles », enfer de notre globe(1).

Et Bombay est la ville géante où 15 millions d'individus, en regardant passer les autobus bringuebalants, font leurs besoins dans les rues, parce qu'ils n'ont ni lieux d'aisances ni lavabos, et pas même le seau d'eau rudimentaire des pauvres de tous les autres pays.

On comprend alors que les yogi de cette terre de misère indescriptible préfèrent venir dispenser leur « sagesse » et leur philosophie auprès des bien-nantis riches et crédules du vieux monde matérialiste !

De plus en plus, les *gourous* apparaissent aux USA et en Occident, et, comme ils ont un bon visage rassurant, une barbe opulente et des cheveux longs, il ne leur

(1) L'Inde est un pays maléficié par sa pauvreté, son climat, sa surpopulation et par des religions qui agissent comme un opium. Les dieux y sont grimaçants, les rites sataniques, les mortifications d'une stupidité animale. Cette vision réaliste des choses n'exclut toutefois pas l'affection et l'admiration que nous portons à l'Inde antique, et au *Rig-Veda* en particulier.

reste plus qu'à revêtir un blanc sari et à marcher pieds nus pour époustoufler les naïfs.

Avec en plus, dans leur arsenal, de la méditation « transcendantale », des *asanas* de yoga et la révélation des suprêmes secrets. L'un de ces *gourous* a 15 ans, deux Rolls Royce et un revenu de 50000 dollars par mois.

Le grand swami Vishnu de Venanda, aux USA, dispense l'illumination à raison de 250 dollars par semaine et par personne (1700 F!).

Débarquements de messies

Un échelon au-dessus des gourous et des *swamis* sont les « messies » qui tardent un peu à apparaître en raison de la dégringolade spectaculaire de la religion chrétienne.

Mais ils viendront, on peut le jurer!

Jéhovah, dans la *Genèse,* a promis que « de la femme naîtrait la semence qui écraserait le serpent ».

Le Messie, roi, dieu, législateur, maître de justice, ramènerait l'âge d'or sur la terre en délivrant les peuples de l'emprise du mal.

C'est une noble ambition et nous y souscrivons de tout cœur, mais il est à craindre que le pauvre Sauveur ait bien du mal pour arriver à ses fins!

Les serpents sont innombrables, venimeux et puissants; par contre le Messie n'aura que l'embarras du choix pour désigner « l'empire du mal » : les USA contaminateurs et capitalistes, l'URSS encore concentrationnaire, la Chine contraignante et la plupart des autres grandes nations vouées à la bombe atomique, aux religions et aux sept péchés capitaux!

Le Messie a été promis au genre humain aussitôt *après* sa chute, a écrit Pascal!

Il eût été préférable qu'il vienne *avant,* mais les desseins de Dieu sont impénétrables et peut-être son envoyé ne viendra-t-il pas du tout!

Dans le cas contraire, d'aucuns pensent qu'il arriverait du ciel sur un engin intergalactique, ce qui est tout aussi raisonnable que de l'espérer issu de la race des Terriens !

Pour les Japonais, Dieu s'est manifesté le 27 février 1959, à 5 heures du matin, en donnant mission à M. Okada – appelé « le Messie » depuis 1974 – d'apporter aux hommes la « lumière de la vérité » en passant par le « baptême » du feu et à l'aide des forces Yang et Yin qui régissent la vie de toute chose.

Ce principe de « lumière », identique à celui de toutes les religions, est le *Sekai Mahikari Bunmei Kyôdan.*

Le « Seigneur des Derniers Jours », alias Sun Myung Moon, électronicien de Séoul (Corée), n'est pas d'accord avec M. Okada.

C'est à lui que le Christ, qu'il rencontra en 1936, a ordonné de fonder la religion salvatrice à base d'électronique, de christianisme et de science.

Mais, pour d'autres sectes ou d'autres peuples, le salut viendrait d'autres personnages déjà connus : Adolf Hitler, Joseph Staline ou Mao Tsé-toung (qui ressusciteraient) !

Une ville sur fondements de rubis !

En fait, les hommes de la Terre espèrent dans un secours providentiel et par un atavisme séculaire, ils l'attendent du ciel.

On a cru, de tout temps, que le nombre 1000 et ses multiples étaient synonymes de cycles et de fin du monde.

Cette superstition se répandit surtout parmi les chrétiens des premiers siècles; elle était fondée sur des prophéties qui permettaient aux Juifs, après la diaspora(1), un regroupement suivi d'un jugement de Dieu.

(1) La diaspora ou « dispersion des communautés juives hors de Palestine » commença au temps d'Achab, neuf siècles av. J.-C., s'accéléra avec l'exil en Babylonie (VIe siècle av. J.-C.) et continua au IVe et au Ier siècle av. J.-C. La véritable diaspora date de l'an 135 de notre ère. Depuis cette date, il n'y a pas eu d'État juif en Palestine.

La secte antique des *Millénaires,* dont les croyances n'ont pas complètement disparu du subconscient humain, prophétisait que le règne du Christ serait clos après mille années par le Jugement dernier.

Alors, de nouveaux cieux et une terre nouvelle devaient être créés par Dieu (Isaïe, LXV, vers. 17) afin que s'établisse l'âge d'or : « Le loup et l'agneau paîtront ensemble, le lion mangera de la paille, la poussière sera la nourriture du serpent... Jérusalem sera rebâtie avec une splendeur surnaturelle afin que le Christ y règne pendant mille ans au milieu des saints, des prophètes et des patriarches...(1)

» Les fondements de la ville seront en rubis et en saphir, ses remparts en cristal... Elle descendra du ciel et ne sera pas construite par les Terriens... »

En dépit de leur naïveté, ces croyances furent partagées par la plupart des Pères de l'Eglise et par saint Papias, disciple de Jean !

Evidemment, de telles révolutions sociales, morales et mentales supposaient au préalable la destruction du monde ancien.

Isaïe (chap. LXVI, vers. 16) annonçait que « le nombre de ceux que le Seigneur tuera se multipliera à l'infini ».

L'an 1000 n'ayant point apporté le cataclysme annoncé, les *Millénaires* reprirent confiance. C'est en l'an 2000, annoncèrent-ils, que toutes les tyrannies seront abolies !

Alors on verra la chute du pape, de l'Eglise de Rome,

(1) Cet âge d'or dont rêvent les illuministes a été rendu impensable par la faute des savants depuis la création des stocks de bombes atomiques et l'édification des centrales nucléaires. Pendant 5500 ans, nous sommes condamnés à vivre sur une sorte de poudrière renfermant des milliers de bombes capables de faire éclater notre planète. Il est impossible, du moins dans l'état actuel de nos pouvoirs, de débarrasser le globe de cette matière infernale qui tôt ou tard, finira par ronger son contenant ou par exploser d'elle-même, sans raison décelable... ce qui s'est déjà produit en URSS et aux Etats-Unis. Bilan pour le seul mois de septembre 1974 : le destroyer russe *Kashin* est désintégré en mer Noire avec ses trois cents hommes d'équipage; vingt usines nucléaires qui avaient des fuites radio-actives sont fermées aux USA; même problème avec le *Mutsu,* navire japonais à propulsion nucléaire, qui erra longtemps en mer, aucun port n'acceptant de le recevoir.

de l'empire ottoman (!); l'Antéchrist sera renversé; Gog et Magog (les peuples du Nord; c'est-à-dire : la Russie, la Pologne) seront envahis, selon la prédiction d'Ezéchiel.

« Ce sera l'apocalypse, la fin d'un monde et le commencement d'un autre, lumineux et juste par la grâce des progrès enregistrés dans les arts et dans les sciences. »

La doctrine du *millenium* mêle en macédoine l'apocalypse, la perversion des hommes, la fin du monde, l'Antéchrist et l'avènement du Messie.

La terre promise extraterrestre

Certes, il ne serait pas raisonnable de croire à la Bible, ses prédictions ayant fait long feu, mais celle concernant de « nouveaux cieux et une terre nouvelle » mérite peut-être d'être examinée avec attention.

Qu'a voulu dire Isaïe?

Créer de nouveaux cieux paraît impliquer un changement dans notre système solaire, et la nouvelle terre pour quelques exégètes signifierait que le peuple juif — peut-être d'origine extraterrestre — trouverait un jour la vraie Terre promise *ailleurs que sur notre globe.*

Dans cette hypothèse, on pourrait penser qu'Israël, particulièrement intéressé par la conquête de l'espace, abandonnerait un jour la Palestine où il a peu de chances de perdurer, pour se fixer sur une planète proche.

La Lune, Mars même, sont inhabitables, mais il n'est pas impossible que notre génie scientifique trouve le moyen d'y créer une atmosphère propre à notre comportement biologique.

Cet exode coïnciderait-il avec l'avènement de l'an 2000, avec la seconde Grande Peur, l'extermination de notre civilisation terrestre et la venue du Messie? Certains le pensent.

Auparavant, il y aurait la venue de l'Antéchrist, juif comme Jésus, mais de la tribu de Dan, que nous suspectons fort d'avoir été une tribu composée d'émigrés nordiques comme semble l'indiquer leur nom – les Dans(1).

Dans la tradition chrétienne, l'Antéchrist naîtra par l'opération du démon; il doit aussi réaliser tous les miracles prêtés à Jésus et s'annoncer aux Juifs comme étant le véritable Messie.

La durée de son pouvoir sera de trois ans et demi. Il sera la *Bête* décrite par l'*Apocalypse* et son nombre sera 666(2).

L'évêque de Clayton, en Angleterre, a fixé à l'an 2000 la date de la conversion des Juifs et de la chute du papisme.

Worthington William, théologien anglais du XVIIIe siècle, a écrit que les progrès de la science seraient un acheminement vers le *millenium.*

Remettre la terre sur son axe = âge d'or

Au commencement du XIXe siècle, en France, les *Millénaires* ont identifié Napoléon à l'Antéchrist.

Pierre-Jean Agier, président du Tribunal révolutionnaire après le 9 Thermidor, a écrit que « de toute évidence le grand ennemi de la régénération chrétienne – c'est-à-dire l'Antéchrist – serait un empereur de Russie »!

La crédulité des *Millénaires* n'avait d'égale que leur mépris des lois physiques : tous prévoyaient après l'an 2000 une ère de béatitude, un âge d'or, un univers redevenu stable, et *l'axe de la Terre redressé,* perpendicu-

(1) Les Dans ou Danites ne s'entendaient jamais bien avec les autres Hébreux. Ils étaient d'excellents guerriers comme les Celtes et, comme eux, adoraient le signe du Taureau, transformé par les exégètes en culte du veau d'or. Le nom de *dan* est typiquement nordique et tire son étymologie des *Dé Danann* qui envahirent jadis l'Irlande et vouèrent un culte à la déesse Dana ou Ana. C'est aussi le nom de plusieurs rois légendaires du Danemark et de Danaüs, frère d'Egyptus, roi d'Egypte.

(2) Ce chiffre 666 semble indiquer Kesar Néron. Les voyelles brèves ne figurant pas dans l'alphabet hébraïque, on a K100 + S60 + R200 + N50 + 06 + N50 = 666. Toute cette histoire, comme on s'en doute, appartient au vieil arsenal des superstitions fabriquées par les talmudistes et les théologiens.

lairement au plan de l'écliptique, en sorte que le printemps redeviendrait l'unique saison.

Il serait souhaitable, en effet, que la Terre revienne à une position moins anarchique que celle occupée présentement avec ses 23° 27 d'inclinaison mais, hélas! le retour à la normale ne se ferait pas sans quelques aléas!

Très probablement les banquises éclateraient et, partant à la dérive, provoqueraient un immense déluge qui submergerait la plus grande partie de l'Europe, de l'Asie, de l'Afrique, inonderait les USA, le Canada, le Yucatan et l'Amérique du Sud orientale.

Les trois quarts de l'humanité périraient par noyade ou épidémie; des tremblements de terre et des éruptions volcaniques ajouteraient au festival, sans compter les troubles occasionnés dans la flore et la faune par le brusque changement de climat et de régime des grands courants marins (1)!

Le président Agier prévoyait aussi la naissance des Etats-Unis du monde et l'unité du langage pour tous les peuples.

Troisième prédiction de Fatima

En février 1974, les hebdomadaires *Stop,* en Italie, et *Nostradamus* en France, plus connus par leur goût du sensationnel que de l'information contrôlée, annoncèrent que Paul VI serait le dernier des papes avant la fin du monde.

Ils reproduisirent aussi, *in extenso,* le texte jusque-là tenu secret, de la troisième prédiction de Fatima,

(1) Ce programme (rétablissement de l'axe terrestre) est étudié et pourrait être mis en application progressive, à partir du XXIe siècle. Il est certain que ce serait une immense et bénéfique révolution au service des hommes et à la gloire de la science.

La répartition des richesses naturelles du globe serait modifiée selon une meilleure justice et il y a lieu de croire que la gravitation de notre planète et que sa rotation régularisée modifieraient heureusement le comportement des hommes et des animaux. Ce serait la fin des grands troubles de nature électrique et climatique qui sont à la base des crises et des errements humains.

d'après une « indiscrétion, soit du défunt président Eisenhower, soit de N. Khrouchtchev », rapportée par le professeur turinois Renzo Baschera.

Nous ne nous portons nullement garant de l'authenticité de l'information et encore moins de l'efficacité de la prédiction, les deux premiers messages de Fatima n'ayant été que charlatanerie. Voici un extrait de ce troisième message :

« L'ordre est absent de ce monde. Satan règne à tous les niveaux et commande à tous les événements. Il montera jusqu'aux plus hautes marches de l'Eglise et séduira l'esprit des grands savants qui inventent les armes capables, en quelques minutes, de détruire l'humanité (1).

» Il aura en son pouvoir les puissants qui gouvernent les peuples et il les poussera à fabriquer d'énormes quantités de ces armes... Même pour l'Eglise viendra le temps de la grande épreuve.

» Les cardinaux s'opposeront aux cardinaux, les évêques aux évêques. Satan marchera parmi eux et, à Rome, il se produira de grands bouleversements.

» L'Eglise s'écroulera et le monde plongera dans la terreur. Une grande guerre éclatera dans la seconde moitié du xxe siècle (2).

» Le feu et la fumée tomberont du ciel, l'eau des océans deviendra vapeur et l'écume s'élèvera pour submerger le monde. Des millions et des millions d'hommes envieront les morts. Partout où l'homme tournera son regard, ce ne sera qu'angoisses, misères et ruines...

» Jusqu'au jour *(bien entendu!)* où les survivants proclameront à nouveau la gloire de Dieu... »

(1) Dans le texte, les verbes sont au futur : « il montera, il séduira », etc. Il est bien évident que de nos jours le temps présent s'impose : « Satan monte... il séduit les savants... les cardinaux s'opposent », etc. La prophétie date de 1917.

(2) La Sainte Vierge était bien mal inspirée à Fatima : après avoir prédit la fin de la guerre en 1917, elle ne vit pas, dans sa transe, la guerre pourtant tristement remarquable de 1939-1945 ! Mais elle en prédit une entre 1950 et 2000 !

Nostradamus ne fut pas plus heureux dans ses prophéties où l'on ne reconnaît les événements qu'*après coup !*

Les Cabires reviendront sur des dragons volants

Quand arrivera la fin du monde, le loup Fenrir de la mythologie scandinave dévorera la Lune (Mana, Mani ou Mone) et des flots de sang se répandront sur la Terre.

Cette allégorie évoque certainement un cataclysme céleste.

Pour les Mendaïtes (Mendaï, Yahya ou Chrétiens de Saint-Jean), depuis la création du monde jusqu'à sa fin il s'écoulera 480000 ans.

Ces antiques croyances n'ont certes pas une grande consistance mais des élements plus rationnels permettent néanmoins de penser, avec les savants du Comité de Pugwash, que les temps sont proches où se produiront de grands événements planétaires.

En l'an – 400, l'arme la plus terrible provoquait la mort d'une seule personne; l'obus explosif pouvait en tuer dix au XVIIIe siècle et vingt en 1914; on atteignait le chiffre de 100000 avec la bombe A de 1944, de 2 millions avec la bombe H de 1955 et l'on arrive de nos jours aux hécatombes de 20 millions d'individus avec une bombe de 5 mégatonnes et de 50 millions avec une bombe de 13 mégatonnes.

Ce rythme d'accélération n'a plus besoin de croître : la fin de toute civilisation est désormais dans les possibilités d'un seul homme(1), le volume critique est atteint, tout peut être anéanti pour que, selon les écrits traditionnels, recommence une nouvelle *ronde.*

Dans ces conditions, comment ne pas croire qu'un jour ou l'autre la folie suprême sera commise?

Et, de nouveau, ce sera le Déluge, les rescapés et la lente renaissance...

Alors, si l'on en croit les traditions, les Cabires (Azazel, les Ases, Prométhée, les Nagas) réapparaîtront sur

(1) Un seul homme fou ou criminel peut provoquer la fin du monde. Lors du conflit israélo-arabe de 1973 dit « guerre du Kippour », le président des USA, Richard Nixon, faillit déclencher la guerre atomique.

leurs serpents volants (dragons, béliers, barque solaire, oiseau-tonnerre), ce qui signifie que des Instructeurs viendront d'une autre planète pour enseigner les rescapés du déluge retombés à l'état primitif.

L'inconscient et le destin

Nous préparons en ce moment les voyages interplanétaires un peu comme les fourmis transportent des brindilles, comme les oiseaux grands migrateurs préparent la traversée de l'océan Atlantique.

Pourquoi ? Nous le savons apparemment, mais les raisons profondes de ce comportement ne sont connues que par nos chromosomes-mémoires et par nos gènes.

Apparemment encore, les physiciens, les biologistes étudient la fission nucléaire, la fabrication des fusées sidérales, le conditionnement des cosmonautes pour l'avancement de la science et la conquête du ciel, mais il est probable que dans l'inconscient, dans l'inéluctable, ils travaillent à perfectionner l'instrument qui fera basculer de nouveau les calottes glacières, à l'arche de Noé qui amènera sur quelque étoile un commando de pionniers et des échantillons de notre civilisation détruite.

La fin du monde ne se produira pas avant que quelques vaisseaux spatiaux atteignent leur but. Mais dès qu'il sera atteint, alors ce sera la fin de notre ronde terrestre.

Tout se fera en synchronisme parfait. Comme mûrit et pourrit la pomme avant qu'arrive l'hiver, comme partent en voyage quasiment spatial la graine et le pollen, avant le cataclysme du froid.

Les mathématiciens pourraient calculer les périodes de maturité et d'envol des fusées et des grains de pollen, savoir à dix ans près quand Paris, New York, Moscou, Le Caire, Londres, Rome, Tokyo et Hong Kong seront balayés par les banquises du Groenland ou de l'Antarctique.

Tel serait le destin mathématique de notre globe et de notre humanité, de notre *ronde.*

Il faut donc que les hommes se hâtent de « dévorer leur temps », de perfectionner bombes atomiques et fusées spatiales, s'ils veulent s'anéantir dans les plus brefs délais !

Et ils se hâtent les bougres ! On ne peut pas leur faire de reproche à ce sujet...

Il leur suffirait pourtant, sans doute, de quelques pintes de bon sens, d'intelligence et d'amour – d'esprit de justice en somme – pour allonger leur cycle de vie, car rien ne se fera avant que tout soit prêt.

Ce ne sont pas « les temps » qui annoncent l'« apocalypse » au sens usuel et abusif du mot, ce sont les manœuvres apocalyptiques qui font les temps.

En d'autres termes, il ne semble pas que les fins de mondes soient soumises à des cycles déterminés (par exemple 11800 ans ou 13000 ans, etc.) par un nombre précis d'années. C'est une croyance qui appartient à l'empirisme et à la fausse initiation.

Dix minutes réservées à l'homme

Nous ne voulons pas terminer ce chapitre sur une impression dévitalisante qui, en fait, relève peut-être d'une imagination trop inféodée à une actualité excessivement brûlante.

Alors, selon une bonne et peut-être sage coutume française, nous pensons devoir clore le débat sur une anecdote due à un humoriste et intitulée : *La Création.*

Le monde a été créé en sept jours :

– Le lundi, Dieu fit les planètes, les étoiles, les galaxies.
– Le mardi, les océans, les rivières et les volcans apparurent.
– Le mercredi, des plantes et des animaux inférieurs se développèrent.
– Le jeudi, les constellations prirent leurs places définitives dans le ciel.

– Le vendredi, les terres émergèrent, la faune et la flore en prirent possession.
– Le samedi, les complexifications de la matière préparèrent l'avènement d'un type supérieur.
– Le dimanche, il fallut rattraper un gros retard sur le programme, si bien que la création de l'humanité ne put se faire qu'à 23 h 50.

L'homme ne dispose donc que de dix minutes pour détériorer et détruire l'œuvre de toute une semaine !

10

COSMOGENÈSES ANTIQUES ET FINS DE MONDES

Les Initiés avaient, depuis plusieurs millénaires, précédé les physiciens dans leurs thèses les plus hardies sur la genèse et le continuum espace-temps : *dans l'inexistant, dans le néant du vide initial ultra-passé, tout a été procréé avec l'existant de l'univers ultra-futur.*

Il n'y a donc pas eu de création du monde, de cosmogenèse, pas plus qu'il n'y a du temps et qu'il n'y aura une fin.

Nous employons le mot « cosmogenèse » non pas dans son sens littéral et exact d'engendrement de l'univers, mais dans le sens d'« explication de Vie » ou, si l'on préfère, du Vivant, de l'Existant, en écartant toute idée de naissance et de mort, de début et de fin.

C'est de cette façon qu'il faut comprendre la cosmogenèse indienne. Un début et une fin du monde ne sont que des *respirs* de Brahma, les fréquences d'une énergie qui n'est ni continue, ni alternative, mais *électrique*, c'est-à-dire se propageant sans direction déterminée, par excitation, et qui n'est donc pas un *courant.*

Cosmogenèse du Rig-Véda

L'explication indienne de l'Univers est la plus subtile qui soit puisqu'elle aboutit à la conclusion que la Vie n'est pas plus réelle que la Mort, le temps ou l'espace.

En somme, on peut dire que la Réalité est aussi virtuelle que la Virtualité est réelle !

Il convient donc d'analyser avec circonspection et en profondeur la « création » du monde selon le *Rig-Véda*.

« Il n'y avait ni être, ni non-être, ni éther, ni cette tente du ciel, rien d'enveloppant ni d'enveloppé... mais *Celui-là, Lui,* respirait seul, seul avec *Elle* dont il soutient la vie dans son sein.

» Autre que Lui, rien n'existait qui depuis ait existé. Le désir formé par l'intelligence de Celui-là devint semence originelle (désir = énergie); la semence devint progressivement providence, ou âmes sensibles et matière ou éléments.

» Elle, qui est soutenue par Lui, dans son sein, fut la partie inférieure; et Lui, qui observe, fut la partie supérieure.

» Qui connaît exactement et qui pourra affirmer dans ce monde d'où et comment cette création a eu lieu ?

» Les dieux sont postérieurs à cette production du monde (1). »

L'idée de « création » est tout à fait étrangère aux théologiens de l'Inde. Pour eux, Dieu n'a pas *créé* l'univers : il l'a *vomi* (2).

Ils appellent création « la naissance des éléments, des molécules élémentaires, des sens et de l'intelligence, naissance produite par Brahma, au moyen du mélange inégal des qualités : les émissions secondaires viennent de Purusha (principe constructif) ».

En réalité, rien ne se passe ainsi car tout est mâyâ (illusion).

(1) Cf. *Le Livre du Passé Mystérieux,* op. cit., chap. 19.
(2) Vomir implique une création à partir d'une matière intérieure, qui appartient au créateur.

Cosmogenèse de Manou

Manou (Lois de Manou) explique de façon apparemment différente mais au fond identique, la genèse de l'univers (1).

« Ce monde était plongé dans l'obscurité imperceptible, dépourvu de tout attribut distinctif; ne pouvant ni être découvert par le raisonnement, ni être révélé, il semblait entièrement livré au sommeil.

» Quand le *pralaya* (dissolution, chaos) fut à son terme, alors le Seigneur existant par lui-même et qui n'est pas à la portée des sens externes parut et développa la nature.

» Ayant résolu, dans sa pensée, de faire émaner de sa substance les diverses créatures, il produisit d'abord les eaux, dans lesquelles il déposa un germe.

» *Ce germe devint un œuf brillant comme l'or*, aussi éclatant que l'astre aux mille rayons, et dans lequel l'Etre suprême s'incarna lui-même sous la forme de Brahma l'aïeul de tous les êtres (2).

» Après avoir demeuré dans cet œuf une année de Brahma, le Seigneur par sa seule pensée *sépara cet œuf en deux parts* : et, de ces deux parts, il forma le ciel et la terre; au milieu il plaça l'atmosphère, les huit régions célestes, et le réservoir permanent des eaux... »

La Trimourti

Manou, appelé aussi Svayambhuva ou Viradj, est « celui dont le pouvoir est immense ». Il serait le premier être de la création. Sous le nom de Viradj, il est l'émanation de Brahma.

« Ayant divisé son corps en deux parties, le souverain maître devint moitié mâle et moitié femelle, et en

(1) Louis Jacolliot : *Histoire des Vierges*, Paris, 1874.

(2) Cette tradition hindoue de l'Etre suprême se transformant dans un œuf, prenant une forme, s'incarnant pour donner naissance à l'univers, est commune à toutes les croyances cosmiques des peuples anciens.

s'unissant à cette partie femelle, il engendra Viradj. » (*Manou*, livre 1er, çloca 32.)

Le germe qui a fécondé la « matrice d'or » (le losange, l'amande) s'appelait chez les Hindous (comme chez les chrétiens plus tard) : l'*Esprit* et le *Verbe.*

L'ensemble formait la trinité initiale :

Brahma ou Nara le père, Nari la mère, Viradj le fils.

Plus tard, les prêtres créèrent la *trimourti* :

Brahma le créateur, Vishnu le conservateur, Shiva le transformateur.

De la même façon, et par le même phénomène de détérioration, les chrétiens établirent la Sainte-Trinité : le Père, le Fils et le Saint-Esprit.

Ancêtres extraterrestres

« Le soleil établit la division du jour et de la nuit pour les hommes et pour les dévas »; les *dévas* sont les dieux au même titre d'ailleurs que les *asouras* qui devinrent plus tardivement, mais sans grande intention maligne, les démons.

» L'illustre Varouna était un asoura; Indra était un déva (1).

» Un mois des mortels est un jour et une nuit des pitris, *ancêtres des humains déifiés qui habitent les autres planètes.* ».

(1) *Varouna*, dieu blanc détenteur de la sagesse, souverain de justice; symbole : la Lune. Il détient, avec Mitra, la *mâyâ* qui, dans ce sens particulier ne signifie pas « illusion » mais puissance magique, mana. *Indra*, fils du Ciel et de la Terre, habite au mont Mérou qui est situé au centre des sept continents du globe. Il est un dieu blanc et le dieu-roi de notre race aryenne, des nobles, des guerriers, de la Nature, de la sagesse et de la justice.

Batailleur, paillard à l'occasion, hâbleur mais brave et chevaleresque, il est le type accompli du Gaulois!

Le monde Mérou, selon les mythologies, a 84000 yodjanos de hauteur, mais 60000 sont sous terre (un yodjano = 33,33 cm environ); peut-être faut-il l'identifier aux mystérieux Agartha des ésotéristes. Le Mérou a une forme pyramidale (on dit aussi conique, carrée, ronde, etc.) et ses côtés sont de différentes couleurs : rouge au nord, blanche à l'est, jaune au sud, noire à l'ouest. Brahma trône au sommet.

Ces êtres que le *Livre de Manou* nomme « pitris » habitent sur des planètes. Ce sont des Extraterrestres. Leurs fils, venus sur la Terre, furent les Initiateurs des hommes qui en remerciement les déifièrent.

Les âges, les temps, les pralayas

Le Devoir ou *Dharma* est représenté par les Purânas sous la forme d'un *taureau* dont les quatre pieds correspondent aux quatre âges du monde ou yugas (yougas). Ces quatre âges ont noms : Krita, Trétâ, Dvâpara, Kâli.

Ou, selon une autre orthographe :
Crita-youga : austérité – méditation – âge d'or
Tréta-youga : science – sacrifices – âge d'argent
Dwâpara-youga : culte – âge de bronze
Cali-youga : louanges – détérioration – âge de fer.

A dater du deuxième âge, le taureau perd une patte si bien qu'au dernier, il n'en a plus qu'une.

La division du temps doit, rituellement, se calculer ainsi :

« Un jour et une nuit des dévas est une année des mortels. »

Une année divine vaut donc 360 ans.

Quatre mille années divines composent, au dire des sages, le crita-youga, ce qui lui donne une durée de 4000 × 365 = 1460000 années(1).

« Le crépuscule qui précède est d'autant de centaines d'années (400 centaines); le crépuscule qui suit est pareil. »

Aube et crépuscule durent donc 400 années divines chacune, soit 400 × 360 × 2 = 288000 ans au total.

(1) L'année compte aujourd'hui 365,24 jours terrestres. Jadis, la Terre tournait plus vite sur elle-même. L'année avait peut-être 364 jours, sinon moins, à l'époque dite de Manou. Le retard approximatif de la rotation terrestre est de 17,51 secondes par siècle, soit un jour en 4300 ans. En principe, notre globe devrait s'arrêter de tourner dans 510 millions d'années. Nous donnons 365 jours à l'année de l'époque de Manou, ce qui est probablement trop.

« Dans les trois autres âges, également précédés et suivis d'un crépuscule les milliers et les centaines d'années sont également diminués d'une unité(1). »

– Le *Krita* durerait donc : 1460000 + 288000 = 1748000 ans.
– Le *Trétâ* durerait : 1748000 – 1080 (1 + 1 + 1 années divines) = 1746920 ans.
– Le *Dvâpara* = 1746920 – 1080 = 1745840 ans.
– Le *Kâli* = 1745840 – 1080 = 1744760 ans.

Soit un total, pour les quatre âges, de 6985520 années de mortels, selon nos comptes. Mais le *Livre de Manou* poursuit en ces termes :

« Ces quatre âges qui viennent d'être énumérés, étant supputés ensemble, la somme de leurs années, qui est douze mille, est dite l'âge des dévas. »

Or, 12000 de ces années font 4320000 ans terrestres. Il y a donc une erreur quelque part.

Nos calculs, en tenant compte de données souvent contradictoires, aboutissent à 8 milliards 640 millions d'années comme durée d'un univers.

La fin du monde et les pralayas

D'après le *Bhâgavata Purâna*, à la fin de chaque âge (appelé aussi *kalpa*), le monde doit périr par le feu(2).

Quatre *pralayas* sont prévues, c'est-à-dire quatre destructions de l'univers.

Elles seront l'œuvre de Vishnu (autres noms du dieu : Samkarshana et Râma, qui est le frère aîné de Krishna).

« Le feu de la destruction totale sortira de la bouche de Samkarshana, s'élancera avec l'impétuosité de l'ou-

(1) En raison du ralentissement de la rotation terrestre, les jours sont plus longs. C'est très justement qu'il convient d'en diminuer le nombre puisque la durée est plus grande en heures. Nous pensons, sans certitude, que la diminution d'une unité doit jouer sur la durée de l'âge précédent afin d'assurer une diminution progressive.

L'âge présumé de la Terre est de 4 milliards 600 millions d'années; l'âge de l'Univers serait de 13 milliards d'années.

(2) *Bhâg.*, XV, 26.

ragan et consumera la Terre jusqu'à ses ultimes profondeurs. »

Les quatre *pralayas* se nomment : Naimittika – Prâkritika – Nitya – Atyantika (1).

Elles ne correspondent pas à ce qu'imaginent généralement les hindouistes, c'est-à-dire à quatre âges. Selon l'éminent orientaliste Eugène Burnouf, l'affaire est beaucoup plus nuancée.

« La destruction *Naimittika* (accidentelle), celle qui a pour cause le sommeil de Brahma, a lieu au terme de chaque *kalpa*, c'est-à-dire au bout de mille *caturyugas*, quand arrive la nuit de Brahma.

» La destruction *Prâkritika* (normale), celle des principes produits par la Nature, a lieu à l'expiration des deux périodes de la vie de Brahma.

» Alors, ce que, dans le système Sâmkhya, on nomme les « principes », à savoir : l'Intelligence, la Personnalité, les Sens, les Eléments etc., *tout cela rentre dans le sein de la Nature* (2).

» La destruction dite *Nitya*, c'est-à-dire « constante », que la *Kaurma Purâna* place, avec raison peut-être, la première de son énumération (première aussi dans le *Bhâgavata*), est celle qui a lieu tous les jours sous nos yeux.

» C'est la succession perpétuelle des changements par lesquels passent tous les êtres, ou comme l'entend M. Vans Kennedy, l'extinction de la vie, la nuit, pendant le sommeil.

» La destruction dite *Atyantika*, c'est-à-dire définitive, est l'identification de l'âme individuelle avec le

(1) On est extrêmement tenté de rapprocher l'Atyantika de l'Atlantique et de la destruction de l'Atlantide il y a 12000 ans !

(2) C'est du pur panthéisme qui, d'autre part, élimine le principe même de la métempsychose, des réincarnations; tout revient au stade d'élément et retourne à la Terre-Mère.

Il est intéressant de rapprocher ces pralayas des durées de vie des civilisations technologiques, avancées par le chercheur scientifique Sebastian von Hoerner : 5 % de ces civilisations aboutissent à une autodestruction et à celle de la planète au bout de 100 ans; 60 % disparaissent en 30 ans, 15 % dégénèrent au bout de 30000 ans; 20 % retombent en enfance après 10000 ans.

suprême Brahma, identification à laquelle le Yogi parvient par la science. »

En résumé, comme le souligne l'érudit A. Roussel(1), le salut de l'humanité se fait par l'intégration de la personnalité humaine dans la personnalité divine.

Est-ce là le *nirvâna?*

Dieu unique dans toutes les religions

« Primitivement, il n'y avait rien dans le vide, si ce n'est l'Etre dont la substance existe par elle-même, éternellement, celui qui se donne l'existence à lui-même, qui s'engendre éternellement : Amon. » (Extrait du *Rituel funéraire égyptien.*)

Dans la genèse des Chaldéens, de la Mésopotamie savante, l'union d'Astarté et de El donna naissance à l'univers.

Genèse assyro-babylonienne : l'eau est l'élément primordial, le dieu unique. De la fusion de l'eau douce (Apsou) et de l'eau salée (Tiamat) naît toute la création. Ashour devint plus tard le dieu suprême des Assyriens.

En Elam, In-Shoushinak, le « Souverain des dieux », constructeur de l'univers, était le dieu unique dont le véritable nom ne devait pas être révélé.

Mythologie phénicienne : le dieu suprême est El, mais son nom véritable est caché aux non-initiés.

El paraît être le prototype du dieu créateur qu'empruntèrent les Hébreux avec *El*ohim, nom pluriel d'un seul dieu.

Chez les anciens Perses, le dieu suprême est le feu, Atar, père et fils d'Ahura-Mazdâ qui, en fait, devient le dieu créateur en s'identifiant à son essence.

La cosmogonie des Perses donne 12000 ans de durée à notre univers actuel. Ormuzd, le créateur incréé (hypostase d'Ahura-Mazdâ) *pense* d'abord l'univers immatériel. Il crée ainsi Ahriman (le mal) qui luttera contre lui durant 9000 ans. Ce sera la guerre des Ténè-

(1) *Cosmologie hindoue* d'après le *Bhâgavata Purâna,* Paris, 1898.

bres contre la Lumière, du Mal contre le Bien (1). Après avoir pensé l'univers, Ormuzd le crée véritablement, mais il faut comprendre que la pensée créatrice du dieu, quand elle prévoit immatériellement l'univers, lui donne néanmoins, de ce fait, une consistance matérielle.

C'est la première démonstration connue des univers parallèles.

L'Ève des Celtes

Pour les Grecs anciens, la divinité suprême était la *Grande Déesse* Gaea, la Terre (ou Rhéa), mère universelle, mais dans la cosmogonie orphique, le premier principe fut *Chronos* (le Temps) d'où sortirent le *Chaos* (l'infini ou néant) et l'*Ether* (le fini).

Les Celtes d'Irlande vénéraient la *Grande Déesse* Danu, Dana, qui avait nom Epona ou Arduina en Gaule. (Dieu le Père : Dispater-Teutatès – Taranis – Apollon – Bélénus – Cernunos, n'était compris qu'au sens exotérique.)

La cosmogenèse celtique attribue la création à la *Mater* ou Grande Déesse dont le nom est *Eve* ou Aigue ou Eau = source de vie.

Eve, en effet, ne représente pas la femme *princeps* issue de la « côte » d'Adam selon la Bible !

Les Hébreux, qui créèrent leur mythologie en empruntant tantôt aux Egyptiens, tantôt aux Phéniciens, aux Celtes, aux Hindous, etc., monopolisèrent l'El de Phénicie pour en faire les Elohim, et l'Eve de Celtie pour la marier à Adam.

Mais Eve, c'est la Grande Déesse, c'est l'*eau*, source de toute vie, l'eau où les acides aminés créent les premiers éléments de la vie cellulaire, les premières protéines.

L'eau se dit toujours « ève » dans les campagnes du

(1) En apparence, Ormuzd et Ahriman sont des jumeaux, mais leur dualité est coiffée par leur nature totale supérieure qui trouve son expression dans Ahura-Mazdâ.

sud-ouest et du centre de la France, ou « aigue » : « Va cri de l'ève » (va quérir de l'eau).

Jean Markale eut la prescience de cette identité de l'eau et de l'Eve celto-hébraïque en écrivant(1) : « Quant à l'eau, elle est avant tout la Fécondité, l'Humidité créatrice, l'Eau-Mère : c'est notre Mère Eve, et le Déluge, loin d'être une catastrophe expiatoire est au contraire un retour vers la Mère primitive. »

« C'est le feu, dit encore Jean Markale, qui est le grand purificateur(2). »

Announ, Abred, Gwenved

Philéas Lebesgue, dans la préface du livre de Kaledvoulc'h, *Sous le chêne des druides* (3), se fait l'écho d'un druidisme fortement teinté de christianisme, mais sa cosmogenèse est intéressante par le fait même qu'elle existe, alors que la plupart des historiens du celtisme ne s'en soucient presque jamais.

« Il y a trois cercles de vie, disent les Triades. Toute vie commence dans *Announ* (l'Abîme, la profondeur obscure) où éclosent les fermentations primordiales, acquiert science par la souffrance à travers *Abred* (le Monde de la Nécessité) et conquiert la plénitude dans le cercle de la Blancheur, le Ciel ou *Gwenved.*

» L'âme retrouve là son *Awen* ou Génie primitif, l'Amour primitif, la Mémoire primitive. »

Le *Barddas* (livre de théologie des Gallois) dit que selon les druides, le monde physique était constitué par quatre éléments :

(1) *Les Celtes et la civilisation celtique* (Payot, Paris).

(2) La bombe atomique n'a d'autre raison d'être que de purifier le monde (le Kaliougan) de ses péchés par le feu et par la désintégration. Les hommes, dans leur orgueil insensé, croient avoir tout leur libre arbitre, croient créer, inventer, alors qu'ils œuvrent inéluctablement dans un sens prévu de toute éternité.

La bombe atomique purifiera bientôt la Terre de ses souillures et punira les hommes d'avoir abandonné les vrais dieux au profit de la religion de Satan.

(3) Heugel éditeur, Paris, 1931.

– *calas*, souche de la terre, de la pierre (callaïs), des minéraux

– *gwyar*, source du milieu aqueux

– *fun*, l'air et les gaz

– *uvel*, lumière, feu, chaleur

Le monde invisible ou principe créateur est le *Nwyvre* (serpent) d'où découle toute vie.

Cette vie (*Barddas*, I, 248) est faite de *manred* qui est une onde immatérielle, l'électricité, peut-être, si l'on se rapporte à l'étymologie du mot = *man* : rien et *red* : qui court !

Manred est aussi « les éléments dans leur division la plus petite, dans leurs atomes les plus réduits. Chaque atome est animé par l'Etre suprême qui le peuple tout entier ».

11

L'INITIATION ET LE MYSTÉRIEUX INCONNU DE LA VIE

L'initiation est une méthode de culture générale interprétée dans un sens abusif.

Initier, latin *initiare,* vient de *initium* : commencement, et il faut bien comprendre qu'un initié n'est pas un « savant » mais *toujours un élève,* même si on l'appelle Maître par considération affectueuse.

Un physicien, un astronome, un biologiste sont les initiés de sciences que ne connaît pas le profane.

Pourtant, à tort ou à raison, on a fait dériver le sens de ce substantif en le confinant, presque exclusivement, à l'arsenal de l'ésotérisme.

Pour tout adepte et partisan de l'occultisme, *l'Initié* est devenu un personnage mystérieux, infaillible, quasiment invisible et intouchable, possesseur de connaissances surhumaines qui lui ont été léguées par des Maîtres éminents !

Tabou sur les secrets d'Ica

Un de nos plus estimables confrères, spécialisé dans l'ésotérisme et la science fantastique, a déclaré publiquement (à la télévision) qu'il ne croirait pas aux Ancêtres Supérieurs tant qu'il n'aurait pas mis au jour une machine à écrire ou une motocyclette vieille de 20000 ans !

C'est une excellente philosophie que notre confrère pousse beaucoup trop loin, même quand il écrit qu'il ne croit pas non plus aux soucoupes volantes, aux Extraterrestres et aux Initiés du café de Flore !

« Qu'est-ce qu'un Initié? dit-il. A quoi le reconnaît-on ?

» Comment les cercles d'ésotérisme ont-ils connaissance de son existence ? Je ne sais pas ! »

Bravo ! Voilà un problème bien posé et qui mérite une explication que nous osons avancer en toute humilité :

« Un Initié est un homme qui a certaines connaissances véritables, souvent étrangères à la science classique, et qui rassure sur l'authenticité de son savoir, généralement en produisant des preuves. »

Bouddha, Pythagore, Roger Bacon, Einstein étaient des Initiés et nous pouvons penser la même chose du Dr Cabrera qui connaît l'existence des Ancêtres Supérieurs, et des physiciens de la NASA qui cherchent des laboratoires astronomiques antédiluviens en Bolivie.

Comment le Dr Cabrera et les physiciens américains ont-ils été « choisis » pour connaître des « choses », des secrets, des cavernes ?

Eh bien, ils se sont « choisis » eux-mêmes en méritant cet honneur par leur travail, leur foi et leurs facultés d'aperception.

Comment les cercles ésotériques ont-ils connaissance de l'existence des Initiés ?

Très simplement ! Des maîtres enseignent, publiquement, et il appartient aux cercles d'adeptes de discerner ceux qui apportent la lumière.

De plus, ésotéristes et initiés se reconnaissent entre eux, s'apportent mutuellement aide et fraternité, mais prolongent aussi cette assistance à toute l'humanité, à tous les règnes, à toutes les races.

Par exemple, le Dr Cabrera, Initié, a bien voulu nous choisir, nous qui ne le sommes pas, pour nous révéler la genèse de notre histoire, avec *mission pour nous de la rendre publique.*

Et le secret ?

Nous y voilà ! Il n'y a pas de secret; il y a seulement des esprits pas assez évolués pour entendre et accepter certaines vérités.

Le docteur Cabrera nous a montré certaines pierres dont nous ne devons pas divulguer la nature.

Toujours pour les mêmes raisons : ignorance et mauvais esprit des masses, religion et politique.

Toutefois, nous avons l'autorisation de révéler les *secrets d'Ica* à toute personne qui en est digne.

Par exemple, les Rosicruciens de l'AMORC, par l'enseignement de leur Grand Maître, Raymond Bernard, ont été tenus au courant avant tout le monde des révélations apportées par les pierres d'Ica.

D'autres personnalités de l'ésotérisme, de même, ont été informées et ainsi a été poursuivie de 1972 à nos jours une chaîne de transmission dont le premier maillon avait été forgé à l'aube des temps primitifs.

Le Yin et le Yang

Peu d'ésotéristes ont une idée, même approximative, de ce qu'est la *mémoire akashique* de l'univers.

Il s'agirait d'une véritable bibliothèque où seraient entreposés tous les événements ayant concouru au développement de l'histoire du monde.

Pour Jacques Bergier, cette mémoire est une centrale d'informatique logée dans la texture même de l'espace-temps et qui peut être consultée par une extension des facultés paranormales.

On touche là à un secret qui niche habituellement dans le saint des saints où le profane – vous et nous – n'est jamais admis.

Mais comme les temps sont graves, proches et périlleux, le voile se soulève et donne la première clé ouvrant la première porte du tabernacle : la bibliothèque akashique de l'univers est enclose dans les chromosomes-mémoires des hommes.

Tous les hommes ont, dans leur legs génétique, des

superconnaissances qui les rattachent à l'homme *princeps* à travers les expériences des millénaires et de l'espace-temps.

Ceux que l'on appelle les Initiés ont, non pas le privilège, mais le pouvoir acquis par le mérite de puiser à cette superconnaissance dans les zones quasi interdites de leur univers neuronique.

En bref, ils savent solliciter leurs chromosomes-mémoires comme tout un chacun sait se souvenir d'un fait ou d'une action enregistrée au cours de sa vie.

Cette faculté suppose au préalable une ascendance exempte de péchés mortels, c'est-à-dire de détériorations physiques et psychiques ayant gravement lésé le patrimoine génétique.

L'individu qui a contracté des tares les transmet à sa descendance. Par contre, celui qui a su vivre en harmonie avec les lois universelles lègue une centrale d'informatique relativement intacte constituant en quelque sorte ce que les réincarnationnistes appelent l'*aura*.

A tous les niveaux de la matière *Yin*, le péché et la transmission jouent leur rôle conducteur jusqu'au stade *Yang* de la nature parfaite, céleste. C'est ce qu'enseignait l'ancienne philosophie chinoise avec le symbole du *Yin* et du *Yang*.

Dans la cosmogonie chinoise la Sainte-Trinité était représentée, pour aller du Yin au Yang : par l'Auguste de Jade, créateur de l'univers, par le Vénérable Céleste de l'Origine Première, second dans l'ordre mais plus ancien encore, et par le Vénérable Céleste de l'Aurore de Jade de la Porte d'Or, dernier principe de la triade.

Électro-encéphalographe pour illumination

Cette connaissance universelle qui nous habite, en principe, donne une idée de la haute considération que l'homme doit avoir envers lui-même. Il est un reflet de l'univers-dieu, un composant de la triade et peut — toujours en principe, c'est-à-dire dans le meilleur des cas – retrouver tous les secrets de la vie et de la création dans son propre Himâlaya humain (1).

C'est ce qu'entendait Hermès Trismégiste par cet axiome : « Tout est dans tout, ce qui est en bas est comme ce qui est en haut. »

Partant de cette révélation d'un grand Initié authentique, des Sages (ceux que l'on appelle aventureusement ainsi) ont essayé, et s'efforcent encore, d'acquérir l'illumination, de connaître l'*initium*, le commencement, la raison des choses.

L'approche des Temps derniers est si profondément ressentie par les masses que ce désir de savoir, d'être illuminé, a provoqué le phénomène hippie.

Les explications au niveau du conscient sont les raisons de bonheur, de « réalisation » personnelle. Au vrai, il s'agit bien d'initiation au sens le plus équivoque du terme.

Le phénomène n'est pas nouveau. Les yogi, devins, mages, sorciers et prêtres de la plupart des religions ont, depuis des millénaires, cherché le contact avec les dieux par l'intercession des champignons et des drogues hallucinogènes baptisés haoma, graal, soma ou vin de messe.

La science, dont on dit tant de bien et qui fait tant de mal, a trouvé un moyen plus efficace et – dit-elle – moins dangereux d'acquérir « l'Illumination » : la production d'ondes alpha.

Le procédé, de façon empirique, était depuis longtemps utilisé par les adeptes du Zen qui parvenaient au résultat escompté par la concentration de la pensée. En fait, ils produisaient des ondes alpha dans les circuits de leur cerceau.

Le Dr J. Kamiya, de l'Institut neuropsychiatrique de San Francisco, assure que n'importe qui peut accéder à

(1) Les combinaisons de gènes donnent 8300000 possibilités de spermatozoïdes différents et autant pour les ovules féminins. En résumé, il y a 70000 milliards de combinaisons possibles pour constituer le plan d'un homme.

Les erreurs, consécutives aux péchés, dans la transmission des messages et des ordres entraînent nécessairement des lésions dans les chromosomes-mémoires.

la concentration des mages de l'Inde « avec tous les bienfaits qui en résultent », relaxation, tranquillité, aperceptions accrues par des moyens purement mécaniques.

On dispose sur le crâne de l'adepte yogi des électrodes reliées à un électro-encéphalographe. Des stimuli électriques permettent alors au cerveau d'émettre des ondes alpha à la place des ondes bêta qui sont les plus fréquentes, et l'appareil note en outre le genre de pensées apte à provoquer la béatitude.

Comme on peut le deviner, ce procédé jouit d'une grande faveur aux Etats-Unis et il reste à souhaiter que les Américains en tirent un réel profit!

Le péché de la recherche du « Moi »

En initiation empirique, les pseudo-sages en sont encore à la recherche du « Moi » suprême et de l'illumination traditionnelle.

Loin de nous l'idée de nier la véritable initiation et l'enseignement que l'on peut tirer de la méditation, trop de Sages authentiques en ont prouvé l'efficacité et la vertu. Mais il faut bien reconnaître qu'en Inde en particulier, des foules d'adeptes ignorants ont gaspillé leur vie dans de stériles exercices psychiques.

De la même façon, l'aspiration à la béatitude est devenue une maladie qui frappe, généralement, les êtres les plus dénués de valeur et d'intérêt.

Pour ceux-là, la mission suprême, la sanctification quasiment ordonnée par Dieu lui-même est la recherche du « Moi »(1)! Et voilà le gargarisme des faux sages, des faux initiés : chercher leur « Moi » inconnu, éternel et divin!

Car ils ne doutent pas une seconde que les dieux ne

(1) La maxime gravée au fronton du temple de Delphes : *Gnôthi seauton* (Connais-toi toi-même) – qui devint la devise de Socrate – ne signifie nullement que l'être humain doit passer sa vie à faire de l'introspection, mais qu'il doit connaître ses limites et ses possibilités pour honorer les dieux.

se reflètent dans leurs états d'âme, leurs pensées, leurs intuitions et jusque dans les exhalaisons de leur sueur et les parties les plus charnues de leur individu.

C'est vrai ! Mais de la même façon qu'un miroir renvoie l'image d'un visage, même s'il est hideux, et dans certains cas, reflète une image hideuse, même si le visage est adorablement beau.

Car deux facteurs jouent dans le phénomène : le miroir peut être déformant; le visage peut être déformé, détérioré, ravagé.

Il est bien évident, dès lors que le « Moi » a subi des altérations profondes et irréversibles, qu'il va se comporter en miroir déformant pour donner de la divinité et de l'essence de toute chose une image fausse et dérisoire.

Et pourtant, combien de spiritualistes, mégalomanes dévoyés, entreprennent la quête du Graal dans leur propre personnalité !

Ils se concentrent, se referment, s'auscultent, s'étudient, se radioscopient, se blâment parfois, s'admirent le plus souvent, et finissent, bien entendu, par sombrer dans la folie caractérisée.

Comme si le but de la vie était de découvrir Dieu, de lever tous les voiles qui recouvrent le saint des saints !

Imaginez le maquignon, le proxénète, le politicien trouvant *leur* vérité dans leur tréfonds nauséeux !

Imaginez un chêne ou un cheval, ou une montagne, ou un nuage, ou un ange, ou Dieu lui-même cherchant son « Moi » !

L'ordre universel et les lois ne sont pas fixés, édictés pour une infinité de « *Moi* » dont la plupart doivent disparaître prématurément, mais pour le grand « *Moi* » du Tout, pour la totalité qui ne peut irradier son harmonie dans le corps que si les jambes, les bras, le cou, les reins s'unissent étroitement, communient et participent d'une seule âme.

Si la jambe gauche veut danser la gigue et la droite le tango, le danseur se cassera la figure.

L'univers est un organisme, un danseur qui doit être parfaitement harmonieux.

Superstitions des sages et des biologistes

Notre imagination de l'infini ne nous permet pas de comprendre comment tout est dans tout, sinon la recherche du « *Moi* », même avec un miroir faussé, mènerait à la découverte de Dieu.

Ce serait d'ailleurs un cheminement stupide puisque l'image de la Perfection est partout : dans la rose, dans la plume d'oiseau, dans la texture d'un grain de sable!

Pourquoi aller chercher dans ce que la Nature a de moins original, de moins authentique : l'homme!

Si tout est dans tout, ce qui est en bas est comme ce qui est en haut.

Cet axiome, qui est une des clés de base de l'initiation, a toujours été contesté par les scientifiques, même les plus éminents.

Une des preuves les plus flagrantes de l'authenticité de l'initiation et de la transmission de connaissances non voilées, non secrètes, est précisément dans la croyance que le grain de sable, la pompe à bicyclette, l'épi de blé, le hanneton et M. Niels Bohr ont fondamentalement les mêmes constituants, la même nature d'âme, de sensibilité et d'intelligence.

Les biologistes, les chimistes et les physiciens nient encore, pour la plupart, cette identité essentielle. Par exemple, que le rabot du menuisier puisse avoir un certain niveau de bonheur, des sentiments de haine ou d'amour, une intelligence et une compréhension de l'environnement et de lui-même.

Pourtant, un rude coup vient d'être porté aux superstitions des scientifiques, non pas par un « gros cerveau » de la NASA ou un prix Nobel, mais par un empirique, spécialiste des machines à détecter le mensonge : le psychologue américain Cleve Backster.

Désormais, le pas est franchi, la Bastille des pseudorationalistes a été emportée, balayée et cela parce qu'une jolie fille blonde avait posé un jour sur le bureau de Backster un pot de terre où poussait un vert dracéna, en latin prétentieux : *dracœna massangeana.*

Une plante plus intelligente qu'un savant

A vrai dire, le psychologue ne s'était jamais posé la question de savoir si une plante avait une âme, si elle pouvait apprendre à lire ou à calculer plus vite qu'un ordinateur !

Mais un soir, il eut une sorte d'illumination : que se passerait-il si on la soumettait au détecteur de mensonge ?

L'expérience était facile et Backster fixa sur les feuilles de son dracéna les électrodes d'une machine à détecter le mensonge.

« Allons, petit, pensa-t-il, dis-moi si tu es capable de réagir comme le ferait un homme ! »

Il se trompait lourdement : les plantes ne réagissent pas à la façon vulgaire des humains mais avec une sensibilité, une subtilité et une précision mathématique qui surpassent – et de beaucoup – celles d'un computer.

« Cleve, mon ami, pensa très certainement le dracéna, tu es un ignorant stupide, mais je t'aime bien et j'accepte de te donner une initiation. »

Le principe du détecteur de mensonge est d'enregistrer les variations de certaines fonctions physiologiques et les influx électronerveux résultant d'une émotion ressentie par le patient : colère, mensonge, attendrissement, etc. Quand un sentiment se manifeste ou change d'intensité, aussitôt l'aiguille de l'enregistreur bouge et inscrit des courbes sur un tambour tournant.

Restait à provoquer une émotion chez la plante et Backster choisit la peur et la souffrance, sans aucune méchanceté... seulement comme ça... parce qu'il était encore un ignorant !

Délibérément, il trempa une feuille de son dracéna dans la tasse de café chaud qu'il tenait à la main.

La plante hurla de douleur, mais Backster n'avait pas les oreilles qu'il fallait avoir pour entendre la voix du végétal. Par contre, il avait des yeux qui virent, avec stupéfaction, le stylet de l'enregistreur trembler sur la feuille.

« Par Dieu, mais elle réagit, songea-t-il ! Pour en avoir le cœur net, je vais brûler une feuille, plusieurs feuilles, avec une flamme de bougie ! »

Il n'avait pas plutôt imaginé ce sévice – et peut-être même une fraction de seconde avant qu'il en ait eu la mauvaise pensée – que le stylet se mit à tracer une oscillation montante (ou cycle).

« Oh ! oh ! fit Backster, aurais-tu peur, mon petit ? »

Il approcha la flamme d'une feuille : la plante eut une nette réaction de souffrance mais qui se traduisit par une oscillation moins importante que la première fois.

« Je vais te brûler jusqu'à la racine », dit tout haut Cleve !

La plante n'eut aucune réaction *comme si elle avait deviné que l'homme mentait !*

Ce n'était pas encore une preuve décisive, mais déjà se dessinaient des notions de biologie végétale qui allaient révolutionner le monde dit savant.

Intelligence et intuition au niveau de l'atome

A dater de ce jour, toute une équipe de chercheurs se mit à étudier « l'effet Backster » à la fois sur les oignons, les carottes, les jacinthes, les rosiers, les bananiers et les orangers, et avec tous les moyens techniques dont disposent les laboratoires américains.

Le premier rapport mit en évidence les réactions émotives du végétal à la menace, à la souffrance, à la peur.

C'était un fait incontestable dont témoignaient les appareils enregistreurs de tous les laboratoires et on l'attribua à une faculté extra-sensorielle analogue à l'instinct, à la voyance ou à la prémonition.

Car, expérimentalement, c'était vrai : le dracéna, l'oignon et le citronnier devinaient et expertisaient les pensées humaines.

Certaines plantes étaient moins intuitives, moins « intelligentes », tels les parasites des arbres, les mousses; d'autres, au contraire, comme la jacinthe étaient sensibles, ombrageuses comme des bêtes de race.

Cleve Backster, qui était lui-même intuitif et intelligent, remit en cause tout ce qu'il croyait exact sur la nature humaine :

« L'homme entend avec ses oreilles, voit avec ses yeux, touche avec ses mains, goûte avec son palais, sent avec ses narines, bien! On considère généralement que ces facultés sensorielles lui donnent une primauté sur les autres animaux, sur les végétaux et sur le minéral. Et si l'on se trompait? Si c'était le contraire qui était exact? »

On le sait bien : les oiseaux perçoivent les trains d'ondes électromagnétiques d'un son avant qu'arrivent les trains d'ondes sonores; la femelle de la guêpe ichneumon « voit » à travers 7,4 cm d'épaisseur de bois la larve qu'elle convoite; les textures atomiques de certains métaux possèdent une mémoire du passé; un arbre – mais c'est moins certain – peut savoir se venger d'un bûcheron(1).

Il se pourrait donc que les cinq sens soient des pouvoirs primaires qui, par l'évolution, se seraient substitués à d'autres facultés *infiniment* plus subtiles et précises.

Ces considérations jointes à de nouvelles expériences faites, non plus sur la plante, mais sur une feuille détachée de la tige, voire sur des fragments de feuille disposés sans ordre, amenèrent à penser que le phénomène de la sensation, de l'émotion et des facultés sensorielles se jouait non pas au niveau d'un organisme constitué mais au niveau même de la Vie.

Tout avait une sensibilité et une âme, indépendantes de l'espèce organisée, mais encloses dans l'identité, dans la substance intime.

(1) Cf. *Le Livre des Mondes Oubliés*, op. cit., chap. 11.

Le dracéna dénonce l'assassin

Ce fut alors un déchaînement de miracles à couper le souffle des physiciens. De multiples tests montrèrent que le végétal éprouve de la crainte quand apparaît un animal qui va le manger.

Menacées d'un danger, certaines plantes se plongent volontairement dans une sorte de coma pour échapper à la souffrance; elles éprouvent de la joie, nettement perceptible par le galvanomètre à l'entrée du maître dans la pièce où elles vivent.

Elles manifestent la même émotion envers tout être qu'elles aiment et s'affolent sous l'empire de la terreur quand il s'agit d'un individu qui leur veut du mal.

Backster fit une expérience appelée à un grand avenir et qui peut apporter un riche enseignement en matière criminelle.

Six personnes participèrent à l'opération. L'une d'elles fut désignée par tirage au sort pour maltraiter un dracéna placé dans une pièce.

Les participants ignoraient lequel d'entre eux devait accomplir le « crime » qui fut perpétré sans témoin humain.

Le détecteur à électrodes fut alors branché sur la plante et quelques instants après, Backster qui lui-même ignorait l'identité du coupable fit comparaître les participants l'un après l'autre pour leur imposer un interrogatoire. Il était entendu que le coupable mentirait et affirmerait son innocence.

Le dracéna ne réagit pas à l'entrée de ceux qui ne l'avaient pas maltraité mais inscrivit de grandes oscillations dès que parut le coupable(1). On sut ainsi de façon probante que la plante était douée de mémoire.

Plus extraordinaire encore, le dracéna familier de Cleve Backster communiquait avec lui à distance et

(1) Rapporté par *Match*, n° 1285 : « *Oui, les plantes pensent* », sous la signature de Peter Tompkins, et par *le Parisien Libéré* du 13 mars 1972.

participait à ses propres émotions et à ses pensées les plus intenses.

Si le maître éprouvait une angoisse ou une joie, même à mille kilomètres de son appartement, la plante l'enregistrait à l'instant précis où se produisait l'incident.

Des chronomètres synchronisés en firent foi (1).

Enfin, il semble que le pouvoir d'aperception du végétal se manifeste lorsqu'il y a atteinte à tout ce qui est vie cellulaire, même extérieure à son organisme : crustacés, œufs, tissus humains, cheveux, etc.

Le cytologiste Miller en déduisit que tout ce qui existe est vivant, possède une sorte de conscience infuse dans ses éléments les plus intimes et les plus inconnus de l'atome et forme une sorte d'entité qui, bien que divisée apparemment, demeure une et solidaire à tous les niveaux.

Il n'y a donc rien dans l'univers qui soit inanimé, pas plus le grain de sable que le métal, pas moins la colline que le cerveau d'un biologiste et tout participe du même organisme primordial et ultime.

Cette découverte de la science du XXe siècle est une démonstration éclatante des connaissances initiatiques, car ce que Backster a mis en évidence en 1966 était connu des Initiés depuis plus de quatre mille années !

On peut croire que dans un proche avenir, les physiciens et les biologistes accorderont, de la même façon, leurs lettres de créance à ces phénomènes encore qualifiés d'occultes ou de supranormaux : la mémoire des choses, des lieux, les fantômes, la voyance, les courants telluriques, la sorcellerie et autres manifestations du mystérieux inconnu.

(1) Le procédé fut expérimenté à l'occasion d'un assassinat dans une usine américaine. Des plantes en pot qui se trouvaient sur les lieux du crime ne manifestèrent aucune réaction devant des ouvriers sur qui pesaient des soupçons. Le véritable assassin fut démasqué plus tard, il n'appartenait pas au personnel de l'usine.

Pour guérir magiquement

Cette conscience, cette intelligence qui existerait dans tous les règnes et cette interaction dont on commence à contrôler les effets, de l'homme au végétal, et vice versa, donnent un sens à certaines théories apparemment obscures de la métaphysique ancienne.

Ainsi, il devient admissible, désormais, que les continents et les océans puissent, dans une certaine mesure, décider de leur évolution et peut-être déclencher des cataclysmes contre l'humanité oppressive.

Dans un petit livre fascinant, qui déborde de beaucoup le sujet annoncé par son titre(1), l'ingénieur Jacques Pineau, après le Dr Carrel et le Pr Duval, évoque les liens affectifs et quelque peu magiques existant entre le végétal et l'homme.

Il cite l'expérience du Dr Jean Barry, de Bordeaux qui, par la concentration de la volonté de ses assistants sur des champignons parasites cultivés en boîte de Pétri, a ralenti leur croissance de façon sensible.

L'expérience fut réalisée en neuf séances portant sur trente-neuf boîtes de champignons suggestionnés par dix assistants opérant à 1,50 m des cryptogames durant quinze minutes chaque fois.

Sur les trente-neuf boîtes, trente-trois eurent des évolutions nettement retardées.

« La très forte volonté d'une personne douée, écrit Jacques Pineau, pourrait donc agir sur une plante. »

Il existerait, en Ecosse, un village au sol aride où s'épanouissent somptueusement des fleurs vitalisées par l'amour que leur prodiguent les religieux d'une communauté.

Ce sont les effluves de l'amour humain qui nourrissent les plantes, mais le contraire est, depuis des millénaires, expérimenté en sorcellerie.

Jacques Pineau qui habite le joli château de la Bussière à Brion en Poitou conte l'histoire suivante.

(1) *Brion-Gençay. Mystères de leur histoire.*

Jadis sa famille avait un jardinier, le père Rousseau, qui était un authentique sorcier.

« Sa recette pour soigner les gens était la même pour toutes les maladies, quelles qu'elles soient, et très simple : il demandait une mèche des cheveux du malade, et partait pour le bois de la Bussière, armé d'une serpette.

» Il choisissait un jeune arbre bien portant, y faisait une incision, y glissait la mèche et ligaturait avec un brin de raphia.

» Il tournait autour de l'arbre en psalmodiant des incantations dans une langue rude, qui n'était pas le latin et venait du fond des âges.

» Aussitôt, comme nous l'avons constaté, l'arbre se mettait à dépérir et le malade à guérir.

» L'arbre choisi était, de préférence, un jeune frêne.

» Pour activer la guérison, avec des branchettes du frêne, le père Rousseau faisait une petite croix qu'il glissait sous l'oreiller du malade (1). »

Grâce aux expériences de Backster et du Dr Barry, il est possible d'expliquer cette magie qui hier encore appartenait au domaine de la croyance ou de la superstition.

Nous pouvons même substituer aux incantations inconnues du père Rousseau des paroles tout aussi opérantes faisant appel aux bons sentiments du végétal :

Frêne, frêne mon ami – par très sublime sacrifice – donne ta sève, donne ta vie – pour sauver M. X ou Mlle Y.

Il semble qu'une telle magie, à vrai dire abominablement injuste puisque le fort doit se sacrifier pour le faible, le bien-portant pour le malade, ait été depuis longtemps connue par les empiriques.

En fait il s'agit d'un transfert (au sens occulte du mot) de potentiel de vie avec le consentement, le sacrifice volontaire d'une entité végétale.

(1) Nous nous permettons de remarquer, non par sotte agressivité anticléricale, mais parce que la croix est incontestablement un symbole maléfique (de mort), qu'il serait préférable de placer sous l'oreiller du malade des branchettes en bouquet ou tout simplement en vrac

Mais par quel sublime sentiment altruiste les plantes sont-elles amenées à consentir à leur propre destruction ?

Il est probable que les biologistes et les physiciens exagèrent notablement dans leurs conclusions sur l'affectivité et l'intelligence des végétaux, sinon il deviendrait possible à une tisane — camomille, tilleul, verveine, menthe, etc — de devenir à volonté calmante ou dormitive, purgative ou laxative, voire même poison violent !

Pourtant, il est indéniable que Cleve Backster apporte en métaphysique de fulgurantes clartés qui établissent un pont entre la science des classiques et celle des empiriques.

Un immense champ d'investigation s'ouvre désormais si le minéral, comme on le soupçonne déjà en physique théorique, est réellement doté d'intelligence et de réactions sentimentales.

Alors, on perçoit les arcanes les plus secrets qui motivaient les pouvoirs des sorciers pour conjurer, envoûter, guérir, et les recherches des alchimistes acharnés à se concilier les privilèges supranormaux du soufre, du mercure, du vitriol, de l'eau et du feu !

Alors, on frôle le mystérieux inconnu des parfums, des sèves, des philtres, la résultante magique d'un effleurement, d'une promiscuité, d'une écologie, en fonction d'un accord affectif humain-végétal-minéral et des forces invisibles qui nous entourent, nous observent et nous conditionnent.

Guéridon boiteux et table frappante

L'ouverture et la disponibilité de l'esprit à tout ce qui dépasse nos possibilités d'explications ne doit pas, néanmoins, nous précipiter dans la foi aveugle et la crédulité. Certes, rien n'est théoriquement impossible dans l'univers, pourtant il y a lieu de se méfier de certaines manifestations dites supranormales.

Il semble qu'il y ait beaucoup de complaisances et

d'imprécisions dans le phénomène dit des « tables tournantes », à commencer par le qualificatif « tournant » qui est parfaitement inexact pour un meuble qui, en fait, se borne à frapper le sol avec l'un de ses pieds.

Analysée succinctement, l'expérience peut se résumer ainsi : le guéridon doit avoir trois pieds, être léger et assez instable, donc être facile à manœuvrer; plusieurs personnes s'assoient autour et établissent en écartant les doigts un cercle de mains, chacune touchant la main voisine soit par le pouce, soit par le petit doigt; les assistants se concentrent et, à haute voix, demandent à un esprit(1) de bien vouloir se manifester; le contact consiste à répondre à des questions verbales par des réponses codées : un coup = A, deux coups = B, trois = C, etc., qui arrivent à constituer une phrase.

Habituellement, il y a un meneur de jeu (la personne qui a l'habitude ou qui a proposé l'expérience) que l'on croit être, à tort ou à raison, un médium. C'est lui qui pose les questions, mais tout autre participant peut en poser aussi; toutefois, on remarquera que, sauf très rares exceptions, le guéridon se penchera toujours du côté du meneur de jeu, soit franchement, soit à sa gauche ou à sa droite selon la position des pieds.

S'il n'y a pas un réel meneur de jeu, il est peu probable que l'esprit se manifeste, c'est-à-dire que le guéridon bouge.

A moins que l'un des participants ne le désire vivement !

Les conversations engagées sont toujours marquées du signe de la banalité. Jamais elles ne sont positives et intelligentes.

(1) D'après Eliphas Lévi (*Le Livre des Splendeurs*) et selon Enoch, les âmes hybrides et monstrueuses sont formées par le commerce des égrégores et des prostituées de l'ancien monde. Les égrégores sont des génies qui ne sommeillent jamais, des chefs de multitudes. Pour les spirites, les « esprits » sont des âmes errantes dans les régions indéterminées de l'au-delà.

« Esprit es-tu là ? »

Il est de bon ton de tutoyer l'« esprit », de lui demander son nom et son prénom, puis s'il a connu quelqu'un de la société. Ou s'il est le « guide » d'un participant.

L'esprit répondra positivement trois fois sur quatre : il est le guide de X ou de Y, lequel bien entendu s'en montre très honoré; il aura très souvent connu tel ou tel parent qui, étant mort, ne pourra pas dire le contraire.

La conversation s'engagera alors sur le ton de la plus morne vulgarité : X recevra bientôt une lettre, Y apprendra un mariage ou un décès, Z trouvera l'âme sœur à la fin de l'année !

Autres « révélations troublantes » : attention, danger !

Comment ? Si vous prenez l'avion, si vous voyagez en auto...

Ou bien c'est votre foie, votre cœur ou vos poumons qui vous joueront un mauvais tour cette année !

Quel mois ?

L'« esprit » n'aime pas donner de précision. Ce sera « cette année » un point c'est tout, et si vous continuez à l'agacer, il ne répondra plus !

Il ne faut pas le contrarier, dira infailliblement quelqu'un ! C'est déjà bien gentil à lui de nous prévenir d'un danger !

Si l'« esprit » est dans des dispositions particulièrement amènes, il acceptera peut-être de choisir le mois, soit autour de la Pentecôte, soit en août pour les retours de vacances !

Mais ce ne sera pas grave(1) !

(1) Selon Mme Dominique Villena, maître en psychologie, le jeu du contact entre notre univers et l'au-delà peut s'expliquer par la thèse « du refoulement libéré volontairement par la certitude de l'impunité et du manque de possibilité de réaction de l'extérieur. Mais le danger peut venir de l'intérieur, c'est-à-dire de l'au-delà et l'esprit se rassure lui-

De toute façon, on est prévenu ! Et s'il ne se passe rien, personne n'accusera l'entité de l'au-delà d'avoir menti... on la remerciera au contraire d'avoir écarté le péril !

Le comportement exact du chrétien auprès de la très Sainte Vierge Marie !

Tout se passe en circuit fermé

En fait, ce qui semble le plus faire défaut à l'« esprit », c'est précisément l'esprit !

Pourtant, il en a assez pour être retors, rusé, pour construire des mots, des phrases. Si le meneur de jeu est cultivé, l'esprit peut exprimer quelques idées intelligentes, mais si le meneur est un ignorant, les réponses sont presque toujours d'un niveau intellectuel médiocre.

Les histoires de « tables tournantes » répondant en différentes langues inconnues des participants sont des blagues ou des exagérations malhonnêtes.

Essayez de demander aux esprits frappeurs comment s'écrit le mot *vérité* en sanscrit, en quichua ou en grec !

Toutefois, nous croyons qu'il est possible qu'une réponse puisse dépasser le niveau de la connaissance consciente. En ce cas, elle emprunterait à une connaissance supérieure, habitant notre inconscient.

En bref, l'explication du mystère des tables frappantes serait liée à un phénomène d'extériorisation de l'inconscient.

même sans toutefois être dupe. C'est pourquoi il se fait rassurant après avoir annoncé un danger. En fait, le sujet est hystérique, et même en projetant le mal ou son angoisse vers l'extérieur, il ne veut pas assumer la responsabilité de ce qui pourrait arriver. En bref, il ne veut pas se reconnaître coupable. Projection et culpabilité sont ses deux préoccupations majeures ».

Ce « Moi » inconnu que nous opprimons

Le cerveau humain est un vaste complexe électrique dont le moteur efficient est constitué – dit-on – par deux milliards de neurones environ.

Ce moteur comporte d'importantes réserves dont on ne connaît pas le rôle et qui semblent ne pas être sollicitées : les quelque sept à huit milliards de neurones qui composent les éléments cellulaires du système nerveux(1).

Certes, l'univers du cerveau est encore pour les neurobiologistes un vaste champ d'exploration dont la nature intime est à peu près inconnue, mais certains pensent que les huit milliards de neurones qui semblent ne servir à rien pourraient jouer un rôle primordial dans ce que l'on appelle « le mystérieux inconnu » du « Moi ».

Dans cette hypothèse, les zones non sollicitées du cerveau et de la moelle épinière alimentent une personnalité seconde de l'individu où se concentrent une connaissance et une volonté d'action qui jouent leur partie à l'insu de la conscience manifestée par la personnalité première.

Cet univers à peine défloré constitue l'inconscient où s'emmagasinent les connaissances, les actions, les motivations et les comportements non recueillis et non inscrits dans le conscient.

Dans certaines conditions, et particulièrement quand le conscient relâche sa surveillance et son contrôle autoritaire, l'inconscient qui nous habite éprouve le besoin impérieux de se manifester, de se libérer ou de se défouler, dirait Mme Villena.

Or, il manque de moyens de transmission biologique puisque les canaux appropriés et utilisables sont, pour

(1) Les propriétés des neurones sont liées à la conduction de l'influx nerveux et des excitations. Les neurones recueillent et transmettent les informations à la façon d'un ordinateur. Ils donnent les réponses aux stimuli (situation dans laquelle le sujet est placé) et sont à la base de l'organisation du travail cérébral. On pense qu'ils contrôlent et dirigent la conduite humaine et le langage ou communication intracérébrale.

la plupart, contrôlés par le conscient, mais par contre, il bénéficie de pouvoirs fantastiques de concentration si bien que ses possibilités d'emmagasinement de connaissances sont théoriquement illimitées.

Si nous pouvions ou si nous savions solliciter cette immense bibliothèque d'informations, nous serions infiniment plus intelligents et aurions une connaissance quasi totale de tout(1).

L'initié, le savant, tient sa supériorité – outre de son travail – du fait qu'il sait solliciter plus que les deux milliards actifs de ses neurones.

La manifestation de l'acquis qui en découle s'exerce normalement et sans obstacles par les voies ordinaires de l'expression.

Contestation en zone 2

L'empirique qui arrive à libérer certains pouvoirs de son inconscient agit sans la permission du conscient, de manière « illégale » pourrait-on dire, si bien que la connaissance qui filtre par ce moyen est entachée d'erreur et de pauvreté.

En fait, pour bien comprendre le mécanisme de la table frappante, il faut distinguer dans chaque humain trois plans bien distincts et trois zones :

– la personnalité consciente ou première = zone 1,

– la personnalité inconsciente ou seconde située aux frontières du conscient et du « Moi » inconnu = zone 2,

– le « Moi » inconnu = zone 3.

La personnalité première (zone 1) est celle que nous concevons et qui commande notre vie habituelle. La personnalité seconde (zone 2) concentre les complexes, les désirs, les obsessions, les aspirations, les refoulements, etc.

(1) Cette connaissance se transmettrait dans les neurones ou dans des zones inconnues du cerveau par l'hérédité. Toute la connaissance donnée aux hommes depuis l'Adam *princeps*, depuis Dieu, y serait emmagasinée avec les risques de détérioration qu'implique la transmission (dégradation d'énergie, édulcoration, inductions, effacements, etc.).

Le « Moi » inconnu enregistre dans la zone 3 les connaissances héréditaires et celles qui effleurent le conscient sans le pénétrer; il les digère facilement car il dispose des friches immenses de milliards de neurones.

Par contre, la personnalité seconde ne jouit pas du même privilège et, en raison de sa situation aux frontières des zones 1 et 3, elle se sent brimée, jugulée, car elle n'a ni les possibilités d'expression du conscient, ni celles d'absorption et de choix du « Moi » inconnu.

Tout se passe comme si elle *pouvait* être sollicitée pour commander le comportement visible humain et ne l'était jamais par grande injustice.

La zone 2 de l'inconscient, en fait, est l'habitation d'un autre « Moi », réticent, confus, parfois honteux et qui devient contestataire, parce qu'il s'estime opprimé. D'où le désir de se faire connaître et de s'exprimer dès qu'il en a l'occasion.

L'expérience de la table frappante est en quelque sorte un rêve éveillé : la libération du subconscient.

Porte ouverte à l'inconscient

Cette occasion lui est offerte quand le conscient relâche sa surveillance et ne monte plus une garde vigilante devant les circuits de l'information : durant le rêve, dans certaines formes de la méditation et, à un niveau inférieur, par la voyance, la radiesthésie et la table frappante(1).

En tant que système artificiel, la table frappante est un moyen de faire sortir de son univers concentrationnaire des informations que le conscient réprouve ou

(1) Durant le rêve, le subconscient se libère totalement, ce qui permet la coexistence pacifique du conscient et de l'inconscient; l'individu qui resterait sans rêver deviendrait la proie de sa zone 2 et délirerait presque constamment.

Le subconscient se libère encore par la méditation dans le système hindou qui consiste à faire le vide dans l'esprit et par la voyance quand le sujet se met en état complet de réceptivité, sans possibilité de phénomène de rejet. Il en est de même pour la radiesthésie quand le cerveau est « disponible », ouvert à toutes les influences inconnues.

qu'il réprime généralement. C'est en somme une thérapeutique par défoulement.

Quand la chaîne de mains se noue autour du plateau, il semble qu'un centre d'accumulation d'énergie, à la façon du baquet de Mesmer, est créé par les participants.

L'un d'eux, le médium (ou plusieurs personnes) va capter cette énergie et s'en servir pour provoquer le phénomène physique de semi-lévitation.

Il convient, bien entendu, de n'opposer aucune résistance à l'expérience, de faire le vide cérébral, d'être disponible à toute intervention d'un pseudo-au-delà (2). Une connivence s'établit alors dans le but d'obtenir un résultat positif.

Beaucoup de ces expériences sont faussées par la mauvaise foi du meneur de jeu, mais notre étude ne porte que sur les expériences sans tricherie délibérée. Les participants sont donc de bonne foi, ne vont pas *tricher consciemment,* mais ils tricheront dans l'inconscient et dans les explications à fournir.

En résumé, il s'agit de permettre à l'inconscient du meneur de jeu (ou de plusieurs personnes) de se manifester.

Ces conditions étant requises, la *deuxième personnalité* du meneur ou médium, empruntant les canaux de communication mal surveillés, va pouvoir s'extérioriser par le truchement des coups frappés et en empiétant sur un domaine, interdit en principe : le langage parlé, les pensées et les actions qu'elle utilisera en pleine complicité avec le « Moi » n° 1 des participants.

En préliminaire, le médium pose la question et la convention rituelles : « Esprit, es-tu là ? Frappe un coup pour oui, deux coups pour non ! »

L'inconscient, peu à peu, en prenant son temps, suggère de répondre oui, par un coup frappé et, automatiquement, la pression des mains sur la table augmente

(2) Si l'un des participants laisse ses centres de surveillance en état d'alerte, il risque de rompre le charme (la chaîne de concentration d'énergie). Le meneur de jeu dit alors que « quelqu'un est indésirable et doit se retirer de l'expérience ».

dans une mesure guère perceptible mais suffisante pour provoquer le basculement.

Il est probable, en plus, qu'un phénomène d'ordre électrique joue pour ajouter à la pression physique une efficace force d'attraction ou de répulsion magnétique.

Dans ce cas, un pôle négatif de la table peut être repoussé par le pôle positif qui se forme dans les mains du médium.

Sur l'équilibre instable d'un guéridon à trois pieds, le phénomène devient alors assez puissant pour provoquer le basculement.

En regardant une expérience, on pourra remarquer une *concentration* des participants quand le guéridon s'incline et un *relâchement* tout aussi visible pour qu'il puisse rétablir son équilibre.

A ce stade, le potentiel électrique du médium se redistribue dans toute la chaîne de mains des participants.

Le guéridon parle

Telle serait l'explication du phénomène du basculement. Reste à trouver le mécanisme du langage.

Tout va se jouer entre le phénomène physique et le processus psychologique.

Le médium honnête ne triche pas à proprement parler, mais il va aider sa personnalité seconde à s'exprimer.

L'univers inférieur de cet inconscient n'a pas les moyens normaux de se manifester correctement mais, en connivence avec le conscient endormi des solliciteurs, il peut engager une conversation banale *conditionnée par les pensées-désirs inférieures* des participants.

« Esprit, quel est ton nom ? »

L'inconscient second possède assez d'intelligence cohérente pour formuler un nom, n'importe lequel, assez de ruse pour choisir celui d'une personne connue de tous ou de l'un d'eux seulement.

Dans ce cas, il est dirigé par le médium ou par un participant sans que celui-ci réalise le mécanisme de la tricherie.

Puis entrent en lice les questions suggérées, imposées même, par les poncifs ou par les pensées-désirs : mariages, accidents, rencontres, lettres, voyages, etc.

Un poncif quasiment obligatoire est de demander si l'esprit a besoin de quelque chose. La réponse invariable est : de prières(1).

Les communications tablent donc sur des questions précises, mais simples, presque toujours les mêmes et qui amènent des réponses stéréotypées : oui, non, bientôt... peut-être.

Aucune précision de date, de lieu, de nom ou de circonstance ne peut être obtenue pour la bonne raison que l'inconscient les ignore.

On pallie cette carence en déclarant que dans l'au-delà le temps n'a pas la même nature que dans notre univers !

Ces jeux approximatifs et peu sérieux n'ont pas de consistance, mais le conscient éveillé des expérimentateurs sait, généralement à lointaine échéance, leur donner une certaine valeur.

Contacter le « Moi » supérieur

Le principe même de la table frappante : conversation avec un Initié inconnu, n'exclut pas l'intérêt du phénomène et la possibilité d'obtenir des réponses cohérentes et valables si, véritablement, notre incons-

(1) Quand l'empirique joue avec les forces obscures qualifiées de diaboliques, il éprouve le besoin de justifier de sa bonne appartenance à la chrétienté, d'où la comédie de la prière, des signes de croix, des « saintes » invocations !

C'est que jadis, au Moyen Age et même longtemps après, l'Inquisition avait vite fait de jeter les sorciers au bûcher !

De même, les aventures magiques et parfaitement païennes des chevaliers de la Table ronde ont été aromatisées d'encens, d'eau bénite et de pieuses dédicaces pour ne pas subir les foudres de l'Eglise.

cient est une sorte de bibliothèque de connaissances ignorées.

Dans la pratique, la qualité du langage de l'« esprit » est presque toujours fonction de la qualité de la culture du meneur, mais il est certain que, même avec un meneur ignorant, illettré, il est théoriquement possible d'engager des conversations savantes.

Dans ce cas, le meneur ne sait ni lire ni écrire, mais il est infiniment probable que le jeu du legs héréditaire l'a crédité de l'acquis d'un ascendant plus cultivé que lui. C'est peut-être pour cette raison qu'une table frappante peut donner un texte en polonais ou en hébreu si un ancêtre du médium a parlé ces langues.

A vrai dire, nous n'avons jamais constaté pareil phénomène. Pourtant, il serait intéressant d'étudier les résultats obtenus avec la table par un physicien ou un biologiste.

Si le contact est établi avec la personnalité seconde les réponses de la table seront, à n'en pas douter, élémentaires et décevantes.

Si, par contre, le contact pouvait être établi avec le « Moi » inconnu supérieur ou personnalité n° 3, alors des révélations sensationnelles en découleraient : la table pourrait révéler le remède contre le cancer, la quadrature du cercle et aurait sans doute aussi le pouvoir d'annoncer l'avenir.

Hélas! *Jamais les tables frappantes n'ont fait une révélation utile à l'humanité!*

A croire que l'au-delà ne désire nullement aider les vivants!

Mais peut-être doit-on en dire autant des « Initiés » et des « savants »!

12

PHÉNOMÈNES ÉTRANGES ENTRE CIEL ET TERRE

L'existence de soucoupes volantes et, a fortiori, d'Extraterrestres résidant sur notre planète n'a pas été démontrée, du moins à notre époque.

Les milieux scientifiques s'intéressent au problème, acceptent le phénomène des OVNI, mais se refusent à aller plus loin dans la spéculation.

Le Pr Louis Leprince-Ringuet, dont nous admirons la grande honnêteté et la parfaite impartialité, déclare qu'« un scientifique doit toujours être ouvert à toute observation éventuelle : donc, nous ne rejetons rien a priori, pas même les soucoupes volantes...

» Un des arguments les plus précieux serait la découverte d'un objet, d'un morceau de matière abandonné par les gens de l'espace. Mais on n'a rien ! »

Une vessie n'est pas une lanterne !

Il est bien évident que ce manque de pièces à conviction est tout à fait regrettable, comme l'est la tendance de beaucoup d'ufologistes à prendre leurs désirs pour des réalités, des lueurs pour des soucoupes volantes et des vessies pour des lanternes.

Certains ont été jusqu'à prétendre – et à écrire ! – que les « cercles des fées » dans les prairies naturelles étaient provoqués par des atterrissages d'Extraterrestres, alors que la véritable explication est parfaitement connue : elle provient du réseau souterrain cryptogamique, responsable des zones stériles avoisinantes.

En octobre 1972, un cyclone de faible intensité ravagea 300 m^2 de colline boisée au lieu-dit Collet Redon, près de Montauroux (Var). Ce cataclysme miniature est assez fréquent dans nos campagnes; qui n'a pas vu dans sa commune un arbre – généralement un châtaignier – arraché, tordu, tire-bouchonné par une trombe? Jadis, l'affaire était classée au chapitre des fantaisies et humeurs de la nature; de nos jours elle est devenue incident interplanétaire!

Même l'habituellement sérieux *Bulletin du G.E.P.A.*(1) consacre plusieurs pages illustrées à la trombe du Collet Redon, accompagnées d'une analyse d'où il ressort que des Extraterrestres remarquablement stupides ont tenté de poser leur engin volant sur une colline à forte déclivité et, de surcroît, plantée d'arbres et hérissée de murets! Dans quelle intention? Mystère et boule de gomme!

Clermont-Ferrand : affaire sérieuse...

Il est tout à fait désolant, pense M. Claude Vorilhon, de Clermont-Ferrand, d'obliger nos visiteurs lointains à se poser en catastrophe! Pourquoi ne pas leur construire un cosmodrome et, pendant qu'on y est, un centre d'accueil!

D'ailleurs, c'est eux-mêmes qui demandent ce traitement de simple courtoisie! Ils me l'ont dit!

La genèse de l'histoire remonte au 13 décembre 1973 : M. Claude Vorilhon, marié, belle voiture et immenses loisirs, se sent « appelé » vers le Puy de la Vache, un volcan endormi situé à une quinzaine de kilomètres au sud-ouest de Clermont.

A vrai dire, le jeune homme, fervent de rallyes, vient

(1) Revue trimestrielle du Groupement d'études de phénomènes aériens.

de faire le Tour de Corse; on est un jeudi et, en attendant la pause bien gagnée du week-end, il va se délasser du côté du circuit-auto de Charade, puis il pousse plus loin, vers les 1 167 mètres du Puy de la Vache.

C'est justement là qu'un Extraterrestre attendait ce jeune Français travailleur et méritant.

Le personnage d'outre-ciel mesure 1,20 mètre, porte barbe noire et, bien entendu, un collant de plastique vert. Il a le type asiatique, ce qui est aussi une caractéristique essentielle, parle français comme vous et moi, et plutôt mieux! Sa soucoupe volante, du type classique, est bleue, blanche et rouge comme le drapeau!

« – Claude Vorilhon, dit – en substance – le petit Extraterrestre, je vous ai choisi parce que vous êtes venu au monde en 1945, à l'avènement de la bombe atomique et parce que vous êtes né d'un père juif et d'une mère chrétienne (?). Je vais vous donner des instructions, mais comme j'ai oublié sur ma planète mon calepin et mon crayon, revenez me voir demain avec de quoi écrire. »

Et surtout : motus et bouche cousue!

Le lendemain et les jours suivants, le gnome révèle au jeune Auvergnat des « secrets à ne répéter à personne », cela va sans dire, mais il lui confie, pour le grand public, que sa planète n'est qu'à une année-lumière de la Terre, qu'il est en rallye dans sa soucoupe volante avec une vitesse de base de 21 millions de kilomètres-seconde!

Le vif du sujet nous fait découvrir notre cosmogenèse : nous descendons d'êtres vivants de synthèse, déportés il y a très longtemps sur notre planète!

Les Extraterrestres nous considèrent un peu comme leurs enfants et ils veulent nous aider à devenir sages!

« Merci, grand-père », a dit l'Auvergnat au gnome qui pour terminer l'entretien suggéra que l'on construise à l'intention des Peuples de l'Espace une résidence digne de leur savoir et des bienfaits qu'ils nous prodigueront à une date ultérieure.

Détail important, cette résidence serait bien accueillie si elle se trouvait dans un pays « au climat doux » : Monte-Carlo, Tahiti, Miami ou Hollywood par exemple!

A toutes fins utiles et éventuelles, Claude Vorilhon a fondé une association, le MADECH ou Mouvement pour l'accueil des Extraterrestres créateurs de l'humanité.

A noter qu'en dépit de leurs formidables connaissances scientifiques, les petits hommes verts de notre planète-mère ne peuvent avancer les fonds nécessaires pour construire le centre d'accueil.

Ils comptent sur la générosité de leurs arrière-arrière-arrière-petits-enfants !

Trains volants et pilote martien de 1897

Il serait vain de s'attarder à reproduire les milliers de témoignages de personnages apparemment dignes de foi – médiums, avocats, gendarmes – qui ont vu des soucoupes volantes et des Martiens alors que les radars disposés à proximité des lieux d'atterrissage n'enregistraient aucune image d'objets célestes !

A croire – et pourquoi pas ? – que les soucoupes volantes n'ont aucune consistance matérielle et ne sont perceptibles que par l'organisme humain.

Mais si les témoignages visuels, en ufologie comme en justice, n'ont généralement que peu de consistance, il est intéressant néanmoins de les verser au dossier que nous avons ouvert sur le sujet.

Selon des rapports argentins extrêmement douteux, des bases sous-marines de soucoupes volantes existeraient dans les golfes de San Matias et de San Jorge, au large de la côte de Patagonie.

Toujours au pays des apparitions religieuses ou fantomales, les OVNI ont pris la forme de « trains ».

Un industriel, M. Francisco Zamora, et cinq témoins ont dû arrêter leur voiture sur la route Difunta Correa-San Juan pour laisser passer un wagon d'une trentaine de mètres de longueur, dont les fenêtres étaient éclairées. Or, il n'y avait pas de voie ferrée à proximité du lieu de rencontre.

A Santiago del Estero, toujours en république Argentine, le mystérieux « train », long de cinquante mètres cette fois, se posa dans une forêt avant de s'envoler sous la forme d'une boule de feu.

Au même endroit, le même « train » – ou un autre – a été vu par d'autres témoins, mais à une date ultérieure.

De telles relations, à notre avis, n'encouragent guère les esprits dotés de raison à s'engager dans les hypothèses que formulent, à tort et à travers, beaucoup trop d'ufologistes enragés.

Plus sérieuse semble être l'énigme d'Aurora, au Texas (USA), où, selon des rapports circonstanciés, s'écrasa en avril 1897 un engin volant qui, à cette date, ne pouvait être un avion terrestre.

Le cadavre du pilote fut inhumé sans examen préalable, si bien que le « Bureau International des OVNI » des Etats-Unis veut faire procéder à l'exhumation pour déterminer si le mort était un Terrien ou quelque autre créature.

Pendant des années, le bruit a couru à Aurora qu'un Martien était enterré dans le cimetière.

Rapport du capitaine Lemos

Notre correspondant et ami de Lisbonne, Alvaro Curado e Melo nous a envoyé une relation particulièrement intéressante dans la mesure où elle fut prise en haute considération par le gouvernement portugais (1).

« Le 4 septembre 1957, une flottille de quatre avions F-84 G décollait de la Ota à 20 h 21. Elle était sous le commandement du capitaine Lemos Ferreira et comprenait trois fourriers-pilotes-aviateurs : Manuel Carlos Neves Marcelino, Alberto Augusto Pereira Gomes Covas et Salvador Alberto Oliveira. Il s'agissait d'un vol nocturne de routine sur le triangle Ota-Grenade, Portalegre et Coruche. L'altitude de 25000 pieds fut atteinte

(1) L'affaire, tenue secrète pendant deux mois, fut portée à la connaissance du public par le journaliste Saraiva Mendes et publiée le 16 novembre 1957 par le *Diaro Illustrado.*

au-dessus de Redondo; la nuit était claire, sans nuages, avec une visibilité oblique de 50 miles. Grenade surgit à la verticale à 21 h 06.

« Il nous fallait virer de 60° environ pour piquer sur Portalegre, dit le capitaine Lemos, quand je vis, légèrement au-dessus de l'horizon, une source lumineuse sphérique.

» Etonné, je continuai ma route sans virer pour observer le phénomène que je signalai par radio à mes camarades. Le fourrier Marcelino me dit qu'il voyait aussi la *chose.* Ce qui nous frappait le plus était son scintillement et la variation constante de la couleur du noyau central qui allait du vert foncé au rouge vif en passant par le jaune orangé.

» La *chose* paraissait stationnaire et nous crûmes qu'il s'agissait d'un astre différent de ceux que nous connaissions, mais nous ne pouvions l'approcher, comme si l'objet désirait maintenir la distance entre lui et nous...

» De Cordoue à Portalegre, le phénomène se maintint sans altération mais, au fur et à mesure que nous approchions de Coruche, il nous donna l'impression d'être beaucoup plus proche et de descendre sur l'horizon.

Està... ils se jettent sur nous !

» Nous volions entre Sousel et Fronteira quand, de l'objet, sortit un petit cercle, lumineux lui aussi, mais sans scintillement. Il s'éloigna en montant et aussitôt après nous repérâmes un autre cercle, à moindre altitude, suivi, une minute après, de deux nouveaux cercles de couleur rougeâtre.

» Apparemment, l'ensemble était très proche, à quelques milliers de pieds au-dessous de nous...

» J'étais convaincu de l'impossibilité d'approcher, quand l'objet lumineux sphérique qui, entre-temps, était devenu ovale, accomplit un piqué suivi d'une montée très rapide dans notre direction. Les quatre cercles accompagnèrent cette évolution. La flottille croisa, légèrement au-dessus de nos appareils et derrière nous.

» Une grande confusion s'empara alors de mes pilotes qui rompirent leur ordre de marche.

» Nous avons atterri sans autre incident sur la piste de la Ota à 22 h 05.

» A la base même, la source lumineuse fut aperçue et la conversation entre les pilotes des F-84 fut enregistrée dans la fréquence de 118,5 mégacycles.

» L'écoute effectuée au ATC (Air Traffic Control) de Lisbonne vers 21 h 45, par le capitaine Ramiro de Almeida Santos et par les sous-lieutenants Fernando Manuel Gago Elias de Sousa et Antonio Luis Marques de Figueiredo qui effectuaient un vol nocturne, fut rapportée ainsi :

» – Està (allô !) ! mon capitaine ?

» – Estou (j'écoute !) !

» – Vous me voyez ? Ils se jettent sur nous.

» Silence.

» – Està ! Està !

» Silence.

» – Vous voyez ce qu'ils font ? Està !

» Silence.

» – Ils s'approchent de notre queue...

» Au même instant, l'Observatoire météorologique de Coimbra enregistrait une extraordinaire variation du champ magnétique, ce qui est prouvé par les diagrammes qui y sont conservés. »

Les Martiens à carapace de silicone

Nous considérons comme parfaitement recevable et authentique la relation rapportée par M. Alvaro Curado e Melo. Ce sont de tels rapports sincères, fondés, contrôlables qui font avancer l'étude des OVNI.

Hélas ! il y a les illuminés, les naïfs, les imposteurs qui faussent les données et ridiculisent le phénomène.

Il y a aussi les farceurs, ceux qui, en manière de plaisanterie, lancent des canulars !

« Les habitants de l'étoile Epsilon ont envoyé un message aux Terriens », annonçait en février 1973 un de nos confrères spécialisés dans l'« actualité mystérieuse » !

Bien entendu, l'étoile Epsilon est surtout remarquable – pensons-nous – par son absence dans le ciel connu. En d'autres termes, elle a été inventée de toutes pièces !

Voici le texte du message qu'auraient envoyé les Epsiloniens : « Nous vivons sur la planète que vous appelez Epsilon, qui est la sixième d'un système solaire qui en comporte sept. Notre planète a une lune et nous venons d'envoyer une sonde qui est dans l'orbite de la vôtre. »

Le même journaliste, qui cite toujours à l'appui de ses informations des noms connus ou inventés d'astronomes et de physiciens, se fait l'écho d'un rapport, dit scientifique, annonçant que l'astrophysicien Carl Sagan croit que la planète Mars est habitée par des êtres revêtus d'une épaisse cuirasse en silicone, imperméable aux radiations cosmiques.

Ces Martiens savent se mettre en hibernation pendant des milliers d'années et faire sourdre l'eau de la pierre comme l'aurait fait Moïse !

Il est bien évident qu'au vu de telles déclarations : trains, soucoupes, cigares, messages inventés et Martiens à carapace de silicone, les scientifiques de toute trempe hésitent à prendre au sérieux l'énigme des OVNI.

Pourtant le problème existe, les planètes habitées du cosmos sont peut-être en nombre infini, des hommes à notre image doivent nécessairement peupler ces planètes, penser, spéculer comme nous et rêver d'établir des relations à travers les immensités spatiales.

La pluralité des mondes habités

De tout temps, les hommes ont su que plusieurs mondes étaient habités, que la Terre était ronde et qu'elle gravitait dans le ciel en harmonie avec les étoiles.

Anaximandre, Origène, Descartes enseignaient que les univers étaient dynamiques, qu'ils se détruisaient de façon cyclique et se reproduisaient « par la combinaison des mêmes éléments ».

« Même dans les temps anciens, écrivait Sylvain Bailly, la thèse de la pluralité des mondes fut adoptée par tous ceux des philosophes qui eurent assez de génie pour comprendre combien elle est grande et digne de l'auteur de la nature. »

« Anaxagore, dit Flammarion, enseigna l'habitabilité de la Lune comme article de croyance philosophique, avançant qu'elle renfermait, comme notre globe, des eaux, des montagnes et des vallées (1).

» Partisan fameux du mouvement de la Terre, il est à remarquer que son opinion suscita autour de lui des envieux et des fanatiques, et que, pour avoir avancé que le Soleil est plus grand que le Péloponnèse, il fut persécuté et faillit être mis à mort... »

Pythagore enseignait lui aussi la gravitation universelle et la pluralité des mondes que Pétron d'Himère, écrivain sicilien cité par Camille Flammarion, chiffrait au nombre de quatre-vingt-trois !

C'était aussi l'opinion du génial Lucrèce : il existait « dans les autres régions de l'espace des êtres, des mortels et des mondes ».

(1) Camille Flammarion, *La Pluralité des Mondes habités* (1877). La thèse était fausse dans ce cas particulier, mais le principe était admirable pour l'époque et prouvait le génie d'Anaxagore.

Vimânas, télévision, radio et ondes paralysantes

Voilà donc plus de 2500 ans que les esprits les plus éclairés de la Terre croient que certaines zones du ciel sont habitées par d'autres hommes.

C'est un point acquis et nous ne croyons pas que les scientifiques les plus conservateurs le remettent en question.

Par ailleurs, il est admis par la plupart des mythologistes que le monde ancien a été visité par des Extraterrestres venus sur des engins volants habituellement appelés *vimânas.*

Nous avons traité de nombreuses fois ce sujet(1), mais il est toujours utile de recenser le maximum de relations s'y rapportant, et celle que nous relevons dans le *Bulletin du Club Marylen* du 10 mars 1973 mérite d'être reproduite textuellement(2).

« Pages extraites d'un texte appelé *Vaimanika Sastra*, composé par le Maharsi Bharadvaja, écrit en sanscrit classique entre le IIIe et le VIIe siècle ap. J.-C.

Page 80 : Dans ce livre sont décrits en huit gros chapitres captivants les procédés de fabrication de types variés d'aéroplanes pour de doux et confortables voyages dans le ciel.

Il y est aussi question d'une *force universelle* de l'Univers contribuant au bien-être des humains et alimentant des engins nommés *vimânas* qui assurent le transport des êtres comme le feraient un oiseau dans le ciel, un char sur la terre et une barque sur l'eau *(sic).*

Ces engins peuvent voyager dans le ciel de place en place, de pays à pays, de planète à planète et ils sont appelés *vimânas* par les savants en aéronautique.

(1) Cf. *Histoire Inconnue des Hommes*, chap. 7-9; *Le Livre des Secrets Trahis*, chap. 6, 8, 9, 21; *Le Livre des Maîtres du Monde*, chap. 2, 3, 11, 16; *Le Livre du Mystérieux Inconnu*, chap. 23, 24; *Le Livre des Mondes Oubliés*, chap. 25, 26, *op. cit.*

(2) Nous reproduisons le texte avec ses bizarres constructions grammaticales et ses obscurités.

Suit une énumération de techniques et de pouvoirs particuliers :

Le secret de la construction des aéroplanes, lesquels ne peuvent être ni brisés, ni cassés, ni saisis par le feu, ni être détruits de quelque autre manière.

Le secret de planer, immobile.

Le secret de planer, invisible.

Le secret d'entendre les conversations et autres émissions sonores des ennemis qui planent.

Le secret de recevoir des images représentant l'intérieur des disques *(vimânas)* ennemis.

Le secret de s'assurer la direction de l'approche des disques ennemis.

Page 81 : Le secret de faire perdre conscience aux personnes dans les disques ennemis...

De la même façon que notre personne complète avec tous ses membres peut faire toutes sortes de choses, un *vimâna* a, pour sa part, trente possibilités, dont celle de photographier les contrées qu'il survole, au moyen d'un miroir placé sous la cabine.

Le pilote doit être pourvu des différents matériaux d'habillement en accord avec les saisons et avec l'utilisation du *Feu négatif* (hypérons)(1)...

Trois sortes de nourriture sont données aux pilotes et varient avec leur âge et avec les saisons.

Vingt-cinq espèces de poisons résultant des saisons sont détruites par le changement de ce régime...

Les variétés sont de cinq formes : grains cuits, gruau, pâte, pain et épices.

Ces aliments sont sains et substantiels...

Les soixante espèces de métaux convenant à la construction des *vimânas* sont légères et absorbent la chaleur. Les grands Sages ont déclaré que seuls ces métaux peuvent être utilisés à la construction des *vimânas.*

Le manuscrit (poursuit le *Bulletin du Club Marylen)*

(1) Cette identification est donnée par le Pr Rameau de Saint-Sauveur, nous ne savons pour quelle raison. La vie de l'hypéron est courte et sa masse très grande. En fait, l'hypéron, comme le quark, est une « imagination », une hypothèse de travail et non une réalité démontrée.

contient des détails sur ces sujets et sur d'autres qui seraient inappréciables dans la perspective de construction d'engins interplanétaires nouveaux.

G.R. Josyer. M.A.I.R.E.S.

Directeur de l'International Academy of Sanskrit Research, Mysore-India.

Traduction par le Pr Rameau de Saint-Sauveur. »

Certes, cette relation est obscure mais elle appartient à un fonds important de manuscrits anciens, parfois vieux de trois mille ans et davantage, qui prouvent l'intérêt passionné que nos ancêtres portaient aux voyages et aux engins interplanétaires.

Il est difficile de croire que cet intérêt était sans base valable et nous sommes tenté de penser que seules d'authentiques liaisons entre des Extraterrestres inconnus et des Terriens peuvent l'expliquer de façon satisfaisante.

La tour de Babel, rampe de lancement

Le mythe de la Tour de Babel n'a peut-être pas été étudié dans une optique convenable.

La Bible (*Genèse*, XI-1-9) présente ainsi l'aventure :

1 – La terre n'avait alors qu'une seule langue et qu'une même manière de parler.

2 – Et comme *ces peuples* étaient partis du côté de l'orient, ayant trouvé une campagne dans le pays de Sennaar, ils y habitèrent.

3 – Et ils se dirent l'un à l'autre : « Allons, faisons des briques et cuisons-les au feu. » Ils se servirent donc de briques comme de pierres, et de bitume comme de ciment.

4 – Ils s'entre-dirent encore : « Venez, faisons-nous une ville et une tour qui soit élevée jusqu'au ciel; et rendons notre nom célèbre avant que nous nous dispersions par toute la terre. »

5 – Or, le Seigneur descendit pour voir la ville et la tour que bâtissaient les enfants d'Adam.

6 – Et il dit : « Ils ne sont tous maintenant qu'un

peuple, et ils ont tous le même langage; et ayant commencé à faire cet ouvrage, ils ne quitteront point leur dessein qu'ils ne l'aient achevé entièrement. »

7 – « Venez donc, descendons *en ce lieu,* et confondons-y tellement leur langage, qu'ils ne s'entendent plus les uns les autres. »

8 – C'est en cette manière que le Seigneur les dispersa de ce licu dans tous les pays du monde, et qu'ils cessèrent de bâtir cette ville.

9 – C'est aussi pour cette raison que cette ville fut appelée Babel, *c'est-à-dire, dans la confusion,* parce que c'est là que fut confondu le langage de toute la terre. Et le Seigneur les dispersa ensuite dans toutes les régions *du monde.*

L'histoire est peu claire et l'explication encore moins satisfaisante.

Les hommes d'après les affres du Déluge, avant de se disperser et de repeupler la Terre, décident de construire une ville avec une grande tour.

Le but avoué : rendre leur nom célèbre!

Nous ne voyons là rien de bien sacrilège, toutes les civilisations ayant eu pour ambition d'immortaliser les connaissances acquises par des constructions qui, toutes, sont à la gloire du Seigneur, soit directement, soit par sa création privilégiée : l'homme.

Eh bien, ce grand bourru de Dieu n'en juge pas ainsi et, pour comble, il voit d'un très mauvais œil les Terriens parler le même langage, si bien qu'il décide d'apporter la confusion parmi eux!

Cette décision était-elle divine ou diabolique? Ou bien, l'explication sommaire donnée par la Bible n'estelle qu'une invention de scribe en mal de logique?

Dans l'hypothèse où la tour de Babel repose sur un fond de vérité, il est possible d'essayer une autre explication en faisant intervenir la mythologie chaldéenne.

La sibylle donne trois fils à Xisuthrus, le roi qui gouvernait la Chaldée après le Déluge : Sim ou Zérouan, Titan et Yopestothe.

Ils étaient les premiers dieux qui se partagèrent le monde postdiluvien et d'eux « descendit la race des géants au corps robuste, aux membres puissants, à l'immense stature qui, pleins d'insolence, conçurent le dessein impie de bâtir une tour ».

Dieu déchaîna une tempête contre eux, décida leur dispersion et quelqu'un, dont on ne révèle pas l'identité, jeta parmi les hommes « des paroles inconnues ».

Le mythe grec parle des Titans, héros civilisateurs, *Instructeurs* à qui on attribue l'invention des arts et de la magie.

Ils n'étaient certainement pas d'origine terrestre et ressemblaient aux « anges » érudits et extraplanétaires du *Livre d'Enoch.*

Ils décidèrent d'entasser montagne sur montagne afin d'escalader l'Olympe, c'est-à-dire de défier Dieu.

Nous retrouvons dans ces relations le mythe de la Tour de Babel; l'édification d'un ouvrage destiné à monter au ciel pourrait fort bien signifier que les Titans *Etrangers* désiraient revenir dans leur mère patrie.

Toujours dans la ligne de cette hypothèse fort aventureuse, il est permis d'imaginer qu'à une époque où le genre humain réapprenait à marcher, à cultiver, à parler, les Titans ou surhommes savaient peut-être construire une rampe de lancement de fusées(1).

Leur tentative se soldant par un échec, ils restèrent sur Terre mais introduisirent dans la langue mère des Terriens des éléments étrangers de conversation qui furent à l'origine des différents langages.

Cette hypothèse n'est pas extravagante si l'on considère que toutes les traditions du monde font état d'anges ou d'initiateurs venus des étoiles avant le Déluge et immédiatement après le grand cataclysme. Par ailleurs, elle est en accord logique avec des faits dont on ne saurait nier l'authenticité : les mystérieuses pistas de Nazca, si elles sont antédiluviennes, les pierres d'Ica, qui le sont certainement, et la civilisation des astrono-

(1) Des écrivains traditionalistes ont déjà souligné les rapports existant entre les rampes de lancement de fusées, les minarets et les clochers d'église, avec comme dénominateur commun (outre la forme) l'intention symbolique d'élévation vers le ciel et de voyage sidéral.

mes préhistoriques lesquels, il y a 40000 ans, dessinèrent l'avènement de la nébuleuse de Gum.

Des signaux mystérieux, et pour cause !

L'insatiable curiosité des hommes et leur désir de voyager dans le cosmos pour aller contacter des civilisations extraterrestres sont sans doute entretenus et suscités par leurs chromosomes-mémoires, c'est-à-dire par le souvenir inconscient d'une grande aventure jadis vécue par leurs ancêtres.

Il est exaltant de jouer avec ces rêves-désirs et d'échafauder des thèses et des mythes rassurants de la même façon que l'on imagine Dieu, ses archanges et le paradis.

Ces imaginations, dont nous ne nions pas le bien-fondé, ne doivent pas néanmoins annihiler notre esprit critique, même s'il doit nous forcer à demeurer sur notre vieille Terre.

Pour entretenir le délire sacré des croyants, qui sont peut-être les authentiques voyants des réalités du futur, la presse annonce périodiquement que des messages en provenance du ciel ont été perçus par des astro-physiciens.

Généralement, ces informations sombrent dans le néant de l'oubli, mais elles ressuscitent aussi vite qu'elles disparaissent.

Dans cet ordre d'idées, il est bon de savoir que la plupart des étoiles et des corps célestes dont on ignore encore l'identité émettent des signaux qu'il est facile d'appeler messages.

La Terre elle-même émet des ondes radio de basse fréquence qui ont été mises en évidence par le satellite américain *Explorer 38.*

Ces signaux radio sont cohérents et proviennent de la région du pôle Sud. Ils ont une origine naturelle et ne constituent pas un message terrestre à l'intention des Peuples de l'Espace.

Durant la guerre entre les Arabes et les Israéliens,

les bases spatiales russes enregistrèrent, à intervalles réguliers, des signaux provenant de l'espace.

Les Russes demandèrent aux Américains s'ils avaient lancé un satellite pouvant expliquer ces émissions.

La réponse fut négative, mais les Russes finirent par découvrir le pot aux roses : les signaux provenaient du satellite espion américain *Big Bird* dont on avait caché le lancement pour des raisons faciles à deviner.

Les ufologistes assurent que des OVNI sont aperçus sur les lignes de fractures de l'écorce terrestre, particulièrement avant le déclenchement d'un séisme.

Et il est vrai qu'à ces endroits d'étranges phénomènes se produisent!

De là à imaginer une intervention des Extraterrestres, il n'y avait qu'un pas qui fut vite franchi.

La vérité fut révélée par les services de séismologie russe.

« Quelques instants avant le tremblement de terre qui éprouva si douloureusement Tachkent en 1966, le ciel s'embrasa au-dessus de la ville.

» Cette vision d'apocalypse a été expliquée : les déformations que subissent les roches sont accompagnées d'émissions d'électrons qui réchauffent les couches souterraines, accélèrent leur rupture et parviennent dans l'atmosphère en provoquant cet embrasement(1). »

Il n'y a pas d'autre mystère!

Dire est bien, prouver est mieux

A en croire le *Centre d'études et de fraternité cosmique*, que dirige M. Eugenio Siragusa, non seulement les Extraterrestres existent, mais ils sont sur la Terre; non seulement ils ne sont pas dangereux, mais au contraire ils sont pleins de bons sentiments à notre égard et si, mon Dieu, tout ne va pas comme sur des roulettes sur notre sacrée planète, c'est la faute à « pas de chance »!

(1) Revue *France-URSS*, n° 60.

Voici le texte d'un télégramme expédié à M. Siragusa, le 8 octobre 1973 à 9 h 45, par le chef des Extraterrestres en mission sur notre globe :

« Adoniesis à Eugenio.

» Après Belgique et Hollande ta disponibilité requise dans zone d'opération de l'Etna pour un éventuel contact. Situation délicate dans la zone méditerranéenne. Possibilité de durcissement des puissances à armement atomique.

» Satellites cosmos opérationnels sous contrôle.

» Rassurer âmes opérantes. Notre surveillance est active. Notre intervention assurée dans le cas d'un conflit nucléaire. Notre activité de sondage à votre égard intensifiée.

Signé : Adoniesis. »

A vrai dire, ce télégramme expédié de façon mystérieuse ne donne pas une haute opinion de la puissance des Extraterrestres de l'Etna (c'est sur les pentes du volcan que M. Eugenio Siragusa a des contacts avec eux) !

Nos bons amis-visiteurs veillent sur notre tranquillité, nous n'avons pas à être inquiets !

Oui, bien sûr, il y a la guerre au Viêt-nam, au Kurdistan, au Cambodge, au Proche-Orient, on s'entretue en Angola et dans plusieurs secteurs de l'Afrique noire, on fait sauter des maisons et on brûle les autos en Irlande au nom du petit Jésus qui, précisément, est un ami intime d'Adoniesis...

Situation délicate, dit la dépêche !

Rien à craindre : les satellites sont sous contrôle des Extraterrestres, leur surveillance est vigilante et leur activité de sondage intensifiée !

Go home, Extraterrestres !

Du coup, les « âmes opérantes » sont rassurées !

Certes, nous ne doutons pas des bonnes intentions de MM. Eugenio Siragusa et Freddy Butikofer, mais si *vraiment* un peuple de l'espace est en relation avec eux, s'ils ont vu un Extraterrestre, un seul, qu'ils aient l'obligeance de lui dire que, pour le blablabla, nous sommes déjà bien pourvus avec nos députés, nos intègres journalistes, notre radio bien pensante, la télévision qui nous en projette de toutes les couleurs et le pape qui prie quatre fois par jour pour la paix universelle.

Que le bienveillant Adoniesis laisse tomber ses contrôles, ses surveillances et son activité de sondage dont nous n'avons que faire et *qu'il arrête, par exemple, la longue, dure, impitoyable guerre du Viêt-nam!*

Le peut-il? Si oui, bravo! Nous le suivrons et entonnerons ses louanges. Sinon, haro! Qu'il aille sur une autre planète débiter ses petits discours parfumés de guimauve et qui ne font qu'encombrer les esprits de ceux qui, précisément, n'en ont pas à revendre.

Il faut y voir clair : si les Extraterrestres sont parmi nous, ils ne sont bons à rien.

Go home, Extraterrestres!

S'ils ne sont pas sur Terre, alors craignons leur venue comme les Mayas et les Mexicains de jadis avaient à craindre les conquistadores découvreurs d'un nouveau monde.

Il n'y a aucun doute à ce sujet : si les hommes parviennent à débarquer sur une planète habitée, ce sera pour la coloniser.

Chaque fois qu'une fusée doit faire atterrir un lem quelque part, elle emporte au moins deux cosmonautes, dont l'un est expert en géologie et l'autre intronisé par le Vatican.

C'est toujours l'opération Mexique-Pérou qui recommence!

Si, un jour, un vaisseau spatial atterrit sur notre globe, alors ce sera l'heure de prier pour les croyants, de se recueillir pour les autres.

L'an mil neuf cent nonante neuf sept mois
Du ciel viendra un grand Roy d'effrayeur.

Cette prophétie (X-72) de Nostradamus annonce-t-elle l'invasion de la Terre par les Peuples de l'Espace?

Il serait peu sage d'y croire, peu sage de croire à ce

qui est *toujours* annoncé et *jamais* réalisé, *toujours* assuré et *jamais* prouvé.

Il est très possible que les Extraterrestres dont nous espérons la venue apportent avec eux le bon sens, l'esprit de justice et de mesure dont nous avons tant besoin. Il est plus possible encore que, volontairement ou non, ils provoquent l'anéantissement de toute forme de vie sur notre planète.

Nous n'avons pas le droit de négliger cette éventualité.

La pluie bienfaisante et la chaleur solaire nous viennent bien du ciel, mais il serait fou d'ignorer la tempête, le déluge, les cyclones et la foudre.

13

OVNI : AFFAIRE SÉRIEUSE

Il n'est pas sage, et il n'est pas davantage possible, de vouloir expliquer le mystère des soucoupes volantes sans donner, au préalable, une explication des mystères du petit Jésus, des fantômes, des géants et des lutins.

Il y a 4500 ans, des millions de gens, de bonne foi présumons-nous, ont cru à la divinité d'Osiris, à sa nature physique quand il apparaissait, ils ont cru qu'il avait célébré le festin pascal avec ses disciples, qu'il était allé se recueillir avant d'affronter sa Passion, qu'il avait été trahi, arrêté, que ses ennemis lui avaient posé une couronne d'ureret (épines) sur le front, qu'il avait été fustigé, garrotté et finalement crucifié sur un sycomore(1).

Aussi vrai que Marie est la mère de Dieu...

Il y a 1983 ans, le même phénomène se serait reproduit avec Jésus, identiquement, avec les mêmes détails!

Certes, personne n'a déclaré avoir été témoin de la

(1) Ces différentes scènes de la Passion christique – faits, gestes et paroles – ont été minutieusement relatées 1500 ans avant la naissance de Jésus, dans les papyrus de Hunefer, d'Any, de Kerascher, d'Amenhotep, etc. Rapporté dans l'*Epervier Divin* de Marthe de Chambrun-Ruspoli et dans notre *Livre du Passé Mystérieux,* op. cit.

Passion d'Osiris, personne n'a affirmé avoir vu celle de Jésus, il n'empêche que des *milliards* d'hommes, échelonnés sur des millénaires, y ont cru plus qu'à une vérité démontrée !

Au Moyen Age, on avait accoutumé de dire pour certifier, pour accréditer au suprême degré : « Aussi vrai que Jésus est mort sur la croix... » ou « Aussi vrai que la Vierge Marie est la mère de Dieu... », etc. !

Les Russes, il y a vingt ans, et les Chinois récemment utilisaient une formule religieuse analogue en invoquant, les uns Staline, les autres Mao Tsé-toung.

Des millions et des millions d'hommes ont *vu* apparaître Osiris, ont *vu* apparaître le Christ, ont *vu* apparaître Vishnu, Shiva, Bouddha, le Grand Crocodile Sacré des Micronésiens, Rudolf Valentino, James Dean et les dizaines de génies qui annoncent tantôt la vie, tantôt la mort ou l'accident.

Des millions et des millions d'hommes ont *vu* des fantômes : les Israélites, même avant l'exil, y croyaient comme ils croyaient aux dragons, aux satyres, aux sirènes (Isaïe XIII-21-22), aux démons (Isaïe XXXIV-14 et Tobie, VIII, 3), au spectre de Lilith, à une sorte de revenant à forme de bouc appelé *Schi'irim...*

Le fantôme qui apparut à Brutus, la veille de la bataille de Philippes, est célèbre en littérature.

Mais c'est sans doute la Sainte Vierge qui a le record absolu des apparitions dans notre Occident chrétien !

Qui ne l'a pas vue ou entr'aperçue au moins une fois dans sa vie ?

Quelle injure la bonne Vierge ferait à une bigote en ne lui accordant pas le privilège — une toute petite fois — de la voir, même de façon vague, à travers un rayon de soleil ou dans les ombres d'une crypte !

Fantôme, fées, soucoupes volantes et petit Jésus

Le Vendredi saint 12 avril 1974, dans la petite église de Castelnau-de-Guers (Hérault), trente personnes, dont le curé, ont vu pendant un bon quart d'heure, l'image du Christ se dessiner sur le voile blanc recouvrant le ciboire posé sur la gauche de l'autel.

Aussi vrai qu'il y avait une soucoupe volante dans le champ de lavande de Valensol!

« Je venais de me recueillir avant l'office des présanctifiés, déclara le curé de Castelnau, lorsque me relevant devant l'autel portatif, je vis, sur le fin rideau blanc qui recouvre le ciboire, se dessiner le visage du Seigneur! L'œil droit était fermé; le gauche était ouvert, le nez paraissait tuméfié et une expression de douleur était répandue sur le visage. »

Le prêtre appela ses paroissiens – une trentaine – qui tous furent témoins de l'apparition.

Certains virent le visage de Jésus en larmes. Une femme assure avoir distingué la couronne d'épines, une autre crut le voir parler, mais on la fit taire de peur de susciter de nouvelles hallucinations!

« Tout au long de la cérémonie, dit un viticulteur, M. Gabriel P.(1), j'ai fixé ce visage. Il me rappelait par son expression de souffrance, celui de ma mère sur son lit de mort. »

Si nous devons juger que trente personnes, raisonnables, normales a priori, ne peuvent pas porter un faux témoignage, il faut en déduire que Jésus-Christ est authentiquement apparu dans l'église de Castelnau-de-Guers!

La même déduction serait de rigueur pour les témoignages sur les OVNI et pour ceux, moins prudents, sur les soucoupes volantes et les Martiens grands, petits, moyens, verts, blancs, jaunes, phosphorescents, avec ou sans casque qui pullulent dans les nuits de notre globe!

Il faudrait croire aussi aux dragons, aux satyres, aux sirènes, aux fées, aux nymphes, aux géants, aux gnomes et autres fantômes terribles, amicaux ou indifférents!

Et croire, bien entendu, aux visions de Lourdes et de Fatima!

(1) Rapporté par *Centre-Presse* du 18 avril 1974.

La vision holographique

L'évolution, le processus des civilisations, les faits contrôlés et les réalités vécues de la vie *ne tiennent aucun compte* du petit Jésus, de la Vierge Marie, des fantômes, des dragons, des fées !

Le pape prie bien Dieu, et les fidèles la Sainte Vierge ou Jésus, pour que la paix règne sur le monde, pour que la justice s'y établisse, pour que le cancer recule, que les riches soient généreux, etc. Avec quel résultat ?

Les caméras de la TV essaient bien de traquer les fantômes en Ecosse et en France... Les paléontologues voudraient bien capturer un dragon et les poètes une fée, mais tous se heurtent à un mur : celui de l'impossibilité !

A croire que le Dieu du pape, les fantômes et les fées sont des imaginations humaines, du moins dans l'univers que nous vivons !

De même, le Jésus de Castelnau-de-Guers n'a pas une réalité bien établie. Tant s'en faut !

Et d'abord, *qui connaît le visage de Jésus ?*

Le Galiléen (en admettant qu'il ait existé) était-il grand ou petit, brun ou blond ?

Que les braves gens de Castelnau-de-Guers prétendent résoudre ce problème est bien téméraire de leur part ! Et bien sacrilège aussi ! Ils ont donc reconnu quelqu'un qu'ils ne connaissaient pas ! Et cela dans les conditions qui défient toutes les lois scientifiques, tous les critères du bon sens !

Le bon curé a vu le Seigneur, avec un œil ouvert, l'autre fermé, le nez tuméfié, etc. !

Difficile dans ces conditions d'identifier un personnage !

Nous vous assurons que la plupart des gens que vous connaissez avec les yeux ouverts, le nez en bon état et une expression normale deviennent *méconnaissables* dans le cas contraire.

Le Christ pleurait-il ?

Oui, disent certains fidèles. Non, assurent les autres.

Et cette couronne d'épines, qu'une seule personne a vue sur le front du présumé Jésus ?

Mais était-ce bien Jésus, ou la mère de M. P. sur son lit de mort ? Un visage d'homme ou de femme ? Mme P. mère avait-elle le nez tuméfié ?

Que de contradictions ! Et ce n'est pas fini !

Les yeux de l'univers singulier

M. P., dont nous ne suspectons pas la bonne foi, a vu de sa place, « durant toute la cérémonie, ce visage ».

Comment a-t-il pu voir une image qui le surplombait très probablement ou qui, dans la meilleure des options, se présentait sur une surface horizontale ?

M. P. est-il un phénomène de la nature dont les yeux ont une vision *holographique* (1) des choses ?

Non ! pensez-vous, peut-être.

Eh bien, si !

M. P. n'est pas un phénomène de la race humaine, mais il était dans une sorte d'état second, dans cette église miraculée – ou qu'il croyait telle – et *vivait dans un univers qui n'était pas son univers habituel.*

M. P. est très certainement sincère quand il dit *avoir vu ce qu'il lui était impossible de voir.*

Impossible avec ses yeux d'hommes normal; mais possible avec les yeux de l'univers surnaturel, avec l'illumination qui l'habitait à ce moment-là !

Au vrai, il était en *ravissement,* enlevé de force à notre monde, à nos normes et à notre logique.

Et tous ceux qui voient Jésus, la Sainte Vierge, Brigitte Bardot, Johnny Hallyday, des fantômes, des dragons et des fées sont également en ravissement, en état second.

Leurs témoignages sont véridiques devant les tribu-

(1) *Holographie* (*holos* : entier; *graphein* : écrire) : procédé photographique qui restitue une image en trois dimensions (relief). La vision par holographie permet de voir, par exemple, un cube de face, de derrière, de côté, de dessus, de dessous.

naux de leurs univers singuliers, mais irrecevables par les juges de l'univers terrestre.

C'est dans cette optique et selon des considérations de cet ordre que doit être examiné, sinon le très sérieux problème des OVNI, du moins celui des témoignages.

En résumé, si les visions d'OVNI relèvent des lois physiques classiques, celles des soucoupes volantes et des Martiens appartiennent à une autre nature où le contingent et la fiction voisinent souvent avec le faux témoignage caractérisé.

Quand, au cours d'une année, dix personnes voient un phénomène étrange, on peut être porté à les croire.

Si le même phénomène est attesté par vingt mille personnes, alors, neuf fois sur dix il s'agit d'une épidémie, d'une psychose (1).

Peut-être faudra-t-il attendre pour nettoyer l'écurie d'Augias où stagnent les visions équivoques et les observations de bon aloi que les Extraterrestres eux-mêmes écrivent en lettres de feu sur le tableau noir du ciel : « OVNI, affaire sérieuse... Chassez les camelots du Temple. »

Homme-Singe ou Homme-Dieu

Le Pr Pierre Guérin, maître de recherches à l'Institut d'astrophysique de Paris, adversaire pourtant déclaré des écrivains de science parallèle, admet la possibilité d'existence d'Extraterrestres sur d'autres systèmes planétaires que le nôtre.

Comme nous l'avons souvent écrit, il conjecture que le processus mental des espèces intelligentes pouvant peupler l'Univers est obligatoirement très différent du nôtre et que leur mode d'expression risquerait fort de ne pas être perçu par les hommes de la Terre.

(1) De 1940 à 1941, des milliers d'espions ont été « vus » en France (espionnite). En 1944 notre pays comptait 40 millions de résistants qui tous avaient accompli des actions sensationnelles (complexe de peur et d'héroïsme); quand un fou s'évade dans la campagne, la population en voit apparaître vingt. Quand un puma choisit la liberté à l'île de Ré vers 1967, on en vit cinq de Dunkerque à Biarritz!

Leurs connaissances ne pourraient donc pas nous être communiquées, d'autant qu'elles seraient le produit d'une civilisation scientifique beaucoup plus ancienne que la nôtre.

« Si des Extraterrestres parviennent à nous envoyer des messages, dit Pierre Guérin, il est peu probable que nous puissions les déchiffrer car la technologie des Peuples de l'Espace est fondée sur des concepts physiques qui nous sont étrangers et inaccessibles (1). »

Ces vues élémentaires méritent d'être prolongées dans un sens où l'imagination doit collaborer avec les connaissances scientifiques et philosophiques les plus aventureuses.

Contrairement aux théories des préhistoriens et de certains physiciens d'arrière-garde nous pensons que la filiation du singe à l'homme n'est pas l'hypothèse la plus logique à envisager et, en tout cas, il semble exclu que la Terre ait eu le privilège de voir naître toute notre espèce.

C'est pourquoi, depuis longtemps, nous avions avancé que la genèse de l'homme remonte à une infinité de milliards de siècles si nous appartenons à une chaîne animale (extraplanétaire), et à quelques millions d'années seulement si nous sommes un cas exceptionnel – un privilège – dans le règne du Vivant terrestre.

Mais, bien entendu, si l'homme est une exception privilégiée, on doit envisager son avènement, aussi bien sur une planète lointaine, dans l'infini passé (avec migration dans notre système solaire) que sur notre jeune globe terrestre, à une date infiniment plus récente.

Ce mystère, malheureusement, ne sera probablement

(1) Cette opinion de Pierre Guérin ne résiste ni à l'analyse scientifique, ni à celle du bon sens psychologique. Il est bien évident que si des Peuples de l'Espace ont une immense avance scientifique sur nous, ils possèdent, de ce fait même, assez d'intelligence pour pouvoir, s'ils le désirent, se mettre à notre portée !

De plus, les hommes ont, eux aussi, assez de subtilité et de connaissances techniques pour identifier un message extraterrestre, sinon pour le décrypter. Ne savent-ils pas – depuis 1973 – entrer en relation et en communication avec les plantes dont ils ont mis en évidence l'intelligence et le psychisme ?

jamais élucidé et force nous est, pour avancer sur ce sentier de la connaissance, de substituer à la science expérimentale défaillante les lueurs, à vrai dire incertaines, de la spéculation intellectuelle.

La race qui vient

Dans l'hypothèse de la pluralité probable des mondes habités, nous devons donc tabler sur des civilisations extérieures beaucoup plus avancées que notre civilisation terrestre.

C'est ce qu'assure M. Pierre Guérin que n'inquiète ni l'éventualité d'une proche fin du monde, ni celle d'une fantastique mutation de notre espèce. Or, précisément, ceux que l'on appelle les Initiés, c'est-à-dire les « savants », pensent que la fin de notre cycle terrestre est très proche de nos temps et que les races qui franchiront le cap auront la maîtrise du monde et subiront une évolution biologique voisine de la mutation.

Alors cessera de se poser le problème des relations entre les hommes de l'espace et ceux de la Terre, car il n'y aura plus d'espèce humaine terrestre mais une nouvelle race que, déjà, l'on appelle les Mutants.

Nous rejoignons par là les « espèces intelligentes extraterrestres » du Pr Guérin, douées d'une superpensée et d'un psychisme différent du nôtre, mais bien entendu, les êtres de ces espèces ne sont pas des *hommes.*

Que nous dit le virus quand il parle ?

En dépit de ces natures supposées dissemblables, nous pouvons néanmoins redouter que d'éventuels visiteurs venant sur la Terre ne réagissent à notre endroit comme nous le faisons avec des virus, des microbes, des neutrinos, une aurore boréale, une intuition, une idée, c'est-à-dire de la façon primaire et faussement rationnelle qui s'établit entre l'astronome, son télescope et l'étoile, entre le biologiste et la cellule, entre l'homme de la rue et le grain de poussière, entre le poète, son crayon et les mots qui expriment sa pensée.

Nous croyons être l'habitant psychique et intellectuel de notre corps, du cerveau à la plante des pieds, mais rien n'est moins certain !

Nous n'avons pas une connaissance très précise du processus mental, pas plus que de l'« inspiration », de l'aperception ou de l'intuition qui pourraient bien être des phénomènes extérieurs à notre « Moi » intégral et peut-être à notre univers galactique.

Il n'est pas impossible que la plupart, voire *la totalité* de nos idées appartiennent à une centrale étrangère comme le photon appartient au soleil(1). Dans cette hypothèse, il n'y aurait guère de possibilités directes de communication entre nos idées et « nous », sinon à la manière des occultistes, c'est-à-dire par une sorte d'opération médiumnique qui nous aiderait à imaginer la nature intime du réel.

La *primhistoire* que nous voulons substituer à la préhistoire fossile se renforce au fil des ans des découvertes effectuées un peu partout dans le monde.

Parallèlement, des thèses, non plus à la mesure étriquée des bien-pensants mais à la dimension des univers pressentis, commencent à être agréées par les physiciens, de plus en plus nombreux à s'acheminer sur cette voie royale où les poussent l'imagination, le subconscient et l'intelligence des chromosomes-mémoires.

Que des contacts se produisent bientôt entre Extraterrestres et Terriens est une probabilité. On peut aussi supposer que ces contacts existent actuellement, qu'ils régissent même nos vies individuelles et collectives, mais que nous n'en avons pas la perception, non par incapacité technique mais, peut-être, parce que, tels

(1) De toute façon, nos idées et notre « Moi » n'appartiennent que très relativement à notre univers espace-temps. Notre mental et notre physique ne sont pas nés à l'heure de notre venue au monde mais des millions d'années auparavant. Finalement, tout découle et demeure en interaction avec tous les éléments de l'univers, avec tous les espaces-temps.

ceux attribués à Dieu, les desseins des présumés Peuples de l'Espace ne doivent pas être (encore) connus.

Père Noël ou loup-garou du cosmos ?

Il n'est pas dans nos intentions de prétendre que la venue d'Extraterrestres serait obligatoirement néfaste à notre civilisation, mais une élémentaire prudence nous oblige à étudier, si succinctement que ce soit, les différentes situations que pourrait présenter une telle éventualité.

Des millions d'ufologistes ont tendance à doter nos futurs visiteurs de sentiments hautement bienveillants à notre égard et il est difficile de discerner si cette appréciation relève de la naïveté, de l'idéalisme ou de la peur.

Selon la Bible, les Anges nous ont apporté une connaissance inconnue sur la Terre : la fusion des métaux, la fabrication des armes, des boucliers, des dards, etc., mais le symbole de ces Instructeurs était Lucifer, et leur science a conduit au déluge universel !

Il semble que, jadis, les civilisations du Proche-Orient et d'Amérique aient bénéficié d'une attention extraterrestre favorable, peut-être parce que les visiteurs n'étaient pas en mesure de se comporter en colonialistes.

On présume, généralement, qu'ils formaient un commando peu nombreux, évadé d'une planète en perdition et, en conséquence, qu'ils ne pouvaient se présenter sur la Terre que comme des naufragés sur une île-refuge.

Mais que se passerait-il s'ils venaient en conquérants pourvus d'une science très supérieure à la nôtre et s'ils étaient assurés de l'aide de leur mère patrie ?

Nous attendons un secours du ciel. Quoi de plus logique en apparence ? Pourtant, la plupart des conjectures que nous faisons à ce sujet, étudiées en profondeur, devraient nous apporter plus de craintes que d'espérances.

Nous croyons que, parce qu'ils sont théoriquement plus intelligents que nous, les (présumés) Extraterrestres sont sages, bons et obligeants !

Comme si nos supercerveaux qui ont inventé la poudre à canon, la forteresse volante et la bombe atomique étaient des saints du paradis ! Comme si toute l'histoire des civilisations n'était pas la preuve que les hommes, pour des questions d'intérêt, de religion, de politique ou sans raison valable, ont toujours apporté des solutions militaires à leurs problèmes.

En conséquence, nous avons de sérieuses raisons de penser qu'un contact avec les Peuples de l'Espace, après l'euphorie des premiers instants, se poursuivrait par un conflit dont nous n'osons prévoir les développements.

Des supercerveaux dans des corps de Terriens

Les futurologues sont unanimes à déclarer que l'accélération de la connaissance provoque un déchirement entre l'intellect, qui va trop vite et le corps physique, qui ne suit pas.

De ce fait, l'homme semble condamné à devenir plus tard un supercerveau qui habitera un corps dégénéré, réduit à sa plus simple expression.

Peut-être même deviendra-t-il une créature physique végétative, stagnante, abritant un cerveau tout-puissant, qui effectuera les déplacements et tous les efforts par la seule puissance de sa volonté.

Sans aller jusqu'à cette perspective fantastiquc, il cst pensable que nos éventuels visiteurs seront moins bien pourvus que nous sur le plan physique avec, peut-être, une longévité moindre que la nôtre.

Quelle tentation pour eux si, grâce à leur science, ils avaient la possibilité de dérober notre enveloppe charnelle, d'y greffer ou d'y transplanter leur cerveau, de venir habiter le corps de Monsieur Univers, de Brigitte Bardot ou de M. Chaban-Delmas ! Cela sans haine et sans intention malveillante, seulement avec l'indifférence du malade qui prélève ou fait prélever de la moelle épinière sur le corps d'un jeune veau, sans prêter plus d'attention à l'opération que le jardinier n'en porte à la rose quand il la coupe, à la cerise quand il la cueille, à la pomme quand il la dévore.

Car il est aussi logique de croire que nous sommes créés pour nourrir les Visiteurs Supérieurs, que la pomme est destinée à notre estomac et la rose à notre boutonnière.

Des Extraterrestres vampires

L'opération de la greffe du cerveau, bien que dessinée sur les pierres d'Ica, ne sera sans doute jamais réussie mais, en tout cas, il serait facile à des Intelligents Supérieurs de s'approprier, au préjudice des Terriens, le remède contre une sénescence prématurée.

Les gérontologistes et biochimistes de notre XXe siècle, s'ils préconisent certains élixirs de jouvence : extraits de glandes, moëlle épinière, parathyroïde, hormones, Gerontal, ginseng, etc., ou certaines thérapeutiques : cellulothérapie, phytothérapie, aromathérapie, thalassothérapie, etc., savent que le remède le plus simple et le plus efficace est le sang d'un être non adulte, donc d'un enfant !

Vampirisme ? non pas, mais système thérapeutique appelé parabiose, consistant à utiliser la circulation sanguine d'un être jeune (et non pas la transfusion) ce qui a pour résultat quasi immédiat de prolonger le renouvellement des cellules du receveur. Donc d'allonger sa vie.

Mais il faut observer la loi des types sanguins.

La vitalité du donneur, au vu des expériences réalisées sur les animaux, ne subit pas d'altération notable.

Au cas contraire, on ne voit pas bien quel sentiment de retenue, de pitié, de morale ou de renoncement empêcherait un homme en péril de risquer la vie d'un autre pour sauver la sienne !

Qui refuse une greffe de peau ou de rein dans un hôpital ?

Dans cette hypothèse, il y a tout lieu de croire que des Extraterrestres tout-puissants mais voués à une fin proche n'hésiteraient guère à se comporter comme des vampires !

Impensable, diront les idéalistes !

Voire...

Élixirs de jouvence et de longue vie pour Intelligents Supérieurs

Boire du sang humain n'a jamais répugné aux peuples anciens, bien au contraire ! On l'entonnait goulûment pour s'approprier les qualités de la victime, on s'en aspergeait dans la plupart des religions. Pour faire vivre le Dieu des Hébreux ou les dieux des Mayas et des Noirs d'Afrique, les prêtres n'avaient aucun scrupule à trancher la gorge d'un brave homme, d'un prisonnier ou mieux encore, d'une vierge dont le sang était offert en « holocauste ».

— « Il (le peuple d'Israël) ne se reposera point jusqu'à ce qu'il dévore sa proie et qu'il boive le sang de ceux qu'il aura tués. » (Nombres, XXIII, vers. 24.)

Le Seigneur lui-même recommande qu'on immole en son honneur les bœufs, brebis ou chèvres de la maison d'Israël.

— « Le prêtre en répandra le sang sur l'autel du Seigneur à l'entrée du tabernacle du témoignage, et il en fera brûler la graisse comme une odeur agréable au Seigneur. » (Lévitique, XVII-1 à 6.)

Les Incas, les Papous et nos aïeux les Celtes n'agissaient pas autrement.

Il faut bien que chacun vive, et Dieu, dans la plupart des traditions, ne peut se régénérer qu'à grandes lampées de sang humain.

Le prophète David, ancêtre de Jésus, père de Salomon et patriarche privilégié de Jéhovah, avait bien confiance dans la puissance de Dieu et de la prière, mais pour rajeunir sa vieille chair, il préférait coucher avec de jeunes vierges afin d'accaparer par osmose les « émanations revitalisantes qu'elles exhalaient » !

Pline l'Ancien, rapporte Roland Villeneuve(1), conte que les épileptiques au temps des Romains buvaient le sang des gladiateurs.

« Ils considèrent qu'il est efficace de humer le sang encore chaud, encore bouillonnant de l'homme lui-même, et de humer ainsi à l'orifice de la plaie le souffle même de la vie. » (Hist. Nat., XXVIII.)

On a prétendu que Louis XI prenait des bains de sang en mode d'élixir de longue vie.

En juillet 1492, assure Roland Villeneuve, à l'instigation de son médecin juif, on aurait transfusé au pape Innocent VIII le sang de trois petits garçons de dix ans qui moururent exsangues.

Le pape n'aurait pas été consentant à l'opération mais, étant à l'agonie, il l'aurait subie.

Pour trouver l'élixir de longue vie et la pierre philosophale, Gilles de Rais, le compagnon de Jeanne d'Arc (que l'on disait conseillée par les anges et inspirée par Dieu !), égorgea au moins 149 enfants et un nombre inconnu de jeunes femmes.

La célèbre et vicieuse comtesse hongroise Erzébet Bathory, en 1610, prenait des bains de sang humain pour préserver sa beauté.

Ce qu'ont fait les Hébreux, les Celtes, les Romains, le compagnon d'une sainte, une comtesse et peut-être un pape, des cosmonautes étrangers auraient-ils plus de scrupules à le faire ?

Rajeunir est un désir si puissant, si impérieux que les hommes, tous les hommes, quitte à donner une âme au Diable, ne peuvent y résister !

Vers 1950, le Dr Niehans, par transplantation de parathyroïde, a expérimenté sa formule sur le pape Pie XII, sur Winston Churchill, Konrad Adenauer, Charlie Chaplin, Gloria Swanson, etc.

En Roumanie, le Dr Aslan a administré son remède

(1) Roland Villeneuve, *Le Cannibalisme* (Bibliothèque Marabout.)

miracle, le *Gerovital H 3,* à Marlène Dietrich, mais aussi à MM. Khrouchtchev, Sukarno et Ho Chi Minh !

De tels exemples donnent à penser !

Et que se passerait-il si les Terriens découvraient de l'or sur une planète lointaine ? Et si les Extraterrestres trouvaient sur la Terre un minéral, un végétal ou une substance indispensable à leur survie ?

Il serait absurde d'être terrorisé par des éventualités de ce genre mais il serait follement imprudent de ne pas les envisager.

A n'en pas douter, les partisans de l'immixtion de Peuples de l'Espace prennent à la légère des responsabilités qui, fort heureusement, ne sont pas de leur ressort !

Ils transporteraient la mort sur eux

Si des contacts interplanétaires se produisaient, bien d'autres éventualités, impossibles à imaginer de nos jours, se présenteraient certainement et risqueraient, même avec la meilleure volonté de part et d'autre, de déclencher un conflit dont l'aboutissement serait l'anéantissement de toute la population terrestre.

Les sujets d'inquiétude ne manquent pas ! Par exemple, les Visiteurs pourraient avoir le plus pressant besoin de s'installer en grand nombre sur notre planète déjà démentiellement surpeuplée.

Plus grave encore, et probablement inéluctable : ils mourraient comme mouches en hiver et pollueraient tous les continents en contractant des maladies mortelles pour leurs organismes non immunisés contre les virus de notre planète.

Bien entendu, l'inverse est tout aussi redoutable : si des Extraterrestres venaient en corps physique sur la Terre, ils *transporteraient certainement* avec eux des virus, inconnus de nos services d'immunologie, qui provoqueraient une épidémie généralisée et meurtrière.

On sait quelles précautions les Américains et les Russes prennent avec les cosmonautes, avant leur départ et dès leur arrivée, pour les aseptiser et les neutraliser en tant que porteurs de bacilles (1).

Il est curieux de noter que ce problème n'a guère inquiété ceux qui prétendent que notre globe est fréquenté depuis longtemps déjà par des Martiens ou par d'autres voyageurs de l'espace.

Le fait même que nous n'ayons pas subi d'épidémies particulièrement notables depuis de nombreux siècles, sans être une preuve déterminante, militerait néanmoins contre les thèses optimistes de beaucoup d'ufologistes.

Conquête spatiale = colonisation

Enfin, on ne saurait faire le tour – approximatif – du problème sans rappeler que, si nous trouvons extrêmement sympathiques et estimables tous ceux qui pensent à l'immixtion d'Extraterrestres pour apporter sur Terre la connaissance, la paix et l'amour universel, nous savons fort bien que de telles espérances relèvent de l'utopie !

L'enseignement donné par trois mille ans d'histoire, de conquêtes terrestres ou maritimes, prouve que l'homme colonise toujours par intérêt et pacifie toujours dans des bains de sang.

Allons-nous sur la Lune, sur Mars, et bientôt sur Vénus pour contacter gracieusement d'éventuels Extraterrestres ? Et pour hâter, favoriser l'épanouissement de ces planètes ?

Ni les Américains, ni les Russes n'ont cette idée saugrenue et altruiste et, d'ailleurs, ils savent bien que, hormis sur Terre, ils ne trouveront dans notre système solaire aucune forme de vie animale supérieure.

(1) Et si le baptême (purification par l'eau, lavage) n'était que la précaution traditionnelle et sanitaire enseignée par les Ancêtres extraterrestres ou Anges pour conjurer le péché, c'est-à-dire la contamination par virus ou par irradiation ? Il est impensable, si des immixtions se sont produites dans le passé – ce que nous croyons –, que des Visiteurs savants n'aient pas institué le rite de l'ablution anti-épidémique.

Les Terriens vont sur la Lune et sur Mars pour développer, rôder leur technique spatiale et, si cela est possible, pour exploiter des richesses géologiques.

Il y a 99 chances sur 100, et plutôt 100 sur 100, que, si des Extraterrestres viennent sur la Terre, ce soit pour nous coloniser, sinon pour nous exterminer, non pas dans un but délibéré de génocide, mais par la force des choses et l'enchaînement, encore imprévisible, d'événements, ayant un caractère de nécessité majeure.

La nature est la vache à lait

L'homme n'a pas de meilleurs sentiments et de buts plus altruistes quand il découvre une *terra incognita.*

La « planète » Amérique découverte par les Colomb, Pizarro, et autres Cortès n'a été, en fait, qu'une vache à lait et une arène à jeux de cirque où furent égorgés 50 millions de Mayas et d'Incas.

Et partout dans le monde, en Océanie, en Asie, en Afrique, l'homme savant, sauf quelques rares exceptions, a colonisé, évangélisé, réduit en esclavage et pressuré au maximum les hommes « sous-développés » dont il prétendait, bien entendu, aider l'épanouissement !

Quant à notre propagande écologiste, elle n'est, de nos jours, nullement destinée à protéger la nature par amour désintéressé, mais à nous protéger nous-mêmes contre les bidonvilles, les HLM, la pollution des champs et des bois, la gangrène des pancartes publicitaires, la puanteur des marais et des rivières empoisonnées.

Il n'y a dans cette action rien qui appartienne à l'amour, tout étant à destination d'un égoïsme sordide, de notre « Moi » plein d'alcool, de drogues, de tares mais que nous avons déifié et proclamé « supérieur ».

On ne cultive pas la rose parce qu'elle est belle, harmonieuse et qu'elle embaume l'air. Les sentiments de la rose nous importent aussi peu que le bonheur de l'air à être parfumé. Ce qui compte est notre bonheur personnel de voir la rose, de la trouver harmonieuse et de réjouir nos narines de son parfum.

Même si notre nez est rouge comme du vin de Bourgogne, purulent et nauséabond!

Aimer gratuitement

Le plus grand idiot de la Terre, le plus fieffé des coquins, le plus puant des clochards a le droit de cueillir une marguerite dans un pré, de la dépecer pour, prétendument, savoir si la maritorne sale, cruelle et envieuse qui est sa dulcinée l'aime un peu, beaucoup, passionnément ou pas du tout.

Et nous trouvons amusant, pittoresque, touchant même cet assassinat de la beauté par la laideur, du parfum par le relent de vin rouge.

L'homme n'a jamais aidé *gratuitement* le moindre élément de l'univers, ni le grain de sable, ni l'herbe qui pousse sur les collines, ni les animaux qui y pâturent, ni les oiseaux qui volent.

Il a toujours colonisé la nature, n'a jamais dispensé une attention fraternelle au désert, au pré, au bœuf, au vent; son unique souci a toujours été d'en tirer parti.

Il aime le désert quand il recèle du pétrole, le pré s'il engraisse le bœuf, le bœuf s'il est comestible ou apte au travail, le vent s'il peut faire fonctionner une éolienne!

Jamais l'homme n'a essayé d'élever le niveau mental d'un animal, fût-il singe ou dauphin, autrement que pour l'asservir, le domestiquer, voire en faire un servant de guerre voué à une mort certaine et affreuse.

Certes, en dépit de ces considérations pessimistes, on peut espérer que les Extraterrestres, que certains attendent avec un fol espoir, nous aideraient gratuitement à résoudre nos problèmes, à prendre conscience de nos responsabilités et à pacifier notre planète en plein délire.

On peut oser l'espérer comme nous croyons que Dieu aide sa création, mais notre propre exemple nous incite à demeurer vigilants et à ne pas sombrer dans des imaginations trop béates.

Car peut-être devons-nous penser que des Visiteurs Supérieurs, même et surtout s'ils ont une technique fantastique, l'ont sans doute développée, comme nous l'avons fait, au détriment du bon sens humain.

La plus grande intelligence concevable ne vaut pas la qualité de cœur.

La barrière de distance

Nous avons souvent débattu le problème du voyage interplanétaire(1), mais les leçons de l'expérience et l'élargissement de certaines pensées nous obligent à réexaminer le problème.

Le périple de *Skylab* en 1973 semble bien avoir démontré que l'organisme humain n'accepte pas volontiers l'apesanteur.

Les astronautes du laboratoire spatial américain, après seulement 52 jours de vol, sont revenus sur Terre malades, détruits de manière irrémédiable.

Pour conquérir Mars, il faudra affronter un voyage de plusieurs années; pour aller jusqu'aux Astéroïdes, les fusées de 1983 devraient naviguer dans l'espace pendant 25 ans.

Ces durées paraissent inacceptables de nos jours, mais l'astronautique fera des progrès considérables, dotera les fusées de force de pesanteur, agrandira les laboratoires spatiaux jusqu'à en faire des jardins d'hiver plantés d'arbres, avec massifs fleuris, piscine et animaux familiers.

Alors, les cosmonautes partiront avec leur famille ou

(1) Cf. *Le Livre des Secrets Trahis – Le Livre des Maîtres du Monde – Le Livre du Mystérieux Inconnu,* op. cit.

– pourquoi pas ? – avec de gracieuses et aimables compagnes qui très certainement permettront de rompre la monotonie du voyage et de le mener à bonne fin.

Et l'on trouvera toujours des volontaires pour ces expéditions au long cours qu'il est permis de supposer sans retour assuré. Pourtant le système *fusée* est fondamentalement condamné à l'échelle des raids lointains, car la véritable aventure interplanétaire sera celle qui nous amènera sur une planète habitée par des êtres pensants et d'intelligence développée. Or, si l'on a la quasi-certitude que de telles planètes existent dans le cosmos, nous savons tout aussi bien qu'elles ne peuvent se situer qu'à plusieurs années-lumière de la Terre.

Il est formellement exclu que la science, dans la voie où elle est engagée présentement, puisse prétendre envoyer des êtres humains *vivants* à des distances aussi considérables.

Il faudra donc, nécessairement, que le voyage dans l'espace interfère avec le voyage dans le temps, et probablement avec de nouvelles conceptions du temps, de l'espace et des univers encore inconnus.

Les constructions mentales des hommes de l'Occident ne leur permettent pas d'assimiler l'essence d'un continuum espace-temps avec notion de simultanéité du passé, du présent et du futur.

Sauf dans le rêve quand, le conscient étant endormi, les interpénétrations, les coïncidences, les chevauchements et les renversements d'ordre et de valeurs se produisent sans dérouter et même sans étonner notre subconscient éveillé.

Ce même état d'esprit, ou plutôt de compréhension, est habituel et inné chez plusieurs peuples dits sauvages et l'était particulièrement, jadis, chez les Mayas, les Incas et les nomades d'Australie.

Tous vivaient « le temps du rêve », qui a de grandes analogies avec le continuum espace-temps, incompréhensible mais appréhendable.

Le voyage jusqu'aux autres planètes habitées se fera sans doute dans un grand rêve, dans un ravissement, et en dehors de nos contingences physiques et scientifiques.

Nous croyons qu'il est raisonnable d'envisager la possibilité et même la nécessité d'une telle aventure qui, de toute évidence, appartient au programme futur des hommes.

En d'autres termes, le voyage sidéral et l'atterrissage de Terriens sur une lointaine planète habitée sont déjà inscrits, certifiés sur la carte perforée de l'ordinateur universel.

Le mystérieux appel que nous subissons dans le ciel, les secours que de façon prétendument instinctive les hommes en ont attendus et en attendent encore, les tentatives des fusées américaines et russes, sont les signes patents que l'aventure a déjà été réussie dans le sens planète-Terre et l'indice aussi que nos chromosomes-mémoires nous en ont transmis le souvenir.

Un fou pour sauver le monde

Nombre de personnes de bon sens ou particulièrement bien pensantes jugent que la venue sur notre globe d'hommes extraplanétaires et que notre propre voyage jusqu'à une autre planète appartiennent au domaine des chimères et de la science-fiction.

Ces gens ne sont ni logiques ni sérieux.

Qui eût cru, en 1927, que les hommes, dans moins de cinquante ans, poseraient le pied sur la Lune ? Qui eût cru, hier, qu'un seul individu ou qu'un petit groupe de *desperados* décidés pourraient de nos jours, par le système des otages et dans un proche futur, par la menace atomique, extorquer des sommes considérables de l'ordre de 250 millions de francs, changer la politique d'un gouvernement (affaire du transit des émigrants juifs de Russie), décider d'une livraison massive de médicaments à des nécessiteux (détournement de l'avion pour le Bangladesh), en attendant qu'un demi-fou, ou demi-sage, exige la constitution immédiate des Etats-Unis du globe et – qui sait ? – la présidence de cette république mondiale sous peine de déclencher un cataclysme dont notre civilisation ne se relèverait pas (1).

Le professeur suédois, Hannes Alfven, prix Nobel 1970 de physique, a déclaré, dans la revue *Science et Vie* de mai 1974, qu'une organisation avait la possibilité de voler 20 kg de plutonium de réacteur.

A partir de ce plutonium, de bons ingénieurs seraient capables de fabriquer une bombe atomique. Etant assuré que, vers 1980, des milliers de réacteurs fonctionnent dans le monde, il est pratiquement impossible d'empêcher des groupes de terroristes ou de simples malfaiteurs de voler ou de fabriquer des bombes à des fins politiques ou criminelles.

Qui oserait soutenir qu'une telle éventualité n'a pas de chances de se présenter aujourd'hui ou demain (2) ?

Qui eût dit, en 1927, à un pauvre maçon, que devant 400 millions de personnes il serrerait la main du président de la République eût été traité de fou ! Pourtant quand, de nos jours, au cours d'une manifestation officielle ou d'une campagne électorale, un grand de la politique prend ce qu'il est convenu d'appeler « un bain de foule », serre la main d'un maçon, d'une midinette ou d'un chômeur (devant les caméras de la télévision, bien entendu !), le geste est vu simultanément à Tokyo, à New York et à Tahiti par une foule immense.

(1) Il est fantastique, et réconfortant à la fois, de penser qu'un maniaque ou qu'un mégalomane peut, par la menace, exiger une réconciliation universelle ou la direction effective de la politique mondiale. Ce Messie, à coup sûr, ne peut être qu'un fou, car aucun homme « sage » ne l'est assez pour se risquer à vouloir sauver l'humanité malgré elle. Seul le fou est lucide et peut être efficace.

(2) Le 27 octobre 1970 un chantage à la bombe atomique fut effectué auprès de la municipalité d'Orlando, en Floride. Une rançon de un million de dollars était demandée et à l'appui de sa menace, le gangster envoya à la police un plan succinct de l'engin, que les experts jugèrent apte à exploser.

On parvint à arrêter le maître chanteur... un garçon de 14 ans, le meilleur élève de sa classe en physique et en chimie ! (*France-Soir*, du 7 mai 1974.)

Le temps du miracle

Jadis les mages, enchanteurs et sorciers, assuraient qu'il leur était possible de faire voir dans un miroir l'image de la femme aimée, de converser avec un autre initié à dix mille kilomètres de distance, de lancer un ordre en Nouvelle-Guinée et d'être obéi à Montréal, de faire parler un objet, de ressusciter en images une scène passée, de voyager sur un tapis volant, de se déplacer en corps astral dans un autre monde ou sur une autre planète.

Sauf les humbles, les ignorants, personne ne prenait au sérieux de telles prédictions !

Sauf les poètes aussi, et les initiés (1).

Or, les humbles, les ignorants, les poètes et les initiés avaient raison, car nos temps de miracles ont rendu réelle la quasi-totalité de ces prémonitions. La télévision retransmet l'image d'un pôle à l'autre pôle, de la Lune à la Terre, la radio transporte la parole, l'ordre ou la prière, des millions d'hommes tous les jours naviguent à bord d'avions ou d'hélicoptères, le disque parle, le sous-marin plonge, le cosmonaute effectue des cabrioles dans le vide sidéral, le cinéma fait remonter le temps et revivre le sacre d'une reine, la partie de pêche qui se déroulait il y a vingt ans dans le passé, Raimu, Fernandel revivent sur l'écran, et quiconque possède une caméra et un projecteur peut se revoir à l'heureuse époque de ses vingt ans...

Tous les miracles ont été réalisés, ou presque tous.

Nous avons la certitude que dans quelques années, l'agravitation donnera raison au tapis volant.

Reste le problème du voyage en corps astral.

A n'en pas douter, il trouvera aussi une solution positive : les hommes iront sur des planètes éloignées de vingt, de mille années-lumière, ils y vivront, y converseront et rapporteront sur la Terre le résultat et la preuve de leur expédition.

(1) Jean Cocteau a su lire dans le futur et inventer des miracles qui trouveront inéluctablement leur heure de réalisation.

Mais nous ne pouvons pas croire, raisonnablement, que le voyage s'effectuera avec les ridicules fusées spatiales aujourd'hui et par les voies où s'est engagée la science du XXe siècle.

Rares sont ceux qui osent croire à ces aventures plus merveilleuses encore que celles des Chevaliers de la Table ronde. Innombrables sont les foules qui, pourtant, évoluent, vivent dans un miracle permanent dont elles n'ont pas conscience par ignorance ou par paresse d'esprit. L'homme de la rue n'accepte pas de croire à l'impossibilité alors qu'il téléphone, prend l'avion, le train, l'auto, regarde la télévision, écoute la radio, reçoit dans sa maison l'immense et merveilleuse énergie électrique, est témoin chaque midi, chaque soir, devant son petit écran, d'événements qui, au même moment, se déroulent à l'autre bout du monde.

Le voyage en corps astral

Le voyage dans le temps et dans l'espace n'est probablement pas un problème d'heures, de secondes et de kilomètres, car le temps-espace est une inconnue à multiples dimensions dont nous n'avons qu'une faible aperception.

En fait, nous ne savons même pas si sa réalité est tangible ou s'il s'agit d'un postulat virtuel que Bouddha appelait mâyâ.

Sous forme d'hypothèse, il est possible d'imaginer que le voyage fantastique de la Terre aux lointaines planètes du cosmos se fera *instantanément,* de même que, par la pensée, nous pouvons instantanément nous rendre sur Mars ou sur Sirius.

Des éléments positifs permettent d'avancer sur la voie de la science encore inconnue qui autorisera le miracle.

Les êtres intelligents qui, croyons-nous, habitent des planètes du cosmos, nous envoient-ils des signaux, des messages ? On peut le penser encore que nous ne les percevions pas car notre arsenal dans le domaine des télécommunications ne dépasse pas la connaissance des ondes matérielles, électromagnétiques, radioélectriques et conjecturalement, de gravitation.

Il n'y a pas si longtemps que les hommes ne percevaient ni les ondes hertziennes, ni les ondes humaines et que les messages ne dépassaient pas la portée de la voix.

Mais au XXe siècle, l'image d'un homme travaillant sur la Lune nous parvient en couleurs et nous parviendra très bientôt en relief.

C'est un point que l'on peut considérer comme acquis.

Le cinéma en relief est déjà au stade de la réalisation et l'holographie permet d'examiner un objet à distance *à la fois* par devant, par derrière et par ses côtés.

Il est donc rationnel de penser que, dans un certain avenir, nos postes émetteurs pourront envoyer des explorateurs en image-relief sur Proxima du Centaure ou sur une étoile plus lointaine.

Inversement, des êtres intelligents, s'il en existe sur ces étoiles, auront le pouvoir de réaliser la même performance à destination de la Terre. Un dialogue pourrait alors s'engager et le cosmonaute-image aurait la possibilité de voyager sur l'étoile, de l'explorer comme s'il y était réellement.

Bien entendu, dans cette hypothèse, il s'agit d'une exploration *virtuelle.* Le voyageur n'aurait pas, en principe, le pouvoir de se baigner dans une mer, de déguster des aliments, de sentir des fleurs, de toucher des objets. On peut néanmoins faire confiance à la science du futur : elle trouvera une solution à ces problèmes jusqu'à faire vivre *physiquement* (comme dans le rêve) les réalités substantielles.

Par le rêve, le dormeur se projette effectivement dans un univers différent où ses sens ont la notion de la réalité (odeur, goût, couleurs, sons, etc.) mais cette réalité n'est que virtualité pour le conscient éveillé.

Ce « virtuel-réel » du rêve nous donne un avant-goût de l'authenticité du miracle auquel nous devons croire.

Un autre parallèle peut appuyer cette thèse : les traditions ésotériques affirment – avec le philosophe Henri Bergson – que la pensée est créatrice(1).

En quelque sorte, la matérialisation d'un cosmonaute-image sans déplacement effectif de son corps physique est une éventualité possible.

Dans ce sens, le voyage en corps astral sur une planète de l'univers lointain équivaudrait, comme dans le rêve, à un véritable voyage en corps matériel avec certaines des prérogatives de la réalité.

Des initiés ont déjà, dit-on, réalisé ce voyage et le réaliseraient encore, mais nous n'en avons pas la preuve.

Ce qui a été est comme ce qui sera

Il est difficile de faire avancer ce problème fantastique qu'est le voyage de planète à planète, à travers l'obstacle insurmontable du continuum espace-temps.

Le contact de civilisations interplanétaires serait-il source de péril mortel ou d'enseignement bénéfique? Seule l'expérience pourra le dire si, un jour, les hommes et les Extraterrestres entrent en liaison.

Quoi qu'il puisse en résulter, nous croyons que ce contact se fera dans le futur puisque, déjà, nos élites scientifiques travaillent à sa réalisation.

Ce qui est certain, c'est que les hommes de la Terre, du physicien au plus humble laboureur, sont hantés par la conquête du ciel comme s'ils rejetaient leur

(1) En d'autres termes, la pensée aurait un pouvoir de masse et de matérialisation, les ondes – présumées – de la pensée se transformant en matière dense.

Le 30 novembre 1973, le journaliste scientifique Nicolas Skrotzky donnait relation dans *France-Soir* de l'expérience, à vrai dire peu convaincante, faite devant les caméras de la télévision par Uri Geller, un jeune télépathe israélien qui, par la seule force de sa pensée, pliait des couteaux, des fourchettes et des clés.

La revue allemande *Stern,* dans son numéro C. 8041 C. du 14 mars 1974, a discrédité les expériences en les faisant exécuter par le magicien et illusionniste Oskar Rombar qui dévoila le truc!

Dans le même ordre d'idée, la revue *Science et Vie,* n° 675, a publié l'image holographique d'un chronomètre placé dans une main bien réelle : virtualité et réalités confondues.

appartenance à Gaea et préféraient chercher leur origine et leur mère patrie hors de notre galaxie. C'est un sentiment que professent depuis longtemps les spiritualistes et presque tous les croyants, pour qui le paradis se situe toujours dans des régions éthérées, indéfinies, mais qui n'appartiennent ni à notre univers proche, ni à nos continents connus.

Les traditionalistes sont optimistes – sans doute ont-ils raison – et croient que les Premiers Pères, les Ancêtres Supérieurs sont venus jadis du ciel, que des Vénusiens ont fait éclore les civilisations antiques, que des Extraterrestres ont motivé les gravures des pierres du Dr Cabrera, les tracés géants de la Nazca et qu'ils sont représentés sur les frises de la Puerta del Sol à Tiahuanaco.

Les délires de nos rêves, de nos images-désirs ne sont peut-être pas des imaginations trompeuses, mais les résurgences déformées d'une vie antérieure, suscitées par le subconscient, préfigurant le destin fantastique que nous espérons et qui est tracé depuis sa genèse dans le programme humain.

Ce qui est en haut est comme ce qui est en bas; ce qui a été est comme ce qui sera, a dit en substance Hermès Trismégiste.

TABLE DES MATIÈRES

L'aventure Mystérieuse

Rampa et l'ésotérisme

BERLITZ Charles
Le mystère de l'Atlantide (A363★★)
Est-elle engloutie sous les eaux maudites du Triangle des Bermudes ?
Le Triangle des Bermudes (A391★★★)
Enfin l'ouvrage fondamental sur la question.

BERLITZ et MOORE
Opération Philadelphie (A389★★)
L'armée américaine a réellement tenté des expériences d'invisibilité.

CARPI Pier
Les prophéties du pape Jean XXIII (A353★★)
Les stupéfiantes prophéties faites en 1935 par le futur pape Jean XXIII.

CHARPENTIER Louis
Les mystères templiers (A364★★)
Les secrets révélés de la toute-puissance des Templiers.

CHARROUX Robert
Histoire inconnue des hommes depuis cent mille ans (A372★★★★)
Une remise en cause de l'Histoire telle qu'on nous l'a enseignée.
Le livre des secrets trahis (A378★★★★)
Révélations initiatiques et vérités dangereuses à connaître.
Le livre des maîtres du monde (A382★★★★)
Il y a conjuration de la contre-vérité.
Le livre du mystérieux inconnu (A386★★★★)
Les forces fantastiques des univers invisibles.
Le livre des mondes oubliés (A393★★★★)
L'initiation ouvre sur des vérités que la science ignore.
Le livre du passé mystérieux (A398★★★★)
Des ancêtres supérieurs juqu'aux mystères célestes.
L'énigme des Andes (A399★★★★)
Des pierres gardent la marque d'une science prodigieuse.

CHURCHWARD James
L'univers secret de Mu (A241★★)
Toutes les civilisations de l'Antiquité sont issues de Mu, la mère-patrie.

HAMEL Frank
Les animaux humains (A346★★★)
Des loups-garous aux hommes panthères africains, tous les mystères de la métamorphose.

KOWAKS Franz
Le dossier secret de l'île de Pâques (A383★★★)
La première étude complète sur le mystère de l'île de Pâques.

MARCIREAU Jacques
Histoire des rites sexuels (A328★★★)
Une étude approfondie des pratiques mystérieuses qui ont joué leur rôle dans la formation des religions et de la société.

MILLARD Joseph
L'homme du mystère, Edgar Cayce (A232★★)
Sous hypnose, il diagnostiquait les maladies des présents et des absents.

PLANSON Claude
Vaudou, un initié parle (A323★★★)
Les mystères du Vaudou dévoilés par le mari d'une grande prêtresse.

PLAYFAIR Guy Lyon
Le pouvoir de l'invisible (A350★★★)
Les doigts des chirurgiens-médiums traversent la peau des malades.

RAMPA T. Lobsang
Le troisième œil (A11★★★)
Celui qui lit à l'intérieur des êtres.
Histoire de Rampa (A210★★)
Un lama nous initie au voyage astral.
La caverne des Anciens (A226★★)
Les pouvoirs occultes des hauts dignitaires des lamaseries du Tibet.
Les secrets de l'aura (A256★★★)
La perception de l'aura et l'usage de la « corde d'argent ».
La robe de sagesse (A277★★★)
Les épreuves d'initiation du jeune lama.
Les clés du nirvâna (A298★★)
La préparation de la vie future dans le monde astral.
Crépuscule (A326★★)
Une réflexion philosophique du Maître sur le sens de la vie et de la mort.
C'était ainsi (A357★)
Surmontant ses souffrances, le lama accède au souverain bien.
Je crois (A366★★)
Une re-naissance heureuse dans le monde de l'astral.
Lama médecin (A385★★★)
Les premières années du jeune Lobsang après son évasion du Tibet.

SADOUL Jacques
Le grand art de l'alchimie (A329★)
Plus que l'or les alchimistes cherchaient le secret de la sagesse et de la vie éternelle.

SAURAT Denis
La religion des géants et la civilisation des insectes (A206★)
La haute civilisation des insectes à l'origine de notre société.

SÈDE Gérard de
Le secret des Cathares (A316★★★)
Le trésor de Montségur n'était pas fait de pièces d'or, mais d'une chose infiniment plus précieuse.
La Rose-Croix (A358★)
La mystérieuse société enfin à visage découvert.

SMEDT, BARDET et BRAMLY
La pratique des arts divinatoires (A352★★★★)
Ce livre permet de mettre en œuvre pratiquement les principales méthodes de divination.

TALAMONTI Leo
Univers interdit (A317★★★)
Les phénomènes de voyance, prémonition, fantômes et magie.

WAISBARD Simone
Tiahuanaco, 10 000 ans d'énigmes incas (A395★★★)
L'étude la plus complète sur les mystères incas et leur étrange dieu « blanc et barbu ».

WEBB Dominique
L'hypnose et les phénomènes psi (A348★★)
Homme de spectacle, Dominique Webb est aussi un investigateur de l'inconnu.

WINER Richard
Le nouveau dossier du Triangle des Bermudes (A370★★)
D'autres révélations sur les disparitions du Triangle maudit.

L'aventure Mystérieuse

La vie extra-terrestre

BERGIER Jacques
Les extra-terrestres dans l'histoire (A250★)
Des êtres extra-terrestres ont visité notre planète à toutes les époques.
Visa pour une autre terre (A351★★)
Des immortels vivent-ils parmi nous ?
La guerre secrète de l'occulte (A361★★)
KGB et CIA contre les télépathes.

BERGIER et GALLET
Le livre du mystère (A374★★★)
Manifestations supra-normales, phénomènes inexpliqués, présence d'extra-terrestres : autant de mystères.
Le livre des anciens astronautes (A388★★★)
Les visites d'extra-terrestres sont aujourd'hui prouvées.

BIRAUD et RIBES
Le dossier des civilisations extra-terrestres (A281★★)
Le contact avec des êtres extra-terrestres est-il pour bientôt ?

DÄNIKEN Erich von
L'or des dieux (A365★★★)
Ces plaques d'or gravées prouvent l'existence d'une civilisation antérieure.
Le livre des apparitions (A377★★★)
Des hypothèses hardies qui ouvrent les portes d'un monde insoupçonné.
Mes preuves (A394★★★★)
Des « dieux » sont venus de l'espace. Däniken révèle ses preuves.

HYNEK J. Allen
Les O.V.N.I., mythe ou réalité ? (A327★★★★)
Le point sur la question par l'astronome en chef du « Project Blue-Book »
Nouveau rapport sur les O.V.N.I. (A384★★★★)
« Les soucoupes volantes existent et je le démontre. »

PERRIN R. Jack
Le mystère des O.V.N.I. (A362★★★★)
Enfin des faits précis et des témoignages indiscutables.

ROULET Alfred
A la recherche des extra-terrestres (A320★)
Comment entrer en contact avec des intelligences d'outre-espace ?

SENDY Jean
Ces dieux qui firent le ciel et la terre (A371★★★)
Les actes des « dieux » de la Bible concordent avec les données de la science.

L'ère du Verseau (A376★★★)
Un livre tonifiant qui bouleverse les dogmes scientifiques reçus.

TARADE Guy
Soucoupes volantes et civilisations d'outre-espace (A214★★)
Les vaisseaux de l'espace sont déjà signalés dans les textes datant du Moyen-Age et de l'Antiquité.

VALLÉE Jacques
Le collège invisible (A387★★★)
Une force étrangère influence l'humanité.

L'aventure Mystérieuse

La vie après la mort

BELLINE

La troisième oreille (A342★★)
Impressionnantes expériences de communication, par-delà la mort, du voyant Belline avec son fils disparu tragiquement.
Un voyant à la recherche du temps futur (A356★★★)
La vie passionnante de Belline qui tente avec chacun de ses consultants de percer le voile du futur.
Anthologie de l'au-delà (A397★★★★)
Ecrivains, philosophes, savants, leurs écrits témoignent des possibilités de communication entre vivants et morts.

BERNSTEIN Morey

A la recherche de Bridey Murphy (A212★★)
Sous hypnose, une jeune Américaine se souvient d'une vie antérieure.

BROWN Rosemary

En communication avec l'au-delà (A293★)
De grands compositeurs décédés dictent de nouvelles œuvres à Mrs Brown.

FLAMMARION Camille

Les maisons hantées (A247★★★)
Un grand savant prouve que la vie ne cesse pas avec la mort.
Après la mort (A311★★)
La mort n'est pas la mort : elle ouvre sur une autre vie.

IVERSON Jeffrey

Vivons-nous plus d'une vie ? (A360★★★)
Un célèbre hypnotiste anglais prouve la réincarnation.

MOODY Dr Raymond

La vie après la vie (A379★★)
Sortis d'un état de mort clinique, ils se souviennent.
Lumières nouvelles sur la vie après la vie (A390★★)
De nouveaux éléments viennent démontrer l'après-vie.

NEUVILLE Pierre

Ces autres vies que vous avez pourtant vécues (A301★★)
Dans une vie antérieure, elle avait été la fille de Pauline Bonaparte.

RANDALL Neville

La mort ouvre sur la vie (A359★★★)
Cinq cents voix d'outre-tombe.

SOTTO et OBERTO

Au delà de la mort (A368★★)
A travers de nombreux témoignages, les preuves de la survie.

WAMBACH Helen

La vie avant la vie (A380★★)
Après chaque vie passée sur terre, nous choisissons l'époque de notre nouvelle naissance.

WATSON Lyall

Histoire naturelle du surnaturel (A354★★★★)
Un scientifique montre le caractère naturel des phénomènes dits surnaturels.
Histoire naturelle de la vie éternelle (A369★★★)
Une fraction de l'homme est immortelle, en voici la démonstration scientifique.

Documents et témoignages

Demandez à votre libraire le catalogue semestriel gratuit.

CARS Jean des
Sleeping Story (832★★★★)
Orient-Express, Transsibérien, Train bleu : grande et petite histoire des wagons-lits.
Haussmann, la gloire du Second Empire (1055★★★★)
La prodigieuse aventure de l'homme qui a transformé Paris.

CHOW CHING LIE
Le palanquin des larmes (859★★★)
La révolution chinoise vécue par une jeune fille de l'ancienne bourgeoisie.
Concerto du fleuve Jaune (1202★★★)
Un autoportrait où le pittoresque alterne avec le pathétique.

DÉCURÉ Danielle
Vous avez vu le pilote ? C'est une femme ! (1466★★★)
Un récit truculent par la première femme pilote de long courrier.

FOURASTIÉ Fr. et J.
Les écrivains témoins du peuple (1090★★★★)
De Chrétien de Troyes à Zola, la vie quotidienne des générations qui ont fait la France d'aujourd'hui.

FRISON-ROCHE
Le versant du soleil (2 t. 1451★★★★ et 1452★★★★)
La vie de l'auteur : une aventure passionnante.

GÉRARD Nicole
Sept ans de pénitence (872★★★★)
Son crime l'a fait passer de la vie bourgeoise à l'enfer des prisons.

GRAY Martin
Le livre de la vie (839★★)
Cet homme qui a connu le plus grand des malheurs ne parle que d'espoir.
Les forces de la vie (840★★)
Pour ceux qui cherchent comment exprimer leur besoin d'amour.
Le nouveau livres (1295★★★)
Chaque jour de l'année, une question, un espoir, une joie.

LANGE Monique
Histoire de Piaf (1091★★★)
La vie bouleversante de la plus grande chanteuse française. Illustré.

MORRIS Edita
Les fleurs d'Hiroshima (141★)
Les souvenirs et les secrets des survivants de la bombe.

MOUSSEAU Renée
Mon enfant mon amour (1196★)
Le drame d'une mère dont l'enfant est atteint d'une leucémie aiguë.

PEYREFITTE Alain
Quand la Chine s'éveillera (2 t. 937★★★ et 938★★★)
Dans cette nouvelle édition d'un best-seller mondial, le point sur les soubresauts qui ont suivi la mort de Mao.

RENAUDOT Françoise
Moi j'irai à Dreux (1351★★)
Une femme de notre temps mène une longue lutte pour sauver son enfant.

ROY Claude
Victor Hugo, témoin de son siècle (1171★★★★)
Le XIXe siècle décrit par le grand visionnaire.

Science-Fantasy

Mystères, secrets, rêves, prodiges, l'imagination au pouvoir par les auteurs les plus fabuleux.

Demandez à votre libraire le catalogue semestriel gratuit.

ANDERSON Poul
La patrouille du temps (1409★★★)
L'épopée des hommes chargés de garder l'Histoire.

ANDREVON Jean-Pierre
Cauchemar... cauchemars ! (1281★★)
Répétitive et différente, l'horrible réalité, pire que le plus terrifiant des cauchemars. Inédit.

KAST Pierre
Les vampires de l'Alfama (924★★★)
La très belle Alexandra est-elle réellement un vampire âgé de plusieurs siècles ?

KEYES Daniel
Des fleurs pour Algernon (427★★★)
Charlie est un simple d'esprit. Des savants vont le transformer en génie comme Algernon, la souris.

LEIBER Fritz
A l'aube des ténèbres (694★★)
Des adorateurs de Satan luttent contre les prêtres d'une fausse religion.

LOVECRAFT Howard P.
Dagon (459★★★★)
Le retour du dieu païen Dagon, et de nombreux autres récits de terreur.
Légendes du mythe de Cthulhu (1161★★★★)
Une somme sur les cultes des Grands Anciens.

SADOUL Jacques
Les meilleurs des récits de :
« Astounding Stories » (532★★)
« Wonder Stories » (663★★)
« Unknown » (713★★)
« Famous Fantastic Mysteries » (731★★)
« Thrilling Wonder Stories » (822★★)
« Fantastic Adventures » (880★★)
« Astounding Science-fiction » (988★★)
Ces anthologies présentent la quintessence des revues de S-F qui, de 1910 à 1955, ont permis le développement de ce genre aux Etats-Unis. Chacune avait une orientation spécifique que vous trouverez ici.

TOLKIEN J.R.R.
Bilbo le hobbit (486★★★)
Les hobbits sont des créatures pacifiques, mais Bilbo sait se rendre invisible, ce qui le jette dans des combats terrifiants.

WILSON Colin
Les vampires de l'espace (1151★★★)
Ils se nourrissent de l'énergie vitale des hommes.

YARBRO Chelsea Quinn
Réincarnations (1159★★★)
La raison chancelle lorsque les morts se mettent à marcher. Inédit, illustré.

Achevé d'imprimer sur les presses de l'imprimerie Brodard et Taupin
7, Bd Romain-Rolland, Montrouge. Usine de La Flèche,
le 10 mai 1983
6629-5 Dépôt Légal mai 1983. ISBN : 2 - 277 - 51399 - 7
Imprimé en France

J'AI LU
A 399
★★★★

Editions J'ai Lu
31, rue de Tournon, 75006 Paris
diffusion France et étranger : Flammarion